公共文化研究丛书

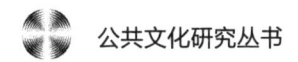

本书的出版受到西南大学2017年度中央高校基本科研业务费专项资金资助（批准号：SWU1709207）

西南地区基层公共文化人才培养和激励机制研究

王　斌　殷赵云　黄英歌　著

西南大学公共文化研究中心
西南大学国家治理学院
西南大学公共事务与基层治理研究中心

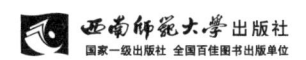

西南师范大学出版社
国家一级出版社　全国百佳图书出版单位

图书在版编目(CIP)数据

西南地区基层公共文化人才培养和激励机制研究 / 王斌, 殷赵云, 黄英歌著. — 重庆 : 西南师范大学出版社, 2020.10
（公共文化研究丛书）
ISBN 978-7-5621-5587-4

Ⅰ.①西… Ⅱ.①王… ②殷… ③黄… Ⅲ.①公共管理－文化工作－人才培养－研究－西南地区 Ⅳ.①G127.7

中国版本图书馆CIP数据核字(2018)第266802号

西南地区基层公共文化人才培养和激励机制研究
XINAN DIQU JICENG GONGGONG WENHUA RENCAI PEIYANG HE JILI JIZHI YANJIU

王　斌　殷赵云　黄英歌　著

责任编辑 : 雷希露
封面设计 : 观止堂_未氓
版式设计 : 闽江文化
排　　版 : 张　祥
出版发行 : 西南师范大学出版社
　　　　　地址 : 重庆市北碚区天生路2号
　　　　　邮编 : 400715　网址 : http://www.xscbs.com
　　　　　市场营销部电话 : (023)68868624
经　　销 : 新华书店
印　　刷 : 重庆市国丰印务有限责任公司
幅面尺寸 : 165mm×230mm
印　　张 : 22.75
字　　数 : 284千字
版　　次 : 2020年10月　第1版
印　　次 : 2020年10月　第1次印刷
书　　号 : ISBN 978-7-5621-5587-4

定　　价 : 68.00元

前　言

自西部大开发战略实施以来,特别是十八大以来,西南地区公共文化服务体系建设取得了一些成绩。但总体来看,由于文化建设底子薄、欠账多,公共文化服务体系建设还存在"三个不适应":与全面建成小康社会的目标要求还不相适应,与我国当前的经济社会发展水平还不相适应,与人民群众日益增长的精神文化需求还不相适应。而在基层公共文化人才队伍方面,表现出了基层公共文化机构专职人员数量严重不足、队伍不稳定、服务水平参差不齐等问题,制约了公共文化服务质量的提升。为此,文化部和西南五省区市都在积极地探索怎样才能建设一支能够担当重任、能够适应西南地区基层公共文化服务体系需要的高素质人才队伍。

"西南地区基层公共文化人才培养和激励机制研究"课题是2015—2016年度国家公共文化服务体系制度设计研究课题的子课题之一,由文化部公共文化研究基地(西南大学)、西南大学政治与公共管理学院、西南大学新农村建设与政府管理研究中心共同承担,王斌教授总负责。课题组成员构成具有两个特色:一是成员均来自西南地区高校和相关单位,二是核心成员、各类研究报告撰写者、课题调研成员均来自西南地区基层。

该课题于2015年正式立项,立项后课题组立即开始调查研究。课题组围绕西南地区基层公共文化机构、人才队伍建设、培养和激励机制的现状,从整体和个体出发,对西南五省区市进行了广泛而深入的调查研究。2016年10月完成研究总报告、专题报告、分析报告和调研报告。

该课题的研究框架以调研分析为基础,对西南五省区市进行了实地的数据采集和相关文献资料的查阅,形成了5份现状调研报告;在此基础上综合提炼了2份分析报告;结合分析报告的结论,对4个重点问题进行了专题研究,形成了4份专题报告;最终撰写了课题总报告。

一、研究背景

新时代经济社会的发展和"十三五"时期文化发展改革的规划,对国家文化建设特别是基层公共文化人才队伍建设提出了新的更高要求。西南地区由于处在传统文化与现代文化、大众文化长足发展与民族文化短板问题仍然存在的交替时期,公共文化建设面临重大历史考验。而造就优秀的基层公共文化人才队伍,提高公共文化服务水平,对促进地区经济发展、加强民族团结、维护社会稳定等具有重要意义。因此,加快西南地区基层公共文化人才队伍的有效建设,就必须思考如何更好地按照本地区的实际需求培养基层公共文化人才。为西南地区公共文化服务的均等化、标准化建设提供充足的人才支持，是一个具有普遍意义并亟待解决的研究课题。

在国家发展战略和西南地区存在的现实问题的背景下，开展西南地区基层公共文化人才培养和激励机制研究，将有助于深化实施西部大开发战略，为解决西南地区基层公共文化人才队伍的数量、质量等不能满足国家和区域发展战略的要求问题提供理论支撑。本项目的研究成果将会对西南地区基层公共文化人才培养、激励机制做出贡献，并为基层公共文化人才队伍建设提出建设性的政策措施建议。

二、研究方法

文献分析：理论基础、现有政策解读。

比较研究：对西南地区基层公共文化人才培养和激励进行横向比较，并梳理总结出整体的状况。

系统分析法：综合运用人力资源管理、组织管理、组织行为学等学科理论，完成西南地区基层公共文化人才培养、激励的战略体系构建。

座谈和问卷调查：对西南地区基层公共文化人才培养和激励中存在问题的一手资料收集，统计与计量分析，实证结果分析。

三、研究思路

以人才队伍建设及其机制的基本理论、现实基础和比较,队伍建设的工作机制、培养机制、激励机制、管理机制,以及效果评估、策略保障为主线,逐层递进展开研究。

从整体研究层面看,本课题集成和运用人才学、社会学、人力资源开发与管理、战略管理和经济学等多学科的理论和方法,以制度创新和建设为动力,以构建西南地区基层公共文化人才能力建设体系为切入点,从战略的高度,探讨西南地区基层公共文化人才培养和激励机制的新框架。

从具体操作层面看,本课题以现有的西南地区基层公共文化人才的培养工程、培养计划、激励政策和政策体系为研究对象,分析已取得的成绩及其实效评估,探寻具体的构建和运行机制,在此基础上重点研究具体的相关政策与实施措施。

首先,总结并剖析西南地区基层公共文化人才培养和激励政策措施实施以来的主要成就、基本经验和存在问题,再实证调查西南地区基层公共文化人才培养的效果,评估目前获得的成就与达到的程度。在现有研究成果的基础上,研究公共文化人才培养的最新理论成果与成功案例,为本课题研究提供强有力的理论与实践基础。

其次,通过将实施内容转化为可考核的数量指标,遵循科学性、系统性、可操作性等原则,构建西南地区基层公共文化人才培养开发战略实施评价模型和评价指标体系,并注重实施政策与保障体系的研究。

最后,在明确目前西南地区基层公共文化人才培养实际情况的基础上进一步丰富和细化西南地区基层公共文化人才培养开发战略的内涵和重点;根据西南地区经济社会发展对基层公共文化人才的需求,结合地区特点,设计西南地区基层公共文化人才培养开发战略,在理论研究与实证研究相结合的基础上,提出具体规划、重点内容、基本思路、相关政策和关键措施。

因此,本课题的研究方案采取文献综述、理论推演、经验借鉴、机制设计、提出策略建议的研究思路,如图1所示:

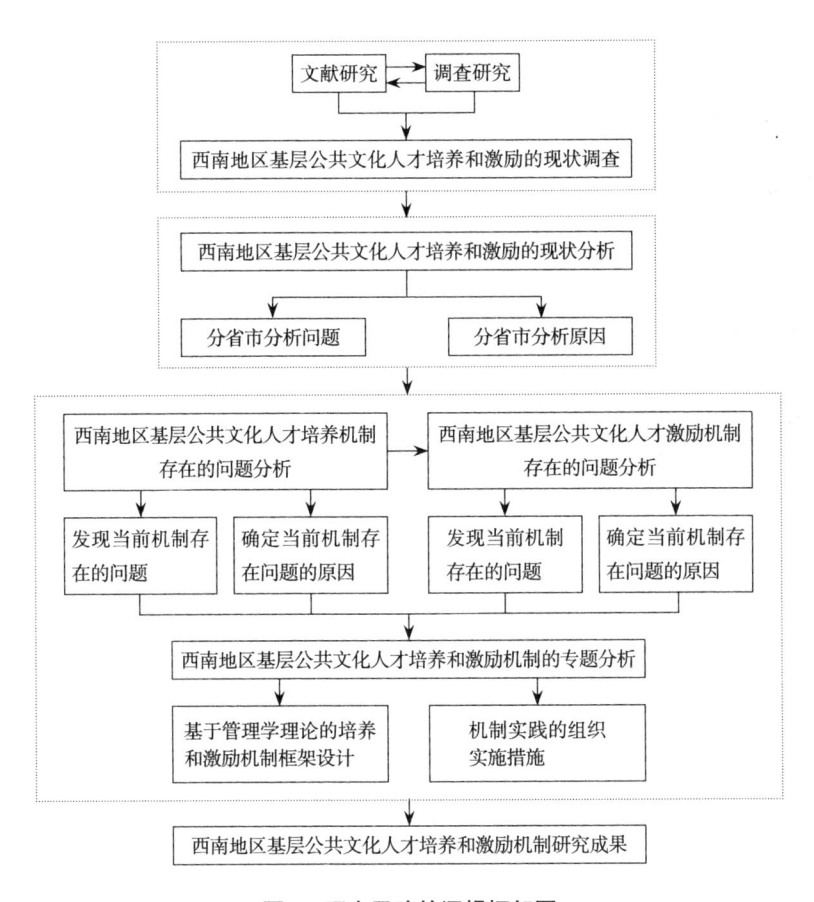

图1 研究思路的逻辑框架图

四、课题研究过程

课题研究按以下八个阶段进行。

第一阶段(2015年6月至7月下旬)是课题计划、准备阶段。课题组全体成员共同对项目的框架结构进行讨论和设计,经过三轮的修改确定最终研究提纲和工作计划,并根据课题组成员的家庭所在地分配研究地区。

第二阶段(2015年8月上旬至9月下旬)是资料的收集和整理阶段。课题组成员通过两种途径收集数据。一是按照分工,通过数据库、网络、报纸,收集了大量的数据以及数据来源线索。二是课题组成员的家庭所在地均在西部少数民族地区,因此他们在暑期返家时,到西部各省区市级公共图书馆收集了大量的数据,并对数据进行了整理和整合。

第三阶段(2015年10月上旬至12月)是对调研数据进行整理分析阶段。课题组成员根据调研数据和问卷分析各省市情况,提出初步意见。

第四阶段(2016年1月中旬至4月下旬)是调研报告撰写、定稿阶段。课题组成员根据分析结论,撰写了5份调研报告,根据课题组讨论的修改意见,对调研报告进行修改定稿。

第五阶段(2016年5月至6月)是分析报告撰写阶段。课题组通过讨论会,确定了分析报告的撰写框架和思路,并完成撰写工作和定稿。

第六阶段(2016年7月)是专题报告的撰写阶段。

第七阶段(2016年8月至9月)是总报告整合撰写阶段。课题组根据对各类报告的整理和总结,撰写总报告初稿。

第八阶段(2016年10月)为总报告定稿、提交申请结题阶段。在此阶段,定稿总报告,最终修订完成报告集,提交申请结题。

五、研究成果

本课题研究成果分为阶段性成果和最终成果两部分。阶段性成果包括5份调研报告、2份分析报告、4份专题报告,最终成果为《西南地区基层公共文化人才培养和激励机制研究》。

(一)阶段性成果

5份调研报告

(1)《西藏自治区基层公共文化人才培养和激励机制现状调研》

(2)《云南省基层公共文化人才培养和激励机制现状调研》

(3)《贵州省基层公共文化人才培养和激励机制现状调研》

(4)《四川省基层公共文化人才培养和激励机制现状调研》

(5)《重庆市基层公共文化人才培养和激励机制现状调研》

2份分析报告

(1)《西南地区基层公共文化人才培养中存在的问题及原因分析》

(2)《西南地区基层公共文化人才激励中存在的问题及原因分析》

4份专题报告

(1)《西南地区基层公共文化人才培养战略与机制设计》

(2)《基于绩效管理的西南地区基层公共文化人才激励机制设计》

(3)《西南地区基层公共文化人才培养措施研究》

(4)《西南地区基层公共文化人才激励措施研究》

(二)最终成果

课题最终成果为1份总报告：《西南地区基层公共文化人才培养和激励机制研究》。

六、课题研究与撰写分工

本课题由王斌设计研究方案、撰写大纲，并最终修订全文。陈跃、吴江、梁昭作为主研成员，参与了全部工作。各报告具体撰写分工如下：调研报告1由杨艳芳、殷赵云撰写，调研报告2由王丹丹、于沁撰写，调研报告3由伍蕾、韦纯玉撰写，调研报告4由唐捷涵、蓝柳瑜、黄英歌撰写，调研报告5由姚丹青、郝培男、牟怡撰写；分析报告1由王斌撰写，分析报告2由王斌、宋蔚、于沁撰写；专题报告1至4由全体成员共同撰写；总报告由王斌撰写。最终成书阶段，殷赵云、黄英歌参与了全书的补充、修订与校对工作。

目录

总报告

西南地区基层公共文化人才培养和激励机制研究　/001

一、西南地区基层公共文化人才培养和激励现状分析　/002

二、西南地区基层公共文化人才培养和激励中存在的问题　/006

三、西南地区基层公共文化人才培养和激励存在问题的原因　/015

四、西南地区基层公共文化人才培养和激励机制的设计　/020

五、西南地区基层公共文化人才培养和激励机制运行的措施与建议　/037

调研报告 1

西藏自治区基层公共文化人才培养和激励机制现状调研　/053

一、西藏自治区基层公共文化服务机构和公共文化人才的现状分析　/054

二、西藏自治区基层公共文化人才培养现状　/057

三、西藏自治区基层公共文化人才激励现状　/064

四、西藏自治区基层公共文化人才培养和激励存在的问题　/068

调研报告 2

云南省基层公共文化人才培养和激励机制现状调研　/077

一、云南省基层公共文化服务机构和公共文化人才的现状分析　/078

二、云南省基层公共文化人才培养和激励的现状分析　/082

三、云南省基层公共文化人才培养和激励机制存在的问题　/091

调研报告 3

贵州省基层公共文化人才培养和激励机制现状调研　/097

一、贵州省基层公共文化人才概况　/098

二、贵州省基层公共文化人才培养现状分析　/101

三、贵州省基层公共文化人才激励现状分析 /106

四、贵州省基层公共文化人才培养和激励存在的问题 /110

调研报告 4

四川省基层公共文化人才培养和激励机制现状调研 /121

一、四川省基层公共文化人才资源概况 /121

二、四川省基层公共文化人才培训现状分析 /126

三、四川省基层公共文化人才激励现状分析 /131

四、四川省基层公共文化人才培养和激励存在的问题 /135

调研报告 5

重庆市基层公共文化人才培养和激励机制现状调研 /143

一、重庆市基层公共文化服务机构和公共文化人才的现状分析 /144

二、重庆市基层公共文化人才培养和激励的现状分析 /151

三、重庆市基层公共文化人才培养和激励存在的问题 /163

分析报告1

西南地区基层公共文化人才培养中存在的问题及原因分析　/167

一、西南地区基层公共文化人才培养的现状　/167

二、西南地区基层公共文化人才培养中存在的问题　/173

三、西南地区基层公共文化人才培养中存在问题的原因　/186

分析报告2

西南地区基层公共文化人才激励中存在的问题及原因分析　/197

一、西南地区基层公共文化人才激励现状分析　/197

二、影响西南地区基层公共文化人才激励存在的问题与原因分析　/204

三、完善西南地区基层公共文化人才激励机制的措施与建议　/213

专题报告1

西南地区基层公共文化人才培养战略与机制设计　/221

一、西南地区基层公共文化人才培养和激励"4+1"战略整体构设　/221

二、"4+1"战略的体系　/225

三、"4+1"战略的培养绩效评价制度　/235

专题报告 2

基于绩效管理的西南地区基层公共文化人才激励机制设计 /261

一、基于绩效提升的基层公共文化人才激励机制 /262

二、基层公共文化人才激励协调机制的构建 /273

三、基层公共文化人才激励协调机制四个系统的构建 /275

四、基层公共文化人才激励协调决策模式的构建 /279

五、基层公共文化人才激励协调信息平台的构建 /281

专题报告 3

西南地区基层公共文化人才培养措施研究 /283

一、形成科学的培养管理体系 /283

二、构建基层公共文化人才的终身教育体系 /286

三、建设网络远程继续教育系统 /290

四、大力建设内部培养师队伍 /293

五、培养实施 /296

六、保障措施 /302

专题报告 4

西南地区基层公共文化人才激励措施研究 /305

一、完善党管人才的组织保障措施 /305

二、基层公共文化人才激励机制运行的保障措施 /306

三、完善基层公共文化人才薪酬体系,激发人才的工作积极性 /308

四、打通基层公共文化人才职业发展瓶颈,激发人才的创造力 /310

五、合理规划基层公共文化人才的发展,实施目标管理激励人才 /312

六、组织保障措施 /313

附录1

调查问卷 /317

附录2

西南地区基层公共文化人才培养和激励机制调查问卷统计报告 /325

一、总体统计状况 /326

二、培训情况统计 /329

三、岗位素质要求统计 /336

四、激励机制情况统计 /338

参考文献 /344

总报告
西南地区基层公共文化人才培养和激励机制研究

　　高素质的基层公共文化人才队伍是大力弘扬社会主义核心价值观的重要力量，也是切实提高基层公共文化服务能力的主体力量。要实现到2020年"公共文化服务体系基本建成"这一重大战略目标，推进文化部"一个工程、四大体系"的关键任务，必须坚持把建设高素质基层公共文化人才队伍作为一项核心工作来抓。

　　有鉴于此，本课题研究基于多学科的理论分析，多角度、多途径的实证研究，分析了在推进西南地区全面建成小康社会的进程中，在实现基本公共文化全覆盖的进程中，西南地区基层公共文化人才培养和激励工作中急需解决的重要问题，为人才培养提供理论和实践支撑。

一、西南地区基层公共文化人才培养和激励现状分析

(一)西南地区基层公共文化人才培养现状分析

基层公共文化人才培养的发展,离不开对基层公共文化人才培养的政策、内容、方式和效果的清晰明确认识。明现状,剖问题,析原因,才能更好地为西南地区基层公共文化人才的培养建言献策。

1.西南地区基层公共文化人才培养政策的现状

在《文化部"十二五"时期公共文化服务体系建设实施纲要》《中共中央关于深化文化体制改革、推动社会主义文化大发展大繁荣若干重大问题的决定》《关于加快构建现代公共文化服务体系的意见》《国务院办公厅关于推进基层综合性文化服务中心建设的指导意见》等政策方针的指导下,西南五省区市依据中央文件、政策,结合自身实际情况,制定出台了一系列相应政策性文件,以努力规范提升本省区市的基层公共文化建设。

西藏自治区陆续制定出台《西藏自治区"十二五"时期公共文化服务体系建设规划》《西藏自治区基层公共文化设施和管理服务标准化建设指标》《西藏自治区基本公共文化服务实施标准2015—2020年》《西藏自治区贯彻落实〈关于加快构建现代公共文化服务体系的意见〉的实施意见》等政策性文件,不断加强基层公共文化人才队伍的建设。

重庆市出台《重庆市"十二五"基层文化队伍培训工作规划》《重庆

市人民政府办公厅关于印发推进基层综合性文化服务中心建设实施方案的通知》等文件,对公共文化人才队伍提出了新的标准。

贵州省出台《贵州省中长期人才发展规划纲要(2010—2020)》《关于加强民族地区人才队伍建设的实施意见》等文件,为全省公共文化的繁荣与发展提供了有力的保障。

云南省出台《云南省加快建设民族文化强省的意见》《中共云南省委关于加强文艺工作的实施意见》等文件,在公共文化建设、配置人才等各方面都提出了具体要求。

四川省于2015年出台《关于加快构建现代公共文化服务体系的实施意见》《四川省公共文化服务保障条例》,明确提出公共文化服务的"四川标准"。

2.西南地区基层公共文化人才培养内容的现状

西南地区基层公共文化人才的培养主要以举办培训班的方式开展,对人才进行业务培训、专业技能培训和专业素质培训,这大大提高了培训效率;根据不同岗位的需求,培训的内容也会进行相应的调整。

培训班的培训内容丰富多彩,通过培训,参训人员的专业水平、专业素养、业务能力、服务水平和管理能力等综合素质得到有效提升。如云南省文化馆举办的一线边境乡镇文化站站长培训班,培训内容包含两方面:一方面是基础理论与法规政策普及,另一方面是提升综合业务素质。拉萨举办的民间艺术团业务骨干培训班,培训内容包含表演技巧、剧本创作、角色分析、编剧要领以及执导作品等。四川省举办的全省"三区"基层文艺创作干部培训班,呈现出创新培训理念、创新培训内容、创新培训方式、创新培训机制四个"创新"的特点。贵阳市举办的公共文化服务体系信息系统建设培训班,培训对象覆盖公共文化机构网站建设负责人、信息录入管理员,培训目标旨在提高各基层公共文化服务单位专业技术人才网站管理和维护能力。

3.西南地区基层公共文化人才培养方式的现状

为提高基层公共文化人才的综合素养和为群众服务的能力,加快公共文化服务体系的构建,有必要对基层公共文化人才进行培训,西南五省区市在国家宏观政策的指导下,结合实际情况,采取了集中培训、分级培训、远程培训等多种多样的培养方式,取得了较好的培养效果。

4.西南地区基层公共文化人才培养效果的现状

西南地区基层公共文化主管部门和机构运用多元的培养方式,使培训内容丰富多彩,取得了较好的效果。一是基层公共文化人才的数量有所增加。西南地区群众文化机构从业人员在2010年至2014年都以高于100%的增长率实现人员数量增加,最高增长率甚至达到136.13%。二是基层公共文化人才的能力大幅提升。西南地区基层公共文化人才通过培训,提高了理论水平,找到了提升工作能力的方向,拓宽了业务视野,达到了提高综合素质的目的,拓展了群众文化发展的新视野,明晰了群众文艺创作的新思路。

(二)西南地区基层公共文化人才激励现状分析

1.西南地区基层公共文化人才激励政策

西南五省区市为提升基层公共文化人才服务能力,建设基层公共文化队伍,在中央的指导下,结合自身特点,出台了一系列政策。政策体系不断趋于完善,多项关于基层公共文化人才建设政策和规定的出台,比较完备的人才政策体系的建立,为吸引、留住和激励优秀基层公共文化人才营造了良好的政策环境。这些政策涉及基层综合性文化服务中心建设、文化工作绩效评价、基层文化建设、基层文化设施管理和使用工作等方面的内容。

2.西南地区基层公共文化人才激励方式

一是坚持了资金投入的激励方式。在出台的政策中，西藏自治区对县民间艺术团的补助经费从5万元的水平提高到20万元，提高幅度达到300%。云南省为了吸引和留住优秀基层公共文化人才，不断创新激励方式，如2015年云南省财政投入文艺精品创作专项扶持资金3000万元，用于优秀作品创作的补助和奖励。

二是强化了以授予荣誉称号为主的精神激励，这是基层公共文化单位采取的普遍的激励方式。西南五省区市出台了较多的荣誉激励政策，依托政策激励基层公共文化人才，激发他们在西南地区公共文化事业中的服务热情。调研结果显示，以授予荣誉称号为主的激励方式比较符合西南地区基层公共文化人才的激励需求，激励效果明显。

三是完善了以晋升为主的岗位激励。晋升对基层公共文化人才职业生涯很重要，是基层公共文化人才最愿意得到的激励方式。但是，以晋升为主的激励覆盖面比较小，能晋升的岗位有限，大部分基层公共文化人才即使工作优秀，也不一定能得到晋升。所以，相对于奖金、授予荣誉称号、带薪休假等激励方式而言，其占比还是相对较低的。

3.西南地区基层公共文化人才激励效果

(1)基层公共文化人才总量和质量有所提高。

完善基层公共文化人才激励机制，提高基层公共文化人才总量和质量是加强公共文化服务体系建设的重要保障。2012年至2014年，西南五省区市群众文化机构数量、群众文化从业人员数量及群众文化机构专业技术人才数量都有不同程度的增长，其中西藏自治区因其基数小增长幅度最高，重庆市增长幅度最低。综合来说，经过一系列激励政策、措施的实施，西南五省区市的基层公共文化人才总量和质量都有所提高。

(2)基层公共文化人才工作绩效显著。

西南五省区市以政策为依托，以财政为保障，逐步完善了基层公共文化人才激励机制，促进了基层公共文化人才队伍综合素养及专业服务水平的不断提高。通过颁发奖金等物质激励与授予荣誉称号等精神激励相结合，将评价结果公布表彰及通报批评等正激励与负激励相统一，将绩效评价纳入公共文化服务体系考核指标等多种方式，调动了基层公共文化人才工作的积极性，明确个人绩效目标，提高了基层公共文化人才的工作绩效。

二、西南地区基层公共文化人才培养和激励中存在的问题

(一)西南地区基层公共文化人才培养中存在的问题

西南五省区市出台的政策和措施在取得一系列成果的同时，仍存

在一些问题,这给基层公共文化人才的培养和激励带来了困扰。

1.基层公共文化人才数量不能满足公共文化服务需求

基层公共文化人才是公共文化服务的主要力量,与基层公共文化服务的质量和水平有着密不可分的联系。在《关于开展全国基层文化队伍培训工作的意见》及西南地区各省区市相关政策文件的指导下,西南五省区市近年来均加大了对基层公共文化人才培养的力度,人才总量逐步增多。但随着公共文化服务要求的提高,西南地区基层公共文化人才的数量仍然无法满足西南地区经济社会和文化事业的发展需求,具体问题如下。

(1)西南地区基层公共文化人才总体数量不足。

2013年全国主要文化机构公共文化人员从业人数共586651人,占全国人口总数的0.431‰;重庆主要文化机构公共文化人员从业人数共14569人,占全市人口总数的0.491‰;四川主要文化机构公共文化人员从业人数共28576人,占全省人口总数的0.352‰;贵州主要文化机构公共文化人员从业人数共12240人,占全省人口总数的0.350‰;云南主要文化机构公共文化人员从业人数共17696人,占全省人口总数的0.378‰;西藏主要文化机构公共文化人员从业人数共3157人,占自治区人口总数的1.012‰。由此可以看出,公共文化人员占总人口比例中,重庆略高于全国平均水平,四川、贵州、云南三省都低于全国平均水平,西南地区基层公共文化人才总量呈现出人员不足的问题。[1]

---

[1] 数据来源:《中国文化文物统计年鉴2014》。

表总1 2013年西南地区主要文化机构公共文化人员从业人数情况表

单位：人

地区	合计	公共图书馆	文化馆	文化站	博物馆	艺术表演团体	艺术表演场馆
全国	586651	56320	55921	108434	79075	260865	26036
重庆	14569	852	907	3756	1897	6762	395
四川	28576	2170	2880	6858	5417	10880	371
贵州	12240	1014	1587	4399	1261	3871	81
云南	17696	1806	2472	4188	942	8173	115
西藏	3157	107	357	205	75	2324	89

数据来源：《中国文化文物统计年鉴2014》。

（2）西南地区基层公共文化人才培训数量不足。

从全国群众文化机构培训人次层面比较，2013年全国群众文化机构培训人次为3105.1万人次，重庆群众文化机构培训人次为91.1万人次，四川群众文化机构培训人次为189.7万人次，贵州群众文化机构培训人次为54.7万人次，云南群众文化机构培训人次为141.2万人次，西藏群众文化机构培训人次为5.0万人次；即西南地区群众文化机构培训人次总数为481.7万人次，仅占全国培训人次的15.51%。而2012年、2011年、2010年西南地区群众文化机构培训人次的全国占比分别为16.88%、14.89%、13.86%。[1]西南地区群众文化机构培训人次逐年增长，但西南地区群众文化机构培训人次在全国占比的增值微乎其微，因此应继续加强对西南地区基层公共文化人才的培养，提高培训人次的全国占比率。

---

[1] 数据来源：《中国文化文物统计年鉴2014》。

表总2　西南地区群众文化机构培训人次情况表

单位:万人次

地区	2010年	2011年	2012年	2013年	2012—2013增长率(%)
全国	1805.6	2414.4	2749.7	3105.1	12.93
重庆	50.6	69.2	80.1	91.1	13.73
四川	111.1	164.9	211.1	189.7	-10.13
贵州	22.6	37.0	40.5	54.7	35.06
云南	63.8	85.9	128.6	141.2	9.80
西藏	2.2	2.4	3.9	5.0	28.21

数据来源:《中国文化文物统计年鉴2014》。

2.基层公共文化人才培养效果不佳

随着区域发展的深入,西南地区基层公共文化人才培养的质量还是难以发挥其应有的效果,自然也不能满足西南地区社会发展的需要。

(1)培养内容不够科学。

西南地区依托省、区、州、市、县文化馆、图书馆及乡镇文化站等,对基层公共文化从业人员有序开展了业务培训、专业技能培训,推动了基层文化队伍培训工作的发展。然而,在培养过程中,依然存在着培养内容不够科学、针对性不够的问题。据课题组对重庆、四川、云南、贵州和西藏的实地调研得知,在各地基层公共文化人才的培养实践中,均不同程度表现出偏重岗位业务技能培训,而轻视职业道德的培训;同时,对于技能培训中较为重要的信息技术培训比重过低。

表总3　西南地区基层公共文化人才培训调研情况

选项	频率(%)	选项	频率(%)
文化业务知识	56.73	职业道德	17.96
文化政策法规	34.29	文化活动	18.78
文化服务	30.20	岗位技能	18.78
文化创作	17.96	人际沟通	18.37
艺术和文化修养	11.43	礼仪知识	6.53
文化管理	35.10	计算机知识	7.76
文化宣传	23.67	其他	—

资料来源:由问卷资料整理所得。

(2)培养模式僵化。

西南五省区市的基层公共文化人才培养模式较为僵化,具体表现为以下几点:

一是培训的组织方式单一。西南五省区市绝大多数的培训组织方式为单位内部组织,主要聚焦在图书馆、文化馆(站)的各类业务培训等,高规格、高质量的培训较少,覆盖面、受益面十分狭窄。

二是以网络培训为代表的新培训方式使用率较低。除了依托文化部统筹开展的全国基层文化队伍远程培训——"公共文化空中大课堂"和"春雨工程"大讲堂网络培训班之外,基层各单位没有条件自行组织网络远程培训。

三是缺乏与培训相关的考核制度。在调研中发现,西南五省区市基层公共文化人才培训几乎没有与培训配套的考核制度,培训效果缺乏反馈评价,没有与之相关的奖惩要求,参与培训人员的积极性不高,容易导致人才培训流于形式,培训效果难以发挥。

3.基层公共文化人才的结构不利于可持续发展

(1)人才职称结构不合理。

人才职称的高低直接反映了他们具有的能力和水平,是评价人才的重要指标,合理的人才结构有利于基层公共文化人才队伍的健康发展,有利于提高基层公共文化服务能力和水平,也有利于整个基层公共文化事业的发展,扩大文化的普及面。2012年西南五省区市主要文化机构中具有正高级职称的人才数量为700人,具有副高级职称的人才数量为2593人,具有中级职称的人才数量为6259人,分别占西南五省区市从业人员的1.08%、4.00%和9.67%,所占比例非常小,并且中级职称所占比例远远高于副高级职称和高级职称,整个具有职称的人数总体上过少,高层次的公共文化人才十分匮乏。

表总4　2012年西南地区主要文化机构文化人才职称情况表

单位:人

地区	人员情况	从业人员	专业技术人员	正高级职称	副高级职称	中级职称
重庆	群众文化业	4494	1167	14	88	380
	艺术业	5348	1837	77	262	64
	图书馆业	848	569	10	71	232
四川	群众文化业	8921	3100	28	158	1202
	艺术业	14272	5639	265	639	243
	图书馆业	2051	1272	8	95	548
贵州	群众文化业	5320	2182	49	93	490
	艺术业	2528	1376	39	159	9
	图书馆业	976	701	16	76	250

续表

地区	人员情况	从业人员	专业技术人员	正高级职称	副高级职称	中级职称
云南	群众文化业	6347	4601	24	189	1851
	艺术业	8559	4172	106	448	122
	图书馆业	1783	1538	6	180	769
西藏	群众文化业	374	122	1	19	55
	艺术业	2833	1349	57	109	30
	图书馆业	91	31	0	7	14
合计		64745	29656	700	2593	6259

数据来源:《中国文化文物统计年鉴2013》。

(2)人才地域分布不合理。

在西南五省区市中,公共文化人才主要集中在四川、云南和重庆三地,人才分布严重失衡,使得西南地区发展基层公共文化面临着较大困难,人才队伍建设面临着数量不足、质量参差不齐等诸多问题。

表总5 2012年西南地区主要文化机构从业人员数量表

单位:人

	公共图书馆	群众艺术馆	文化馆	文化站	博物馆	艺术表演团体	艺术表演场馆	总计
重庆	848	79	803	3612	1624	4725	623	12314
四川	2051	643	2115	6163	4904	12360	1912	30148
贵州	976	388	978	3954	1166	2369	159	9990
云南	1783	513	1906	3928	986	6607	1952	17675
西藏	91	188	76	110	63	2659	174	3361
全国	54997	11805	41792	102631	71748	242047	52231	577251

数据来源:《中国文化文物统计年鉴2013》。

(3)人才行业结构不合理。

人才行业结构反映了人才从事各行各业的比重,而从整体来看,西南地区文化人员从业人数较少的文化机构为公共图书馆、群众艺术馆和博物馆等公益性机构,多数分布在文化站和艺术表演团体等营利性机构。这导致人才培养的重点总在营利性公共文化机构人员,而忽视了对非营利性服务机构人员的培养,不利于基层公共文化人才素养的全面提升,也不利于公共文化服务体系的构建和公共文化的推广普及。

(二)西南地区基层公共文化人才激励中存在的问题

西南地区公共文化人才激励机制仍存在种种问题,导致在某些基层公共文化单位,人才流失现象越来越严重,而人才的流失进一步加重了基层公共文化人才队伍的结构性失调。

1.基层公共文化机构精神激励流于形式

(1)思想政治工作匮乏,精神激励失效。

由于社会思想的多元化发展,基层公共文化部门的思想观念、价值取向都发生了很大的变化,在基层公共文化部门中的很多从业人员都受到了一定影响,再加上基层公共文化部门在一定程度上忽视了思想政治教育,导致部分基层公共文化部门从业人员思想意识淡薄,精神激励失效。

(2)工作满意度、成就感、影响力不高,精神激励失效。

由于基层公共文化部门工作成果在社会上并没有得到应有的评价,社会反响度不够广泛,基层公共文化人才对单位的归属感并不强,期望跳出系统,找到新的发展方向。同时,基层文化部门工作实绩的突出度往往比不上其他行政事业部门,造成基层公共文化人才工作满意度、成就感、影响力不高,导致精神激励失效。

2.薪酬体系的预期激励效果不突出

(1)薪酬在行业间差距较大,激励效果不突出。

基层文化事业部门包括公共图书馆、文化馆、博物馆、文化站等单位,其薪酬遵循国家分级薪酬制度,虽然经过了多次的调整,获得了一定的完善,但与非公有制的文化产业相比较,基层公共文化部门人员的工资水平仍然相对偏低。西南地区基层文化事业部门薪酬体系突出表现为制度内平均主义现象严重,制度外津贴发放处于混乱状态,薪酬的激励功能微弱。

(2)薪酬在区域间差距较大,激励效果不突出。

从总体上来说,西南地经济发展程度低于中东部地区,薪酬上的差距也是显而易见的,虽然在工资体系上都遵循国家划定的事业单位工资制度,但是在各种津贴、补贴及其他经费收入上,与发达地区的差距明显。而处于县级行政区域下的基层公共文化部门,更是在薪酬上远远低于同级别的省区市,导致基层公共文化部门吸引人才的力度不够,薪酬激励效果不明显。

3.基层公共文化服务部门激励政策落实不到位

从上级文化部门制定的人才政策来看,相关制度、政策已经逐步完善,但是在具体的执行过程中,由于基层文化部门的思想僵化,以至于政策出现了执行偏差,照搬式执行、替代式执行等政策执行方式时有出现。

省(区、市)级公共文化部门制定了较为完善的政策,鼓励人才资源合理流动,对实现基层公共文化人才的合理流动,完善西南地区基层公共文化人才交流机制做出了制度上的要求,通过物质激励和精神激励来激发基层公共文化人员的工作积极性。

但在实际的政策执行过程中,各地区均存在激励政策落实不到位的现象。激励过程中论资排辈的现象比较突出,这大大打击了基层公共文化人才的工作积极性,挫伤了其工作的荣誉感和自豪感。这反映出在政策制定和政策执行中没有按照政策标准将激励机制落实,而是按照人为主观思想办事,导致激励机制不公平、不合理,不能发挥激励政策的作用。

三、西南地区基层公共文化人才培养和激励存在问题的原因

(一)西南地区基层公共文化人才培养存在问题的原因分析

西南地区在基层公共文化人才培养中存在诸多问题,但事出必有因,解决问题的关键在于找出问题存在的原因。

1.人才培养意识相对薄弱

西南地区,尤其是欠发展、欠发达地区的人才培养意识未能全面树立,严重制约了该地区人才培养工作的开展,阻碍了人才第一资源的功能发挥。

(1)人才培养意识不强。

西南地区普遍存在对人才"重使用、轻培养"的现象,缺乏对人才知识及技能更新提高的重视。一些领导干部重点建设时间短、实收成果快的工程,忽略了人才工程建设。因此西南地区至今未能形成科学的、系统的、全面的人才开发培养理念。

(2)人才培养意识不全面。

西南地区将人才培养的重点圈划在全员培训,注重提高基层公共文化人才的整体素质,但忽视了对关键人才、专业人才进行专门化、专业化的培训,这很大程度上增加了培训成本,降低了培训成效。例如关注公益性文化单位的示范培训、基层公益性文化单位的基础性培训,缺乏对高层次人才、中(基)层管理人才和专业技术人才的培养,培养层次较为笼统,缺乏针对性的专业培养。

(3)人才培养重视程度不够。

国家公共服务指导标准显示,基层公共文化服务人才的培训方式为集中培训,培训时间每年不得少于5天,培训对象应当是机构内部所有的专业人员以及兼职人员。但西南地区基层文化机构很少安排集中的培训活动,即使安排,其时间也很短,基本达不到每年5天的最低培训时间要求,甚至许多文化从业人员不知道文化部存在这样一个基本标准。已有的培训活动也存在培训时间安排随意,缺乏人才培训的措施保障,有应付上级检查之嫌。

2.人才培养机制不健全

西南地区基层公共文化人才培养机制不健全主要表现在以下几个方面。

(1)培养模式脱离现实需要。

西南地区基层公共文化人才培养的阵地主要依托图书馆、文化馆、文化站等,培养的方式主要有课堂讲授、结构化研讨和实地考察。但在现实操作中,多以课堂讲授为主,而且多是以会代训,很少将三者结合起来,多是为了训而训,没有与现实需求结合起来,不利于地方文化服务的发展。培养方式的单一成了培养基层公共文化人才的现实障碍。一是严重制约了人才培养的信息、技术、经验等交流,不利于培养出现实所需的复合型人才和创新型人才;二是理论与实践分离的人才培养方式,不利于基层公共文化人才理论知识和实践能力的融合。

(2)培养缺乏针对性。

西南地区基层公共文化人才培养层次不清、效果不明,培训具有明显的笼统性,缺乏针对性。一是培养层次不清,培养方向不够明确,不论管理者还是从事文化工作的专业人才,统一培训,没有根据岗位的不同要求而设置不同的培训课程,从而导致了培养偏离现实需要。二是培训措施过少和培训渠道过窄。很多基层公共文化人才在基层公共文化行业中缺少培养的渠道,专业的培训机构在课程设置上远不能满足目前基层公共文化人才的需要。

(3)培养力量不足。

一是专业培训机构过少。西南地区专门针对基层公共文化人才培养的专业培训机构过少,多数是依托当地的图书馆、文化馆、文化站等单位内部组织的培训,且培训内容过于简单,远不能满足岗位和地区社会发展的需要。

二是培养经费不够。西南五省区市中,由财政拨款的经费在全国经费总量上并不占什么优势,而且西南地区正在深入发展,没有资金保障,人才培养的质量就无从保证。因此要多方筹集经费,除政府常规的资金提供外,还要积极寻求其他解决方式。

3.薪酬待遇偏低

2014年,重庆、四川、贵州、云南、西藏在文化领域就业人员的年平均工资分别为59598元、51728元、48944元、46209元和67735元,在全国32个省、自治区和直辖市中分别排名第9、17、18、24、7名[①],大部分

---

① 数据来源:《中国统计年鉴2014》。

薪酬偏低,难以保障优秀的公共文化人才生活和工作的物质需求,使得整个公共文化行业的优秀人才匮乏,人才流失率高,也直接降低了主管部门对基层人才的培训意愿,不利于基层公共文化人才能力和素质的提高。

4.人才培养政策的作用未完全发挥

西南五省区市的政府部门相继出台了关于公共文化服务的政策文件,但由于政策本身或政策以外的现实原因,有很多政策并没有取得应有的效果。这可能是政策不具有系统性或政策内容的笼统性所致。例如各省区市均出台了一系列人才政策、中长期人才规划、重点产业和重点学科人才队伍建设的文件,以及公共文化设施和管理服务标准化建设指标等相关文件,但其中并未明确涉及基层公共文化人才培养的政策内容,因此难以对基层公共文化人才的培养实践做出系统的理论指导。

(二)西南地区基层公共文化人才激励存在问题的原因分析

西南地区基层公共文化人才激励存在问题的原因主要包括以下几个方面。

1.激励管理的主观因素

(1)"人治"思想理念陈旧。

西南地区公共部门人力资源管理的工作重心依旧是解决日常的琐碎事务,激励手段依然是按照原有的激励制度进行,没能着眼于人力资源战略性要求,没能针对基层公共文化人才的真正需求进行激励,加上传统的"不求有功,但求无过"思想的影响,使得激励机制不能发挥有效作用。由此可见,西南地区公共部门管理思想的固化,严重影响了基层公共文化工作人员的工作积极性与创造性。

(2)基层公共文化人才竞争思想扭曲。

基层公共文化人才竞争思想扭曲存在着两种现象,一是缺乏竞争理念。在西南地区,有些公共部门激励机制中欠缺竞争机制,论资排辈现象明显。由于竞争机制的丧失,使得基层公共文化工作者存在得过且过的思想,缺乏工作热情,影响了工作效率。二是基层公共文化人才具有竞争理念,但是竞争思想偏离正确轨道,造成基层公共文化人才在竞争中采取走后门等不公平的竞争手段,使得基层公共部门歪风邪气不断增长。

2.激励机制的客观因素

(1)激励制度不健全。

激励制度不健全主要表现在物质激励不到位、精神激励失效等方面。在薪酬激励方面,基层公共文化人才的工资结构大都是固定的,薪酬稳定且差异小,这样的薪酬制度不能反映劳动力的价值大小,从而使得基层公共文化人才自身价值不能得到充分体现,导致基层工作人员不求上进。在晋升激励方面,目前晋升的主要因素是"领导意志",加上缺乏公开的监督体制与严格的晋升标准体系,以致削弱了基层工作者的工作积极性。

在精神激励方面,对基层公共文化人才的工作满意度等精神薪酬方面的激励远远不足。首先,精神激励没有客观的评价标准,人为主观思想的影响占很大比重,且以晋升、表彰为主,对基层公共文化人才的工作满意度和自我实现等精神薪酬方面的激励不足。其次,内容上老生常谈,这样的激励方式不仅没有真正激励基层公共文化人才,反而浪费了人力、财力、物力等资源。

(2)文化环境的影响。

一是部门内部不和谐。因为激励的竞争性,使得组织内部人与人之间关系不和谐,极易产生不良竞争行为,甚至产生心理压力问题。二是文化性质的活动较少,比如摄影、唱歌、读书、体育活动及趣味比赛等。长期的工作压力得不到释放,容易滋生心理问题。因此适当地开展文化活动能够丰富基层公共文化人才的业余生活,释放压力,提高工作效率,增加凝聚力,促进单位和谐。

四、西南地区基层公共文化人才培养和激励机制的设计

(一)西南地区基层公共文化人才培养的总体构架

在对西南地区基层公共文化人才培养工作机制的战略愿景、发展目标研究的基础上,在坚持"党管人才"的原则下,根据当前基层公共文化人才培养工作机制中存在的热点、难点问题,本项目提出西南地区基层公共文化人才培养工作机制的"4+1"战略:4个体系、1个制度。4个体系是指西南地区基层公共文化人才供需调控体系、培养运

行体系、培养服务体系和培养法规体系；1个制度指的是西南地区基层公共文化人才培养绩效评价制度。

其中，用人单位和基层公共文化人才是核心对象；供需调控体系、培养运行体系是使培养工作机制科学、合理运行的关键动力和中心环节，在充分发挥市场供需调控机制的基础上，各级政府通过综合协调基层公共文化人才培养服务体系，为用人单位和基层公共文化人才提供良好的市场环境及制度环境。而西南地区基层公共文化人才培养绩效评价制度直接作用于政府的调控、用人单位和基层公共文化人才，对其工作进行科学评价，并为具体的工作机制运行的能力和效果做出评价与推动。培养法规体系则为整个机制的设计和运行提供法律保障。

（二）"4+1"战略的运行体系构建

1. 西南地区基层公共文化人才供需调控体系的构建

西南地区基层公共文化人才培养的供需调控工作是一项复杂的系统工程，对存在于系统中的每一个要素都能产生影响，其体系构成如下。

（1）决策控制系统。

决策控制系统是整个基层公共文化人才供需调控活动的神经中枢、指挥中心。它负责明确西南地区基层公共文化人才资源培养规划和培养工作的方针政策等具体内容，并在其行政区域内贯彻和执行，所以这个决策控制系统发出的指令是进行基层公共文化人才培养供需调控工作的主要依据。

(2)政策调节系统。

政策调节系统是西南地区基层公共文化人才供需调控体系的实施机制。它的设计和实施旨在贯彻决策控制系统发出的各项调节政策,以落实各级政府基层公共文化人才培养供需调控为目的。所以,这个政策调节系统颁布实施的政策是西南地区基层公共文化人才培养的供需调控工作的基本内容。

(3)信息反馈系统。

信息反馈系统是整个基层公共文化人才供需调控体系的沟通装置、传导器。它通过收集、分析、传导各种信息,供西南地区基层公共文化人才培养的供需调控体系的各个部门做出决策,以沟通、联结整个调控体系,使其对培养工作的调控行为准确、适度、及时。所以,这个信息反馈系统收集、分析、传导的信息是供需调控工作的主要参考。

(4)监督保证系统。

监督保证系统是整个西南地区基层公共文化人才供需调控系统的保障设施。它通过维护体系内各有关子系统的相对独立性、调控行为的相对稳定性、纵向政策的相对连续性来保证供需调控工作的高质有效。所以,它的作用是保证调控工作的实施。

2.西南地区基层公共文化人才培养运行体系的构建

西南地区基层公共文化人才培养运行体系的构建包括以下四个环节:培养需求的分析、培养目标的设置、培养计划的制订和培养效果的评估。

(1)培养需求的分析。

从政府的宏观调控角度,要聚焦考虑培养工作如何通过辅助西南地区来实现发展目标,如何在不同的领域内影响培养工作,特别是本地区发展对基层公共文化人才队伍建设的需求是什么,需要什么领域、行业和类型的基层公共文化人才等问题。同时要分析与期望收益紧密相关的培养成本和机会成本。在培养需求的分析中,最核心的就是要明确本地区内所需的基层公共文化人才具体的职位,以及该职位的职责和完成工作任务所需要的知识和技能的类型。

(2)培养目标的设置。

培养目标是多样化的,可以以下四个方面来衡量培养目标的设置是否科学。第一,培养使西南地区基层公共文化人才数量增加的比例;第二,培养使西南地区基层公共文化人才的工作质量提高的程度;第三,培养使西南地区基层公共文化人才工作效率提高的程度;第四,培养的投入与产出的比例。

(3)培养计划的制订。

培养计划是整个培养过程开始的源头,在制订西南地区基层公共文化人才培养计划时,要让来自本地区的基层公共文化人才需求方、基层公共文化人才培养对象及基层公共文化人才宏观调控的管理部门为培养计划的制订提供信息。基层公共文化人才培养主体根据这些信息,有针对性地制订包括培养项目、培养方式、培养内容、培养对象、培养时间周期,以及培养所需资料和设备等内容的具体计划。

(4)培养效果的评估。

培养的有效性是指培养工作对本地区的基层公共文化人才培养目标的实现程度,以及通过培养工作的开展,在基层公共文化人才数量和质量上的提升程度。培养的效益性则是判断培养工作给本地区的经济社会发展、民族文化发展等各项事业所带来的经济效益和社会效益。其中,经济效益是通过培养人才为社会所创造的物质产品的价值,社会效益是通过培养人才为社会所创造的精神产品的价值。

3. 西南地区基层公共文化人才培养服务体系的构建

通过多种服务手段和拓宽服务范围,形成西南地区基层公共文化人才的培养社会化服务体系,为西南地区基层公共文化人才和用人单位提供全方位服务。

(1)投资兴建基层公共文化人才培养基础设施。

针对本地区公共文化发展的战略目标,首先由政府出资加强基层公共文化人才培养载体建设。在载体建设中一个重要的内容就是加强本地区现有高等院校、文化机构等主体的建设,加强从事基层公共文化人才培养工作的教学人才队伍的建设。

其次,要加强进行基层公共文化人才培养工作宏观统筹管理的政府职能部门的建设,特别是提升政府职能部门中直接从事基层公共文化人才培养工作的专职管理人员的专业素养和知识水平。

最后,要加强基层公共文化人才培养机制实施和工作开展的平台建设,例如西南地区基层公共文化人才的宏观管理信息平台的建设,以及能够保证培养工作顺利开展的办公设备和其他设备的配置。

(2)为西南地区基层公共文化人才培养提供信息服务。

西南地区的政府可以通过在本区域内设立针对西南地区基层公共文化人才就业与需求的服务机构,一方面收集用人单位针对西南地区基层公共文化人才的职位空缺信息和具体的用人条件;另一方面在本区域内登记有求职意向的公共文化人才的详细信息,实现西南地区基层公共文化人才在供需双方的信息服务。通过收集到的信息,还可向各类培养机构提供社会和市场对基层公共文化人才的知识技能需求的情况,帮助培养机构开展培养工作,实现用人与培养的对接,从而降低西南地区基层公共文化人才的培养成本和风险。

4.西南地区基层公共文化人才培养法规体系的构建

通过培养法规体系来保护西南地区基层公共文化人才培养工作中培养主体、用人单位和基层公共文化人才自身的合法权益,做到用法制保障西南地区基层公共文化人才培养工作的实施。

具体的法规政策体系要根据本区域的公共文化发展规划来制定,但人才培养的法规体系要以西南地区基层公共文化价值实现为导向,遵循基层公共文化人才成长规律和市场经济规律,规范好基层公共文化人才培养的工作机制,以及培养中的培养主体的竞争秩序,不断赋予基层公共文化人才培养工作制度以新内涵,为通过培养调节西南地区基层公共文化人才供需平衡提供法规政策支持。

(三)"4+1"战略的培养绩效评价制度设计

1.西南地区基层公共文化人才培养绩效评价制度的内容

西南地区基层公共文化人才培养绩效评价制度是一个综合了评价主体、评价客体、评价指标、评价方法等人才工作目标评价活动的基本要素在内的有机统一的制度体系。

(1)评价主体。

评价主体构成具体包括以下几个方面。

一是国家机关部门,主要负责对西南地区基层公共文化人才培养的统筹规划与领导,处于评价的统领性地位和指导性层次。

二是西南地区的省、自治区、直辖市的党委组织部和政府内部各管理部门,包括人才工作协调小组、人力资源与社会保障部门和各职能部门，主要负责对培养评价的战略决策和领导，对培养工作的评价与管理，其评价具有系统性、统一性与规范性等特点。

三是各种专业性的评价中介组织。此类主体是社会各类中介组织、研究机构，以及经申请批准而成立的专门性的公共文化人才培养评价组织，属于社会组织的范畴，是人才工作目标评价主体的重要组成部分。

四是西南地区基层公共文化人才培养的对象，即在西南地区范围内广泛存在于各行各业的各类基层公共文化人才。该评价主体对培养评价制度的建设主要通过人才工作的满意度、人才工作的评价等方面来体现，是实现评价主体多元化发展的必要补充。

（2）评价客体。

在西南地区基层公共文化人才培养评价制度的建设中，从事具体人才培养工作的人员及各类组织构成了人才培养评价制度的客体，具体而言包括以下几个层次。

一是西南地区各级党委和人民政府中负责基层公共文化人才培养工作的各级领导。要将人才培养工作作为对其工作评价的重要内容落实下来，促进各级领导积极推进基层公共文化人才培养工作的有序进行。

二是西南地区的各类组织、职能部门中负责人才培养工作的单位。一般是对其组织目标的实现程度、人才培养工作的效率与效益等方面进行宏观层面的评价。

三是西南地区从事具体的基层公共文化人才培养工作的工作人员。主要对工作人员个体的工作效率、效益等进行微观层面的评价。

（3）评价指标。

西南地区基层公共文化人才培养评价指标应当结合西南地区基

层公共文化人才培养的工作实际,从宏观和微观两个角度出发来进行系统的构建。

一是构建西南地区基层公共文化人才培养评价的宏观指标体系,要着重发挥这一评价指标的宏观指导作用。二是构建西南地区各省、自治区、直辖市基层公共文化人才培养评价的具体指标体系。三是构建各职能部门基层公共文化人才培养评价的专项评价指标体系,注重从基层公共文化人才培养的具体实际出发。

(4)评价方法。

一是要以多维评价方法为根本,实现对人才培养工作的全方位、多角度的评价,保障评价结果的客观公正。二是要以目标管理方法为主干,目标评价是目标管理的核心。三是要以KPI评价法为重要补充。目标评价作为绩效评价的重要内容,为了提高评价的科学性与有效性,必须要在实践过程中对KPI评价方法加以合理的运用。

(5)评价程序。

一方面,要从西南地区基层公共文化人才培养工作的具体实际出发,制订出符合西南地区基层公共文化人才发展的人才培养工作绩效评价目标,这是人才培养工作目标评价程序的起点。另一方面,西南地区基层公共文化人才培养工作目标评价要着眼于推进人才培养工作质量的持续提升,这是人才培养工作目标评价程序的最终落脚点与归宿。

(6)评价结果。

一方面,要及时向评价对象公布评价结果,使对评价结果有异议者能够及时地申诉或认可评价结果;另一方面,要将评价的最终结果及时地反馈给目标评价主体,使目标评价主体能够及时地了解目标评价客体的工作状况。还要发现目标评价结果中所反映的问题,为后续人才培养工作目标评价提供必要的指导与支撑。

2. 西南地区基层公共文化人才培养评价指标体系设计

构建科学合理的西南地区基层公共文化人才培养工作目标评价指标体系关系到西南地区基层公共文化人才工作的科学性、客观性和准确性,是实现培养工作绩效评价科学性、客观性和准确性的关键所在。

根据对西南地区基层公共文化人才培养工作的构成要素进行合理的解构,以及结合西南地区基层公共文化人才培养工作的实际情况,本研究将西南地区基层公共文化人才工作目标评价指标体系分为人才培养工作过程和人才培养工作效果两大领域;在此基础上,将人才培养工作过程领域分为政策类和服务类两类评价因素,人才培养工作效果领域分为总量、结构、分布和发展四类评价因素。在评价因素的基础上,再划分出具体的评价指标。

表总6 西南地区基层公共文化人才培养工作目标评价指标体系

评价领域	评价因素	评价指标	评价对象的级别*
西南地区基层公共文化人才培养工作过程	政策因素	人才培养法规工作	A/B
		人才培养政策工作	A/B
		人才培养机构工作	A
		人才培养环境工作	A/B
	服务因素	人才培养领导工作	A/B
		人才培养调控工作	A
		人才培养统计工作	A/B
		人才培养规划工作	A
		人才培养评价工作	A/B
		人才培养服务工作	A/B

续表

评价领域	评价因素	评价指标	评价对象的级别*
西南地区基层公共文化人才培养工作效果	总量因素	人才培养总量成果	A/B
		人才培养密度成果	A/B
	结构因素	学历结构培养成果	A/B
		职称结构培养成果	A/B
	分布因素	人才培养行业分布	A
		人才培养产业分布	A
	发展因素	人才培养效能	A
		人才增长速度	A/B
		人才培养投入水平	A/B

*A为公共文化政府职能部门，B为基层公共文化机构。

西南地区基层公共文化人才培养工作目标评价的三级评价指标按照三个层次进行设计，第一是根据西南地区基层公共文化人才经济社会发展的价值分为人才培养工作的过程和结果两个领域，第二是根据人才培养工作的目标贡献度，将人才培养工作过程分为政策因素、服务因素两个因素，将人才培养工作效果分为总量、结构、分布和发展四个因素，第三是根据人才培养工作的关键内容，将第二层的重点目标因素分为人才培养法规工作、人才培养政策工作等共19项重点指标。

西南地区基层公共文化人才培养工作目标评价指标体系的各级指标应该具有明确的指向性，因此必须对指标的具体含义进行阐释。在评价指标体系中还有一个重要的内容就是各层级指标的权重设计。西南地区经济社会发展是一个动态变化的过程，与之相对应，基层公共文化人才培养工作目标也就应该是一个具有重点任务、重点目标的动态变化体系。本研究认为，对于西南地区基层公共文化人才培养工作目标评价的各级指标的权重设计需要根据人才培养工作的重点动态确定其各层级权重，因此本指标体系并未对各层级指标赋予具体的权重指数。

3.西南地区基层公共文化人才培养评价方法体系设计

西南地区基层公共文化人才培养应紧密结合西南地区的具体实践，依据人才培养工作目标评价方法体系设计，在培养工作目标评价过程中构建多维价值评价方法体系。多维价值评价方法体系是指在人才培养工作目标评价过程中，由多种不同评价方法整合作用而成的方法体系，它是由多元主体评价法、目标管理法、关键因素法有机组合而成的评价方法体系。

多元主体评价法是整个评价过程的框架，贯穿于人才培养工作目标评价过程的始终，其一方面限定人才培养工作目标评价的主客体，另一方面限定人才培养工作目标评价体系与外部的边界；目标管理法则是针对人才培养工作目标对工作过程的评价，属于阶段性评价方法，目标管理法的应用能够确保人才培养工作过程的科学性和方向性；而关键因素法是对评价指标的把握和评价，具体而言就是对人才培养工作的重点工作内容进行具体评价，以准确评价人才培养工作目标的落实效果。因此，多维价值评价方法体系实际是一个以多元主体评价法为核心，以目标管理法为重点，以关键因素法为工具，三位一体整合运作的人才工作目标评价方法体系。

4.西南地区基层公共文化人才培养工作评价程序设计

人才培养工作评价的程序包括：计划阶段、执行阶段、检查阶段和处理阶段。

(1)计划阶段。

计划阶段是西南地区基层公共文化人才培养工作目标评价的起

始阶段,对整个人才培养工作目标评价的有序运行具有重要的影响。这一阶段主要由以下基本环节构成,各环节之间相互递进、层层推进:一是从人才培养工作过程与人才培养工作效果两个角度准备人才培养工作目标评价资料;二是人才培养工作目标评价领导小组组建;三是设计和确定人才培养工作目标评价各层级指标的权重。

(2)执行阶段。

一方面,西南地区基层公共文化人才培养中各评价主体要对人才培养工作目标评价项目进行量化和细化,在人才培养工作目标评价指标体系的指导下,将人才培养工作目标评价指标细化为若干项目。另一方面,在对评价项目进行科学划分的基础上,各评价主体要根据所负责项目的实际情况,在人才培养工作目标评价的方法体系中选定合适的评价方法,保障目标评价活动的实效性与科学性。

(3)检查阶段。

一是要向西南地区基层公共文化人才培养中各评价客体公布评价结果,对目标评价结果有异议的允许其在规定的时间内提出申诉;二是要向西南地区基层公共文化人才培养中评价主体公布目标评价结果,及时公布不同评价主体之间目标评价的工作结果,对目标评价过程中出现的问题、误差等进行及时的调试与调整;三是要向西南地区基层公共文化人才培养工作主管部门汇报目标评价结果,让其对本单位的目标实现情况、所管辖的人才培养工作人员的工作状况等有一个宏观的把握与认识;四是要在西南地区基层公共文化人才范围内,向社会公众公布人才培养工作目标评价结果,实现目标评价的公开化、阳光化发展。

(4)处理阶段。

一是西南地区基层公共文化人才培养中各目标评价主体在规定期限内、规定范围内对评价结果进行公示且无异议之后,要将评价结果固化下来,并通过统一的标准,实现标准化使用评价结果,将评价结果作为从事人才培养工作的工作人员的激励、惩罚以及职位升降的重要依据;二是要将在本次人才培养工作目标评价过程中出现的技术上、操作上的遗留问题转入下一循环,为下一阶段的人才培养工作目标评价的推行提供理论指导与实践支撑。对人才培养工作目标评价过程中所发现的问题要进行分析,并要求各单位在下一阶段的人才培养工作中进行修正。

(四)基于绩效提升的西南地区基层公共文化人才激励机制

1.激励机制的整体构建

本研究认为基于绩效提升的基层公共文化人才激励机制是包括保障机制、管理机制、评估机制和反馈机制在内的有机统一体,各机制之间相互制约、相互作用、相互影响,能有力地推进激励机制的有效运行和绩效水平的持续提升。

(1)保障机制。

一是要健全基层公共文化人才激励的法律保障机制。激励机制的建立必须要在战略发展目标的指导下,结合发展特色,建立健全相应的法律法规,用法治精神和原则协调各种关系、管理各类事务,从而保障激励过程的有序、有效进行。

二是要不断完善基层公共文化人才激励的制度保障机制。实现基层公共文化人才激励制度化发展,是保证基层公共文化机构各项事务的规范化、程序化、科学化组织与实施,以及促进公共服务的行为高效运行的必要前提。

三是要持续优化基层公共文化人才激励的环境保障机制。要在公共文化机构内部建设以健康向上、充满活力、催人奋进为主题的绩效管理文化。建立高效的绩效信息网络系统,实现与不同利益群体之间的有效沟通与交流,实现对公共文化人才的有效激励。

(2)管理机制。

一是要构建激励管理运行机制,实现宏观运行机制与微观运行机制相结合。积极推进激励计划、激励实施、激励效果(绩效)评估与反馈等四大环节的有效实施,保证各环节之间的有效联系与整体功能的发挥。在机构内部建立以公共文化人才的能力为前提的绩效管理平台,根据公共文化人才的实际工作能力进行人事安排。

二是要把握激励管理的动力机制,形成包括以机构、个人、环境为主导的多维度动力系统。通过外在的责任激励动力,督促在规定的时间内、以最优的工作能力高效完成目标任务。此外,对管理者和人才个体进行思想教育,形成内在的精神驱动力,在轻松活跃的工作环境下促进工作效率的提高。

三是要建设激励管理的约束机制,保证激励效果的正向性和高效性。建立相应的制度约束、责任约束和心理约束等实现对激励管理者的行为约束,从而实现人才激励后的个体绩效与组织绩效共同提升。

(3)评估机制。

推进公共文化人才激励的行为效率与效益的有效提升。

一是树立正确的激励评估理念。在激励实践中,要树立"以人为本、以价值为导向,坚持效能意识"的激励评估理念。

二是坚持科学的激励评估标准。在客观性、价值性、整体性和可量化这四项原则的指导下,以公共文化人才个体绩效的实际情况,及其对机构绩效的影响力作为激励评估的出发点和落脚点,真正将激励评估作为一种有效的管理方法,有效提升激励评估的针对性和实效性。

三是设计合理的激励评估内容。从各工作岗位实际出发,结合职位说明书,建立具有全面性、灵活性、针对性和科学性的基层公共文化人才激励评估内容。

四是运用正确的激励评估方法。坚持客观评估与主观评估相结合、定性评估与定量评估相统一、工具性评估与价值性评估相渗透的多维度评估体系,将基层公共文化人才的个体绩效评估与机构激励效果评估联系起来。

(4)反馈机制。

反馈机制应该从公共文化机构的管理者、人才个体及二者的关系出发,形成"两位一体"的激励反馈机制。

一是建立"自上而下"的信息反馈机制。搭建一个科学有效的信息技术平台和"自上而下"的系统信息反馈机制,以保证激励措施与环境信息的变化相适应。二是建立"自下而上"的自我反馈机制。人才个体应自觉地将工作过程中遇到的问题和困难,通过一定的途径和方式反馈给管理者,增强交流与协作,为激励营造内驱力。三是建立"上下结合"的沟通反馈机制。通过有效的方式将激励效果反馈给人才个体,并让其通过评估结果改进工作方法、提高工作效率;管理者要及时发现激励工作中阻碍绩效提升的各种因素,从而实现个体绩效价值的最大化。

2. 基于工作体系再造的基层公共文化人才激励协调机制的构建

本研究提出了构建基层公共文化人才激励协调机制的基本理论模型,该模型包括四个系统、一个模式、一个平台。四个系统分别是基层公共文化人才激励决策层协调系统、基层公共文化人才激励运行层协调系统、基层公共文化人才激励信息沟通协调系统和基层公共文化人才激励组织协调系统;一个模式是基层公共文化人才激励协调决策模式;一个平台是基层公共文化人才激励协调信息平台。

(1)基层公共文化人才激励决策层协调系统。

基层公共文化人才激励决策层协调系统主要是通过适当的策略协调机制进行人才激励工作的决策,其主要作用在于建立并完善各种基本协调机制,提供针对激励措施、政策措施的决策与协商机制,为激励工作运转的决策及利益协调服务。

(2)基层公共文化人才激励运行层协调系统。

激励运行层协调系统是指在激励工作中通过规划、计划的实施和监督对激励管理进行协调的工作系统。一是要建立基层公共文化人才激励运行层协调系统运行的宏观准则。二是要建立基层公共文化人才激励运行层协调系统运行的业务准则。三是要建立基层公共文化人才激励运行层协调系统运行的工作准则。

(3)基层公共文化人才激励信息沟通协调系统。

建立基层公共文化人才激励信息沟通协调系统,一是要加强沟通理念的建设;二是要建立健全沟通政策;三是要丰富激励信息沟通内容;四是要选择有效的沟通渠道;五是要加强沟通反馈的设计。

(4)基层公共文化人才激励组织协调系统。

以激励管理职能模块化、激励管理业务流程模块化和业务职能部门的激励功能模块化为前提条件,在此基础上建设网络化的基层公共文化人才激励组织协调系统,分别由激励管理决策层、管理部门与各职能部门负责人实施。一方面,要着力解决激励管理的模块分解问题,以及模块之间的协调问题,由相关职能部门分别承担不同功能模块或不同结构模块的处理。另一方面,通过规则的协调使整个激励管理系统多而不散、多而不乱。

(5)基层公共文化人才激励协调决策模式构建。

基层公共文化人才激励协调决策模式是分散基础上的群体决策和分布式决策的协调模式,这一模式是在顾及职能部门利益诉求的前提下,利用协商及谈判机制来达成共识,消除冲突,最大限度地推进激励管理的有序推进。在构建基层公共文化人才激励协调决策模式的实践中,要通过以下五个阶段逐步推进:第一,辨识问题,提出议题;第二,角色反思与定位,反思在人才激励管理中的不足,改变自身的认知,进行角色的重新定位;第三,形成解决议题的备选方案;第四,达成共识;第五,议题程序化或规则化。

(6)基层公共文化人才激励协调信息平台构建。

基层公共文化人才激励协调信息平台是建立在管理信息系统(MIS)和相关信息技术支持基础上的多层次信息支持平台,它是基层公共文化人才激励协调机制良好运行的技术基础。基层公共文化人才激励协调信息平台是由包括决策层信息、运作层信息、信息交流层,以及技术支持层所组成的综合性、立体化的协调信息平台,其最终目标在于保证人才激励管理信息协调功能的有效实现。

五、西南地区基层公共文化人才培养和激励机制运行的措施与建议

(一)形成科学的培养管理体系

科学的培养需求分析是培养管理体系的核心基础,需要通过组织分析、任务分析、人员分析,明确社会对公共文化人才的需求,进而确定培养内容。

1.建立完备的培养内容管理体系

努力探索构建体系科学、内容完整、理念先进的公共文化培养内容体系。需重点做好培养内容的设置,要制订科学的建设方案,切实加强培养师队伍建设,重视培养内容和体系改革,注重使用先进的培养方法和手段,大力开发实用的培养教材、项目,在培养中理论与实践并重。

2.建设灵活高效的培养质量检测体系

采取多种形式,实时检查培养效果并改进提高。培养结束后,及时进行培养效果评估,并在培养结束后的特定时期内,对培养有效性进行评估,并作为制订下次培养计划及持续改进培养的重要参考。建立切实有效的激励和评价机制,重点针对培养内容的实用性、培养手段的丰富度、培养效果的满意度进行调查,及时调整培养内容和项目设置,跟踪培养效果,提高培养质量。

3. 建设齐备的内部管理体系

首先，进一步完善培养规章制度，及时调整、修改不适应形势的规章，优化培养管理、培养师管理、基础建设管理等方面的制度；其次，着眼于培养基地或中心的建设，逐步形成以战略管理制度、人力资源（含师资和管理团队）管理制度、财务管理制度、基础建设管理制度等为主要内容的内部管理体系。

4. 明确培养对象类型

（1）基层公共文化机构的党政干部。

基层公共文化机构的党政干部决定着基层公共文化机构的管理模式、人力资源使用效能、公共文化资源管理水平和行业整体形象、行业技术进步等重大发展事宜。该层面的人才应具备较高的职业素养、综合管理能力和专业能力，即应侧重其领导力、决策方法、战略规划的培养。

（2）基层公共文化机构的管理者。

基层公共文化机构的管理者集人员管理与技术管理于一身，是基层公共文化机构良好运行的中坚力量，因此要在执行能力、创新能力等方面进行重点培养。

（3）公共文化专业技术人才。

公共文化专业技术人才是指公共文化产品的生产者和创造者，但是目前多数公共文化专业技术人才非常缺乏应对社会对现代公共文化需求的能力和水平。因此，对他们的培养重点应放在创新能力、现代科学技术应用等方面。

(二)构建终身教育体系

基层公共文化人才的终身教育体系要以完善的培养管理体系为基础,以切实有力改善人才队伍质量为根本出发点。在整个终身教育体系中,良好的培养管理系统是构建基层公共文化人才终身教育体系的有效途径。

1.多元化在岗培养模式

(1)基于胜任力的在岗培养模式。

基于胜任力的在岗培养模式坚持以"岗位任职能力"为本位,突出岗位技能特色的培养指导思想。坚持以"岗位任职能力"为本位,就是将整个培养活动的基点确定在如何使受训者具备从事某一专业岗位所需的全部能力上,所强调的不是依靠知识转化为专业技能,而是在专业技能的形成与提升中追求知识的丰厚,其目的是培育以实践能力见长的人才,是一种岗位任职培养。

基于胜任力的岗位培养需要针对职位性质的不同,对人才分级、分类、分层次进行胜任力的分析,以确定侧重不同的培养内容。对不同类别的人才需进行区别分析,做到"对症下药"。

(2)基于带教帮扶的师徒结对培养模式。

基于带教帮扶的师徒结对培养模式是一种互利双赢的培养模式,这种模式主要用于对专业技术人员的专业技能的培养。在一些技术性较强的公共文化部门,如曲艺文化团、歌舞文化团等,对于新进的专业人才,可以采取师徒结对的培养模式,这种模式能够实现空间、时间的统一,既节约了培养成本和时间,又可使人才将理论与实践相结合,短期高效地实现人才与岗位"零距离"的对接。

2.基于理论提升的工学结合的培养模式

工学结合的培养模式是在岗培养模式的核心内容。委托大专院校、职业院校、培养机构等对人才进行集中的、专业的岗位理论教学。

(1)基于理论提升的专业学位培养模式。

基于理论提升的专业学位培养模式,主要是指在职攻读学位。这种学习方式注重实践性,可进校不离岗,以"工作学习同时兼顾有机结合"为特征。这种培养可使人才不离开工作岗位,利用平时的部分工作时间,以及业余、节假日等时间,参加由专门机构组织开展的培养课程。专业学位在职教育可以为人才提供技术能力和教育程度不断提升的培养活动,是提高整个队伍业务素质的有效途径。

(2)基于高校的教学基地模式。

联合高校创办教育培养基地,一方面可利用地区高校优质的师资力量、先进的教学设施、丰富的教学经验等条件,提供高质量的培养;另一方面也可更好地满足基层公共文化机构特殊培养需求,使得培养更具针对性、系统性、科学性。这种模式还可有效实现政府部门与地区高校的互利共赢。

(3)高校短期集中培养。

短期集中培养是将工作业绩突出的人才送到大学里短期集中学习。这种学习方式可以让人才在相对轻松、优越的环境中,丰富生活、增加学习阅历、提升理论素养、提高工作技能。这种培养方式既可以看作是给人才的福利,也可以看作是对人才的激励,有一举多得的效果。

(三)建设网络远程继续教育系统

依托现有网络平台资源,以信息化服务平台建设和网络培养体系建设为抓手,大力发展新技术、新媒介培养。

1.努力建设培养信息化服务平台

一是做好官方网站的建设,便于培养对象从网站获取培养资源,增加互动性,扩大网站影响力;二是做好多媒体课程和网络课程的软件开发,利用物联网等新技术平台,打造一批质量好、针对性强的网络教育资源,充实网络教学平台,完善继续教育基地建设;三是升级现有网站运营设施设备,保障公共文化机构的内网及公网安全;四是开发新媒体课件,建设新媒体课堂,充分运用智能手机、平板电脑、有线数字电视等平台,为培养对象创造更宽松、更方便的学习渠道。

2.完善公共文化系统远程网络培养模式

大力发展以网络为主要媒介的培养途径,建设自主学习网络平台,特别是通过互联网网络课程培养、网络学历教育、基于云计算的个性化网上课堂、远程视频教学等手段,研发、推广新媒体网络学习终端,切实建好网络培养基地。

一是建设主题讲坛网站,根据基层公共文化机构工作的实际需求,设立专业技术、领导管理技术、政务管理知识、专业问题研究等相关主题。二是建立学习交流、互助和协同机制,利用网络视频会议系统、协同教学系统进行在线交流。三是建立虚拟图书馆,将课件或视频中的相关技术细节关联到网络虚拟图书馆,保证网上学习的质量。四是建立学习评价系统,通过定期的网络测试,来促使人才查漏补缺。五是建立主题反馈系统,更好地针对反馈意见,进行系统的改进、课程的优化。

(四)大力建设内部培养师队伍

内部培养师是既熟悉所在部门的业务又在专业方面有所长,一般是公共文化系统内有良好的综合教学能力的优秀人才。内部培养师具有培养成本低、培养内容实用、接受度高、培养效果显著等优点。建设内部培养师队伍需做好以下几点。

一是动员报名。内部培养师来自公共文化机构内各个文化领域、专业的骨干人才,报名方式可采取部门领导推荐和网上自主报名两种。

二是筛选报名者。对报名者的条件和资历进行对比后,对那些业务知识全面、技能熟练、情商较高的人要列为重点考察对象,采取面谈、试讲的方法进行再筛选。把面谈、试讲表现突出的个人作为拟录取的对象。

三是对培养师进行培养技能方面的培养。培养的重点就是关于培养活动的策划组织技巧,包括培养师的职责和角色、培养师的基本技能、课堂组织技巧、培养效果的评估方法等。

四是资格认证。在教育培养部门对培养的人员进行培养师资格认定测试后,要对通过测试的人员进行正式的资格认证。

五是档案管理。人事部门将培养师资格归档并录入个人人事资料,从而成为其绩效考核、晋升、薪酬评定等方面的依据。

内部培养师对于当选的人才来说是一份兼职工作,需要良好的激励措施来保证人员的参与度。所以要求人事管理部门高度重视,提出内部培养师建设和相关的奖励方案,同时在整个基层公共文化机构上上下下形成一种争当培养师的良好风气。一旦获得"培养师"的称号,他们就会有一种成就感。这样就更容易吸引高素质的人才加入内部培养师队伍。

(五)完善科学的培养实施程序

1.完善培养需求分析

培养需求分析是培养活动的首要环节,反映了组织对培养的期望。培养需求分析必须从组织分析入手,以任务分析为核心,结合人员分析,得出培养的目标、培养的对象和培养的内容。

2.确定培养目标

培养目标主要是界定培养要了解什么问题和解决什么问题,以显示培养的价值所在。评估培养目标的实现程度是衡量培养效果的重要指标。因此,对培养目标的设立要具体、明确并可衡量,这样才有可能获得可靠的评估数据。

3.培养计划的设计

首先,制订培养计划应以基层公共文化机构发展战略为依据,要有超前性。其次,制订培养计划应以培养需求为依据,要有有效性。再次,制订培养计划要有系统性。最后,制订培养计划应以已掌握的资源为依据,要有可行性和经济性。

4.培养计划的实施

做好培养的实施管理,必须明确培养的责任主体,即受训人才、人事主管部门、培养部门。在实施培养管理的同时应做好培养相关制度的完善:培养上岗制度、培养责任制度、培养经费单列制度、培养奖励制度、培养档案管理制度、培养考评制度等。

5.培养效果的评估与反馈

评估过程是一个全面筹划的系统过程,有效的培养评估应该包括以下几个环节:界定评估目的、明确评估标准、制定评估方案、收集分析评估信息、实施培养评估、撰写评估报告、调整培养项目。在对培养进行评估后,要特别注意培养结果的转化,即使人才能够把在培养中学到的知识、技能、行为等运用到实际工作中去。

(六)树立现代激励管理理念

1.树立以人为本的现代人力资源管理理念

加快传统的人事行政管理理念向现代化人力资源管理理念的过渡,改变激励是被动管理的理念,树立以人为本的现代人力资源激励管理理念。

(1)变被动为主动的激励管理。

西南地区公共文化部门要把基层工作人员视为"第一资源",视为最宝贵的资源,不断开发、利用。要认识激励的重要性,积极主动地对表现突出的基层人才进行物质上、精神上的激励,满足不同人才的不同需求,结合公共文化事业发展目标与基层人才职业发展目标,激励人才的工作热情,激发人才的工作创造性,使被动的激励变为主动的激励。

(2)结合人才需求,制订激励标准。

公共文化部门应积极加强与基层公共文化人才的交流,结合人才对物质的需求、精神的需求、基本环境设施的需求和个人发展空间的需求,制订出客观的激励标准,划分不同等级的奖励措施,对符合标准的人才进行针对性的奖励,让贡献突出的人才获得最高等级的奖励,贡献较少的人才获得较低等级的奖励。

2.畅通激励的沟通渠道

建立"自下而上"和"自上而下"与"自下而上"相结合的激励沟通方式,打通激励的沟通渠道。

(1)建立"自下而上"的激励交流方式。

在各种表彰会议,工作汇报等"自上而下"的激励沟通基础上,建立"自下而上"的激励交流方式。通过向基层公共文化人才上级(管理层)提供信息反馈,汇报工作进度,发现需要激励的焦点问题,提高基层公共文化人才的工作积极性。

(2)建立"自上而下"与"自下而上"相结合的激励交流方式。

通过运用以人为本的现代人力资源管理手段,建立"自上而下"与"自下而上"相结合的激励交流方式。在"自上而下"的激励交流方式中,合理运用"自下而上"的激励交流方式,有利于促进激励交流的双向沟通,有利于拓宽激励的沟通渠道,实现人性化的激励沟通。

(七)完善基层公共文化人才薪酬体系

西南地区公共文化管理部门必须构建科学合理的绩效考核系统。在考核过程中,积极调动群众参与其中,监督整个过程,使考核过程公开透明;将绩效考核结果与薪酬发放相结合,以实现其激励效应。

1.按岗定酬,突出岗位价值

从原来侧重工龄的以技能为核心的薪酬体系转向侧重岗位条件、侧重技术程度、劳动数量和劳动质量的岗位薪酬体系转移,依据公共文化人才具有的技能高低和其岗位的劳动强度、责任大小等因素,合理地测算出管理、技术、文化产品生产、文化产品服务四大系列不同岗位的薪酬系数,真正形成"以事定岗、以岗定薪、岗变薪变"的岗位结构薪酬机制。通过岗位职位评价,合理拉开关键岗位与普通岗位的工资差距,突出岗位价值。

根据基层公共文化服务工作岗位的工作性质和内容,对组织贡献的大小和方式,所需的职业资格,以及对沟通能力的要求等各项因素,采用可衡量的变量量化得出其数量值,再根据公共文化机构的实际侧重面,给每个影响因素的数量值赋予一个权数,从而计算出岗位的价值。

2. 按绩定酬,实行业绩工资制

薪酬设计的要点在于对内具有公平性,对外具有竞争力。在薪酬设计要点中,要关注内部公平性,除了要通过职位评价来确定合理的岗位薪酬外,还要按绩效付酬。绩效工资是对公共文化人才完成业务指标而进行的奖励,即根据各类人才的工作业绩和贡献大小实施奖励薪酬分配。应把他们的利益分配与其最终工作成果、工作绩效联系起来,并与组织公共服务的效益密切挂钩,加大业绩薪酬的份额。

按绩定酬的关键在于建立并实行奖惩分明的薪酬体系。首先,要设计一个能有效区分绩优与绩劣的绩效评估体系;其次,要有明确的绩效导向,即以绩效评估体系中的核心元素为重要衡量指标。

3. 建立与薪酬激励结合的精神激励手段

基层公共文化人才的薪酬可分为外在报酬和内在报酬。外在报酬指人才获得的金钱、津贴和晋升机会。内在报酬指基于工作本身的报酬,即个体对工作本身或工作心理环境上的满足感,如工作胜任感、成就感、受重视感、个人价值实现等。薪酬激励能提高基层公共文化人才的工作热情,却无法达到长久的激励,因为人对薪酬的期望是属于增长型的"保健因素"。因此,需要积极探索薪酬激励与精神、情感相结合的激励方式,实现"物质、精神、心理"的三位一体激励模式。

(八)打通基层公共文化人才职业发展瓶颈

职业发展瓶颈是指人才职务或职称上升的机会或空间受到了限制。而晋升意味着更高层次的薪酬、地位和荣誉,实现职务或职称的提升,是基层公共文化人才的普遍需求。

1.实行职务、职称双梯式晋升

实施职务与职称并重的双梯式晋升方法,实行"公开选拔,竞争上岗"的晋升方式,在职务晋升的同时,确保职称有所提升,打破职称发展瓶颈。在此基础之上,对于优秀的基层人才破格提拔,破除逐级晋升的原则限制,以激励更多人才积极用心做事。

2.改革职称晋升制度

在基层公共文化机构,由于职称评审的制度性限制,只有少数人才能够得到职务晋升的机会,对于多数人才而言,职务晋升就显得特别困难,特别是目前职称与职务挂钩的现实困境,造成了对基层公共文化人才的激励不足。因此需要探索下放高级职称评审权,探索实行基层公共文化人才职称直聘办法。清除不合理限制,如对职称外语、计算机应用能力考试不作统一要求,不将发表论文等作为对基层公共文化人才晋升的限制条件。

3.实现"h"型职业生涯路径向"H"型职业生涯路径的转变

"h"型职业生涯路径设立有两条职业发展通道,分别是管理通道和专业技术通道。但两条通道是不平等的,"h"中较长的一侧代表管理通道,短的一侧代表专业通道。"H"型职业生涯路径是双阶梯职业生涯路径,同样设置了管理通道和专业技术通道,但这两条通道是等长的且可以相互转换。当遇到事业瓶颈时,基层人才通过提高自身各方面的能力,走"H"型的路径,转变自己的发展方向。

(九)合理规划基层公共文化人才的发展

西南地区基层公共文化部门需结合当前文化工作的发展趋势、基层公共文化人才的真正需求等多方面因素,思考并策划需要建立什么样的基层公共文化人才队伍,明确基层公共文化人才的发展方向。

1.要建立人才的发展目标

公共文化管理部门在设定目标时不仅要结合不同人才的发展需求,而且要尽可能使组织目标与人才自身目标相结合,也就是将人才发展规划纳入公共文化部门发展的总体规划中,使人才的发展与公共文化事业发展相一致,既实现了人才的持续开发与利用,又实现了组织目标。通过这样的目标设置,不仅实现了激励人才发展自身的目的,还促进了组织目标的实现。

2.要建立科学的工作量化机制

为避免目标工作分配的不公平性,公共文化部门应在分析人才的数量、结构、性格及今后发展需要的基础上,制订具体的、合适的目标、政策和措施,使具体的工作目标能够量化到每个人的头上。

通过将基层公共文化人才自身的发展与公共文化事业的发展相结合,基层公共文化人才不仅对自身的发展有明确的方向,对自身在部门中的位置有明确的定位,还可对公共文化事业的发展有更深刻的认识,而且可从侧面反映出公共文化部门的领导对基层公共文化人才的重视。

(十)组织保障措施

1.完善党管人才的工作格局

发挥党委(党组)的领导核心作用,完善党委统一领导,组织部门牵头,有关部门各司其职、密切配合,社会力量发挥重要作用的人才工作新格局。基层公共文化机构要配备专职人才工作人员和文化产品成果转化工作人员。健全机构内人才工作制度,加强人才工作者队伍建设。建立各级党政领导班子和领导干部人才工作目标责任制,将人才工作列为落实党建工作责任制情况述职的重要内容。构建党委联系重点人才工作,健全党政领导干部直接联系人才制度,注重思想引领和政治吸纳,做好团结凝聚工作。完善人才奖励、人才荣誉制度,在全社会进一步形成识才、爱才、用才、敬才的良好氛围。

2.优化培养和激励机制运行的环境

(1)提高领导的重视程度。

基层公共文化人才培养和激励工作的有序、高效运作,需要省、自治区与直辖市级公共文化机构领导的帮助与下属单位及各部门的支持。一方面,主管领导应认识到培养和激励工作的重要性,将公共文化人才教育培养和激励工作摆上重要日程;另一方面,各基层公共文化机构应认真贯彻执行上级部门的要求,同时,也要响应上级部门的号召,因地制宜地开展本部门的培养活动。

(2)提升组织文化建设。

第一，根据培养规划，结合人才的意愿，有计划、分批、分次地对基层公共文化人才进行关于业务知识、专业技能、思想政治等方面的培养，使其逐渐意识到学习的重要性；第二，鼓励创新，为人才提供学习交流的平台，营造良好的学习氛围，建设学习型组织；第三，建立以职位薪酬、能力薪酬、绩效薪酬为价值导向的公平、有效的动态薪酬机制，激励人才不断学习，激发其参与培养的热情；最后，采用训练、学习、会议等形式，持续向人才灌输学习型组织的组织目标，在日常工作中潜移默化地影响人才，使其个人工作价值观逐渐与组织价值观相一致。

(3)加强硬件设施建设。

基层公共文化机构人才培养和激励机制的有效运行，需要加强教育培养中心或基地的基础设施建设，健全教育培养基地管理机构和实施机构，加强基地的硬件设施建设，为培养项目提供物质基础。第一，加强教学基础设施建设，包括场地、教学设备等；第二，加强网络远程教育平台建设，建设以省级为中心，区县基层公共文化机构为支撑的两级网络平台体系。

3.加强培系统运行的资金保障

(1)落实年度培养经费。

充足稳定的经费来源和高效的资金利用率是保证培养工作有序开展的前提。首先，建立稳定的培养经费投入机制，确保财政性经费的主渠道位置，同时建立多渠道、多形式的筹款机制。一方面，要按照编制、上年度培养绩效、财力等分配培养经费，建立弹性的经费划拨机制；另一方面，积极推进经费多元化投入，采取"财政拨一点、单位补一点、个人出一点"的办法，多渠道筹集人才教育培养经费，逐步建立以财政投入为引导,以用人单位投入为主体,个人负担为辅助的经费投入机制。

其次,要高效利用有限的培养经费,就要对培养经费的划拨和使用建立相关的经费使用监督机制。需增强拨款的透明度,定期向社会公开,接受人大、政协、财政部门、媒体、民众的监督。

(2)强化培养资金预算机制。

将培养经费列入单位财政预算,在加大财政支持引导力度的基础上,以基层公共文化机构预算为基础,并采取"零基预算"机制。第一,采取综合预算方法编制基层机构预算,要求基层机构将所有收支统一纳入预算中;第二,规范预算编制方法,改进政府预算收支科目体系,将支出分为基本支出和培养项目支出两大类,细化预算,建立规范、科学的预算分配模式,提高资源配置效率;第三,根据年度预算执行结果进行总结,评估预算执行状况,总结预算执行的经验,为未来的培养项目安排提供重要的参考依据。

(3)实施培养投入收益分析机制。

在培养投入收益分析机制中,第一,明确评估主体,主管部门应与评估部门分离;第二,规范评估对象,比较分析培养前后的差异;第三,优化评估方法,强化评价方法的科学性和适用性。无论是人才个人、政府还是社会,培养的成效最终可以投资回报率的形式表现出来,因为它是一个综合性指标,可以全面反映投资效益。要强化对培养及绩效提升计划的投资回报率的运用,切实地从"为活动而培养"转变到"基于收益指标而培养"上来,使投入的培养成本获得显性收益。

调研报告1
西藏自治区基层公共文化人才培养和激励机制现状调研

西藏是重要的中华民族特色文化保护地,凝聚了各民族人民在历史发展中传承和积淀下来的理念、情感和精神。西藏在创造出丰富文化的同时,也存在公共文化设施差,基层公共文化人才文化水平低,文化人才总量不足,人才流失现象严重等问题。西藏自治区承载着时代赋予的保护好、传承好、弘扬好优秀传统文化的光荣使命,加强西藏基层公共文化人才队伍建设,是完善西藏公共文化服务体系的重要组成部分,这有利于保证社会稳定和民族团结,丰富民族文化,有利于推进社会主义文化大繁荣,所以在中央关于发展社会主义文化大繁荣的导向下,梳理西藏基层公共文化人才队伍建设现状,发现西藏自治区基层公共文化人才培养和激励存在的问题,有针对性地提出培养和激励西藏自治区基层公共文化人才的对策,推动西藏自治区完成到2020年实现全区公共文化服务能力接近全国平均水平,使文化产业成为西藏支柱产业的宏伟目标。

一、西藏自治区基层公共文化服务机构和公共文化人才的现状分析

西藏自治区由于受地理位置、社会经济因素的影响,公共文化服务发展相对落后,不断加强基层公共文化人才队伍建设,提高基层公共文化人才素质,提升公共服务能力,是保证完成传承西藏优秀文化历史使命的重要环节。

(一)西藏自治区基层公共文化机构现状

西藏自治区基层公共文化机构的建设,是发展西藏公共文化的重要组成部分,西藏自治区基层公共文化机构相对较少,主要包括博物馆、公共图书馆、群众文化机构、艺术表演场馆,以及艺术表演团体和文物保护管理机构,根据表调1-1,2013年群众文化机构数量为615个,2014年是772个,增长率为25.53%,艺术表演场馆数量从2013年的79个减少至2014年的78个,艺术表演团体数量从2013年的14个增长到2014年的88个,增长幅度大,文物保护管理机构数量从2013年的2809个减少到2014年的1204个,减少幅度较大,增长率为-57.14%。综合来看,除文物保护机构减少数量较多,艺术表演团体数量减少一个以外,其他文化机构的数量呈现上升趋势,增幅较大。

表调1-1 西藏自治区基层主要公共文化机构数量　单位：个

	2013年	2014年	增长率
博物馆	4	5	25.00%
公共图书馆	2	4	100.00%
群众文化机构	615	772	25.53%
艺术表演场馆	79	78	-1.27%
艺术表演团体	14	88	528.51%
文物保护管理机构	2809	1204	-57.14%

数据来源：《中国文化及相关产业统计年鉴2015》。

(二)西藏自治区基层公共文化人才现状

1.自治区基层公共文化人才数量分析

2010年末,西藏自治区人口总量为301万人,其中公共文化人才总量仅为0.2万人,占西藏自治区总人口比重的0.066%;2014年末,西藏自治区人口总量为318万人,比2010年增长5.65%,公共文化人才总量为1.19万人,比2010年增长0.99万人。

表调1-2 西藏自治区主要机构公共文化人才数量情况表[①]　单位：万人

	人口总量	公共文化人才总量	占比
2010年	301	0.2	0.066%
2014年	318	1.19	0.374%
增长率	5.65%	495%	

数据来源：《中国文化文物统计年鉴2011》《中国文化文物统计年鉴2015》。

2.西藏自治区基层公共文化人才行业结构分析

2014年,西藏自治区主要公共文化机构从业人员人数为4717人,

---

① 本表所指公共文化人才数量,以主要文化事业机构从业人员为主,包括艺术事业机构、文物事业机构、图书馆事业机构、群众文化事业机构、文艺科研机构及其他文化事业机构从业人员。

占全国主要公共文化人才总数的0.8%,从业人员总数很少,公共图书馆和博物馆从业人员数量排在全国最后1位。其中,公共图书馆从业人数、群众文化机构从业人数、博物馆从业人数、艺术表演团体和场馆从业人数分别为113人、2044人、85人、2420人和55人,公共图书馆和艺术表演场馆从业人数占全国的0.2%,博物馆从业人数占全国的0.1%,艺术表演团体从业人数比重和群众文化机构从业人数比重稍高,分别为0.9%和1.2%。

表调1-3　2014年西藏自治区主要文化机构从业人数情况表

单位:人

	合计	公共图书馆	群众文化机构	博物馆	艺术表演团体	艺术表演场馆
全国	598936	56071	170299	83970	262887	25709
西藏	4717	113	2044	85	2420	55
占比	0.8%	0.2%	1.2%	0.1%	0.9%	0.2%

数据来源:《中国文化文物统计年鉴2015》。

3.自治区公共文化人才职称结构分析

2012年,西藏自治区主要公共文化机构从业人员为3361人,其中艺术业从业人员数为2833人,正高级职称57人,副高级职称109人,中级职称348人,无职称835人;公共图书馆从业人员数为91人,其中没有正高级职称的从业人员,副高级职称7人,中级职称14人,无职称10人;群众文化机构从业人员数为374人,正高级职称1人,副高级职称19人,中级职称55人,无职称47人;博物馆从业人员数为63人,其中没有正高级职称的从业人员,副高级职称6人,中级职称14人,无职称18人。由此可见,西藏自治区主要公共文化机构从业人员中有职称者较少,有高级职称者极少,人才结构存在一定问题。

表调1-4 2012年西藏自治区主要公共文化机构中人才职称情况表

单位:人

	从业人员数	专业技术人才			
		正高级职称	副高级职称	中级职称	无职称
艺术业（艺术表演团体和艺术表演场馆）	2833	57	109	348	835
公共图书馆	91	0	7	14	10
群众文化机构	374	1	19	55	47
博物馆	63	0	6	14	18
合计	3361	58	141	431	910

数据来源:《中国文化文物统计年鉴2013》。

二、西藏自治区基层公共文化人才培养现状

（一）西藏自治区基层公共文化人才培训数量分析

2010年,文化部下发《关于开展全国基层文化队伍培训工作的意见》,充分认识到加强基层文化队伍培训工作的重要性和紧迫性。西藏自治区文化厅根据上级指示,组织开展基层文化队伍的培养与培训工作。

2016年,全国公共文化发展中心、国家图书馆以及四川、江西等省市的16个文化部门共同组织实施文化志愿服务项目,其中"走出去"项目7个,"请进来"项目11个,开展了大舞台7个、大展台4个、大讲堂

9个。其中,项目服务对象涵盖西藏自治区7个地市,共有300余名文化志愿者来到西藏自治区开展文化志愿服务,观看大展台和大舞台群众达20余万人次,西藏自治区的600余名基层文化业务骨干从中受益并接受培训。①

截至2017年,西藏自治区共参加文化部在全国各地举办的文化干部培训班26期,参训人数50人。为进一步提升西藏自治区县民间艺术团演员的业务素质,2016年7月至9月,自治区还专门组织了日喀则、山南、那曲、林芝四地市的50名县民间艺术团舞蹈骨干,用"以剧代训"的形式参加大型舞剧排演,并随团参加第五届全国少数民族文艺会演。

为考察西藏基层公共文化人才的实际培训状况,课题组针对西藏自治区基层公共文化人才培养和激励的研究内容,集中在拉萨、山南、林芝等地进行了问卷调查,获得大量重要的一手数据。其中,就培训数量与培训方式的调查结果整理得到表调1-5、表调1-6。

表调1-5　2012—2016年西藏自治区基层公共文化机构人员参加培训的次数情况

培训的次数	4次以上	3~4次	1~2次	平均不到1次	从来没有
勾选人次	0	3	34	23	10
占问卷人数比	0	4.2%	48.6%	32.9%	14.3%

数据来源:由调查问卷整理所得。

从表调1-5可以看出,受访者中从来没有参加过培训的人数为10人,占受访者总人数的14.3%,接受过4次以上培训的人数为0;培

---

① 资料来源:《2016年西藏自治区公共文化服务体系建设综述》。

训次数在"1~2次"与"平均不到1次"的人数最多。这反映出西藏基层培训数量严重不够,难以达到《国家基本公共服务指导标准(2015—2020年)》的最低要求。

同时,受访者也意识到自身所在基层文化单位的培训状况令人担忧,认为培训数量非常不够的人占33%,认为培训数量不够的人占40%。

(二)西藏自治区基层公共文化人才培养方式分析

按培训主体,西藏自治区基层公共文化人才培训可分为文化部组织或文化部牵头组织的培训,以及西藏自治区文化厅和各个地(市)组织的培训。

"十二五"期间,为加快推进公共文化服务基础设施建设,着力构建公共文化服务体系基本运行保障机制,加大艺术人才培养力度和文化队伍建设力度,国家文化部在西藏自治区重点实施了少数民族文化建设"春雨工程"。一方面,文化志愿者赴西藏自治区基层为当地各族群众进行"大舞台"艺术表演;另一方面,同时开展知识讲座、文艺辅导、技术培训等"大讲堂"活动。其中,西藏自治区的68名文化工作者分别赴重庆市和福建省福州市参加了为期1周的"大讲堂——西藏文化管理干部培训班"活动,实地考察和学习了重庆、福州当地的文化设施建设与管理情况;36位来自山南地区的12个县级支中心及部分乡镇基层服务点的工作人员参加了文化部全国公共文化发展中心与西藏自治区文化厅联合在西藏自治区乃东县举办的"文化共享工程西藏山南地区基层骨干培训班",进一步提升了西藏山南地区文化共享工程建设者的综合素质和专项技能。

西藏自治区文化厅和各个地市每年都举办了一定数量专门针对基层文化工作者的培训活动。2012年,区群艺馆举办古籍保护工作人员培训班,全区共两百多人参加了培训。2013年,组织自治区群艺馆业务人员赴阿里地区举办了7县民间艺术团业务骨干培训班,对31名业务骨干进行了培训。同时,对4个县民间艺术团和老干局艺术团、各类职工文艺演出队进行了专题培训。2014年,自治区采取理论培训与专业培训、脱产培训与在职教育、中长期培训与短期培训、自主培训与组织培训相结合等方式,有针对性地围绕少年儿童、民间艺术团、古籍保护、共享工程等业务人员开展了培养、培训工作。

表调1-6 2012—2016年西藏自治区基层公共文化机构人员参加培训的方式情况

培训的方式	外聘讲师主题培训	外派公开课	专家咨询式培训	网络学习	其他
勾选人次	22	14	11	5	18
占问卷人数比	31.4%	20%	15.7%	7.1%	25.8%

数据来源:由调查问卷整理所得。

在各种专题培训之外,通过实地问卷调查发现,西藏基层公共文化机构培训的方式主要为外聘讲师主题培训,占问卷人数31.4%。由于西藏地处边疆,到内地培训的外派公开课占20%,略多于其他地区。另一方面,培训方式并未呈现多样性,比较常用的网络学习在西藏基层公共文化人才培训中占比较低,仅占7.1%。

(三)西藏自治区基层公共文化人才培训内容分析

西藏自治区基层公共文化人才培训内容主要包括以下三类:

第一，培训基层公共文化人才专业知识，了解本区特色文化。2014年4月21日到30日，在拉萨举办的第58期全区民间艺术团业务骨干"相声小品创作表演"培训班，其培训课程涉及表演技巧、剧本创作、角色分析、编剧要领及执导作品等方面的基础内容，致力于为基层文化队伍培育一批编、导、演全面发展的文艺骨干。2014年4月20日，为提高那曲地区民间艺术团业务人员的专业水平，自治区群艺馆在那曲地区举办了群文编导培训班。2014年，自治区举办了藏文古籍修复技术培训班，西藏、四川、云南三省古籍保护工作者共32人参加了培训，通过培训，参训人员了解了古籍修复与保护管理流程，掌握了藏文古籍的修复技能。

第二，网络培训，适应互联网时代背景下的公共文化服务业务。2014年，西藏自治区通过现场培训、下基层指导、远程视频培训，以及结合文化部公共文化发展中心开展的各类竞赛等方式，开展各类培训20余场次，培训人员达1020人次；协调组织开展各类文化信息资源共享网络培训9次，参训人员近1000人次。利用网络技术对各级基层工作人员开展业务培训，旨在提高大家的综合业务能力和服务水平。西藏图书馆借助国家图书馆按月推出的数字图书馆推广工程"网络书香讲坛"在线培训，对西藏自治区图书馆的馆员，以及林芝、阿里和昌都的图书馆的馆员进行培训，以确保图书馆从业人员能跟上时代步伐，适应万物互联背景下的图书馆业务。

第三，文化产业管理干部和文化市场管理人员的专业素质培训。西藏自治区于2014年对各地市及部分县文化行政审批部门、文化市场综合执法机构人员中的200余人进行了培训，主要培训内容有行政审批、文化市场技术监管、服务平台数据采集与应用，以及文化市场管理干部法律法规培训。2013年,西藏自治区宣传文化系统"五个一批"人才赴北京大学进修,来自北京大学、中共中央党校、中国社会科学院、中国传媒大学、中国海洋大学、中国人民解放军国防大学、国家新闻出版广电总局版权保护中心、藏学研究中心的13位专家、教授,分别给大家讲授了"十八届三中全会精神解读""中西方文化比较""中国的民族问题与西藏发展""我国媒体面临的挑战""互联网与意识形态安全"等课程。在教学内容上,既有文化方面的,又有新闻宣传方面的;既有版权保护方面的,又有国际安全形势方面的;既有前瞻性,又有针对性,内容丰富,涵盖面广。

表调1-7　2012—2016年西藏自治区基层公共文化机构人员参加培训的内容情况

培训的内容	文化业务知识	文化管理	艺术和文化素养	文化政策法规	计算机知识	职业道德
勾选人次	25	16	7	10	8	4
占问卷人数比	35.7%	22.9%	10%	14.3%	11.4%	5.7%

数据来源:由调查问卷整理所得。

通过课题组实地问卷调查发现,西藏自治区的基层文化机构培训内容主要是文化业务知识与文化管理,分别占受访人数的35.7%和22.9%,可见培训内容侧重岗位技术方面。其中技术标准要求较高,也较为实用的计算机知识培训占比明显偏低,只占11.4%。

(四)西藏自治区基层公共文化人才特色培训

在西藏自治区的常住人口中,藏族人口占90%以上。且由于西藏自治区特殊的宗教环境与历史条件,几乎全民信仰藏传佛教,宗教文化有着特殊而深远的影响,可视为西藏自治区的公共文化。西藏基层宗教文化人才主要从事宗教事务的管理。截至2016年,西藏有寺庙1700余座,46000余名僧尼,280多位活佛。目前,西藏基层宗教文化人才培养有进修和培训两种主要方式。格西拉让巴是藏传佛教传统最高学位,2003年西藏自治区通过《西藏自治区藏传佛教僧人学经晋升格西拉让巴学位管理暂行办法》,2004年起恢复僧人考核晋升制度,宗教人士都可通过进修和考评获得格西拉让巴学位。

2016年9月,国家宗教事务局在青海举办为期一周的藏区基层干部培训活动,来自西藏、青海等地的80余名县级宗教工作部门负责人参加了培训班。培训旨在做好基层宗教工作,主要内容表现为提升依法管理宗教事务能力,不断做好藏传佛教相关工作。

此外,西藏自治区重视特色藏文化的人才培训。2016年4月18日,为全面落实我国非遗传承人群研培计划的积极举措,进一步提高西藏非遗保护水平,发展壮大非物质文化传承人群,实现非遗项目在现代社会的可持续发展,首届西藏"非遗"传承人群研修研习培训班在西藏大学开班,来自全区各地的30名具有一定唐卡技艺基础的学徒和从业者参加了培训。此次培训为期1个月,培训内容包括专业理论、专业技能、交流研讨、专题讲座四个模块,培训目的是全面提高唐卡传承人群的文化理论素养,提升学习和领悟能力。

三、西藏自治区基层公共文化人才激励现状

基层文化人才队伍是文化事业建设与发展的中坚力量,2001年以来,西藏自治区基层文化事业取得了长足发展,特别是"十一五"以来,根据国家的统一要求和部署,自治区先后出台了一系列重要文件,实施了多项基层文化建设工程,积极打造基层文化人才队伍,有力地推动自治区基层文化事业的蓬勃发展。

(一)西藏自治区基层公共文化人才激励政策

2002年,西藏自治区人民政府印发《西藏自治区人民政府关于进一步加强我区基层文化建设的决定》以加强自治区基层文化建设,满足群众精神文化生活需求。其中提到要"建立一支专兼结合的基层文化工作队伍",要"推进基层文化机构人事制度改革,逐步建立和完善能上能下、能进能出、有利于吸引人才的良好的用人机制和科学合理的人事管理制度"以激励基层文化工作者。

2002年,《西藏自治区人民政府关于加快发展我区文化产业的若干意见》中明确指出,要"建立和完善人才激励制度,对于有突出贡献的文化产业经营管理、艺术创作和生产的人员要予以奖励。"

2011年,《西藏自治区人民政府办公厅关于加强我区基层文化设施管理和使用工作的意见》中指出,"各级文化行政主管部门要建立健全基层文化设施评估考核机制,每年组织开展基层文化设施管理和使

用情况的绩效检查和评估,要将基层文化设施管理和使用情况作为评选文化先进县、先进集体的重要标准。"

2012年,《中共西藏自治区委员会贯彻落实〈中共中央关于深化文化体制改革推动社会主义文化大发展大繁荣若干重大问题的决定〉的实施意见》在壮大文化人才队伍方面强调,"加强基层文化人才队伍建设,认真落实中宣部等六部委关于加强地方县级和城乡基层宣传文化队伍建设的若干意见,加大教育培训力度,选好配齐乡镇、街道党委宣传委员、宣传文化干事(综合文化站专职工作人员),加强民间文化人才队伍建设,建立'民间文化人才库'"。

(二)西藏自治区基层公共文化人才激励方式

1.物质激励

在各种激励方式中,物质激励无疑是最直观、最常用的激励方式。在相关政策文件的细则中,有明确提及较为具体的物质激励方式。如2002年出台的《西藏自治区人民政府关于加快发展我区文化产业的若干意见》中,在关于"加强文化产业人才队伍建设"中提到"允许和鼓励有特殊才能的文化人才,以其特长和管理才能以及所拥有的文化品牌创作、科研成果作为无形资产,按一定比例持有文化企业的股份参与分配。对于优秀和有特长的外地文化产业人才,在户口、住房、家属安置、子女入托等方面享受自治区的有关优惠政策,进一步形成良好的创业环境,以事业留人,以政策留人,以感情留人,以待遇留人,为发展文化产业提供人才保障"。这就表明基层文化人才的特长与管理才能能够转化为无形资产以获得股份分红,外地文化产业人才在住房、家属安置等涉及自身利益方面可以享受优惠政策。

此外，西藏自治区加大对基层文艺工作者的补贴力度。自2009年起，自治区境内每个县民间艺术团的补助经费从5万元的水平提高到20万元，提高幅度达到300%，民间艺术团的工资待遇得到显著改善，此举也进一步激励了基层文艺工作者的服务热情。

表调1-8　受访者认为的基层公共文化人才激励的核心因素和方式

	优厚的工资、奖金和福利	培训学习的机会	职位晋升的机会	获得荣誉表彰	其他
勾选人次	28	6	12	10	14
占问卷人数比	40%	8.6%	17.1%	14.3%	20%

数据来源：由调查问卷整理所得。

从表调1-8可以看出，在基层文化机构工作者心中，物质激励应当是最主要，也是他们最为看重的激励方式。选择"优厚的工资、奖金和福利"最直接的物质激励的人占总问卷者人数的40%。相对而言，"职位晋升的机会"在实际调查中并没有被当作是最诱人的激励手段，仅有17.1%的人选择。这似乎可以理解为基层的职位晋升空间太小或晋升机制不完备，已经令工作人员丧失信心，为此，他们更愿意关注能拿到手的物质奖励。

2. 精神激励

涉及西藏自治区基层文化人才精神激励的主要方式为荣誉激励。荣誉激励在加强自治区基层文化建设的政策文件中也比较常见。2002年，西藏自治区人民政府印发《西藏自治区人民政府关于进一步加强我区基层文化建设的决定》，其中特别指出，自治区要积极做好全国"文华奖""群星奖""五个一工程奖""少儿蒲公英奖"等奖项的推荐、评选工作,认真组织参与全国、全区的文化活动;自2002年起,西藏自治区将每三年表彰一批全区文化先进县、文化工作先进集体和先进个人。

2011年,《西藏自治区人民政府办公厅关于加强我区基层文化设施管理和使用工作的意见》中提到,要对在基层文化设施管理和使用工作中取得突出成绩的集体和个人及时予以表彰奖励。

2013年,《中共西藏自治区委员会贯彻落实〈中共中央关于深化文化体制改革推动社会主义文化大发展大繁荣若干重大问题的决定〉的实施意见》中提出,西藏自治区将设立自治区级文化荣誉称号,以激励基层文化工作者,并加强民间文化人才队伍建设,建立"民间文化人才库",每两年评选表彰一批优秀民间文化人物。

表调1-9 受访者所在单位目前采用的激励方式情况

	表彰、授予荣誉称号	晋升职称、职务	奖金	带薪休假	其他
勾选人次	34	12	17	3	4
占问卷人数比	48.6%	17.1%	24.3%	4.3%	5.7%

数据来源:由调查问卷整理所得。

与物质激励相比,精神激励的成本较低,也更受基层公共文化机构人事管理者的青睐。从调查中发现,"表彰、授予荣誉称号"是目前基层文化单位使用频率最高的激励方式。证书和荣誉称号在基层单位可以自行设定和颁发,尽管这些证书和称号并不能给获得者带来直接收益,但是它在上级部门组织开展的评优评先中是一个加分项,所以证书和称号在一定程度上关乎年终的绩效考核以及职称和职务的晋升。

四、西藏自治区基层公共文化人才培养和激励存在的问题

西藏自治区以《文化部"十二五"时期公共文化服务体系建设实施纲要》为指导，着力基层公共文化服务事业的发展，陆续制定出台了《西藏自治区"十二五"时期公共文化服务体系建设规划》《关于加强全区博物馆、图书馆、群艺馆、县综合文化活动中心、乡镇文化站免费开放的意见》等政策性文件，以加强基层公共文化人才队伍的建设。

（一）西藏自治区基层公共文化人才培养存在的问题

在实地调研与研究中发现了不少关于西藏自治区基层文化人才培养的问题。

1.重视程度不够

边疆民族地区的公共文化事业发展历来受到党中央的高度关注。2013年，中组部、文化部、财政部、人社部会同国务院扶贫办下发《边远贫困地区、边疆民族地区和革命老区人才支持计划文化工作者专项实施计划方案》，重点推进基层公共文化人才队伍的建设。

作为边疆民族地区，西藏自治区文化厅根据上级指示，制定出台了《西藏自治区关于贯彻〈边远贫困地区、边疆民族地区和革命老区人才支持计划文化工作者专项实施方案〉的意见》；西藏自治区区委办、区府办联合印发《西藏自治区贯彻落实〈关于加快构建现代公共文化服务体系的意见〉的实施意见》等政策文件，来落实西藏自治区公共文

化体系建设,并为基层公共文化人才培养提供了政策上的引导与支持。但在基层公共文化机构的实际实施中,有关的上级文件并未受到足够的重视,有关精神也没有得到全面贯彻。

《国家基本公共文化服务指导标准(2015—2020)》显示,基层公共文化服务人才的培训方式为集中培训,培训时间每年不得少于5天,培训对象应当是机构内部所有的专业人员和兼职人员。而在实际调查中发现,不少基层文化机构很少安排集中的培训活动,即使安排了时间也很短,基本达不到每年5天的最低培训时间要求,甚至许多基层公共文化从业人员还不知道有这样一个基本标准。即使是达到国家要求的文化单位也存在一些问题,主要表现为培训时间的随意性,缺乏人才培训的保障措施,不乏应付上级检查之嫌。

基层公共文化人才培训没有引起基层公共文化单位的足够重视,也可以看出,从中央部委到地方政府对公共文化人才培训的重视程度是逐渐递减的。这不难理解,文化部门作为发挥政府职能的一个较为"边缘化"的部门,在行政体制中历来受重视程度不足。

2.资源投入不足

基层公共文化人才培养是西藏基层公共文化人才队伍建设的关键一环。人才培养是一项系统工程,资源投入的多少直接关乎人才培养工程的成败。在关于西藏基层公共文化人才培养的专题调研中发现,涉及基层公共文化人才培养方面的资源投入表现为两个不足。

(1)政策资源不足。

西藏自治区根据中央领导精神,结合自治区实际,先后出台了《关于推动文化大发展大繁荣的决定》《西藏自治区县级综合文化活动中心、乡镇综合文化站管理办法》《西藏自治区民间艺术团管理办法》等一系列政策法规以支撑自治区文化事业的发展。综合看来,西藏文化政策现状有五方面体现:第一,把握正确舆论导向;第二,完善公共文化服务体系;第三,加强文化市场体系建设;第四,加强涉藏外宣工作;第五,强化互联网宣传管理。其中,完善公共文化服务体系,主要内容为"深入实施文化惠民工程,加强公共文化设施建设,完善公共文化设施免费开放保障机制,创建国家公共文化服务体系示范区"①。但从总体而言,西藏自治区没有出台涉及基层公共文化人才培养的指导性纲领,更没有专门制定关于实施人才培养的政策文件。

表调1-10　2014—2016年有关西藏自治区公共文化建设的重要指导性政策

出台时间	政策名称	涉及基层公共人才培养政策内容
2014年	《西藏自治区基层公共文化设施和管理服务标准化建设指标》	未明确涉及
2015年	《西藏自治区基本公共文化服务实施标准2015—2020年》	未明确涉及
2015年9月2日	《西藏自治区贯彻落实<关于加快构建现代公共文化服务体系的意见>的实施意见》	未明确涉及

资料来源:由课题组整理所得。

文化项目的资源投入集中在基础设施的建设,此类政策偏向是基于多方面的考量。第一,基层文化基础设施本来就显得薄弱,不能满足大众的文化需求,具有建设的必要性。第二,基础设施建设是一举多得的举措,它相当于政府投资,能够带动和促进当地的钢铁、建材等产业的发展,还能在一定程度上促进当地的就业。相比之下,基层文化人才的培养短期内没有这些方面的优势,所以得不到足够的政策支持。

---

①资料来源:《西藏文化政策现状与对策建议》。

(2)资金投入不足。

国家与西藏自治区地方政府对西藏公共文化服务体系总体建设资金的投入相当可观,国务院批准的《"十二五"支持西藏经济社会发展建设项目规划方案》中,文化建设项目占3个,总投资13亿余元。

表调1-11 "十二五"期间西藏自治区文化资金投入及主要用途

总建设资金	主要用途	具体表现
13亿元	公共文化基础设施建设	2014年,西藏公共文化建设资金达2.75亿元;由国家和西藏自治区总投资5亿余元,基本实现了"乡乡有文化站"等
	免费开放、资源建设、设备配备	每年有超过1亿元的专项资金投入

资料来源:由课题组整理所得。

13亿元的文化建设投入主要用于图书馆、群艺馆、博物馆、乡镇文化站等重点公共文化设施建设项目,此外,每年安排的免费开放、资源建设、设备配备等专项资金超过1亿元,但基本未涉及基层公共文化人才培养方面投入,人才队伍建设资金投入显得尤为不足。

由于政策对基础设施建设的倾斜,相应地,在基层公共文化人才培养方面的资金投入显得十分微薄。尽管文化部有相关的专项资金,如2016年文化部艺术司印发的《文化部办公厅关于开展2016年全国美术馆优秀青年策展人扶持计划的通知》对立项者给予10万元的经费补贴,但遴选对象有很强的针对性,很难满足广大基层文化人才培养的需要。

3. 培训内容不够科学

尽管西藏自治区没有专门的基层公共文化人才培养政策保障,又缺乏必要的资金投入,但培训作为人力资源管理与开发的重要一环,特别是《国家基本公共文化服务指导标准(2015—2020)》的出台,对机构组织内部人员的培训做出强制性要求,基层文化机构每年还是在一定程度上进行了相关人员的培训工作。然而,在实地调研中发现,培训工作中暴露出不少问题,表现为:形式单一、覆盖面窄、内容不全面。

(1)形式单一。

西藏境内的文化机构对文化人才的培训有一定的特点与差异,但有关培训的几项维度基本相同。以拉萨市为例,2015年博物馆与图书馆的培训方式、培训内容和培训类型完全相同,都是以单位内部组织为主,采取讲座或外派接受技能培训的方式。

由于培训制度的缺乏,基层文化机构的培训有较大的不稳定性。培训的形式比较单一,这种单一又表现在培训组织方式单一与培训方式单一上。

(2)覆盖面窄。

根据《国家基本公共服务指导标准(2015—2020)》对乡镇(街道)和村(社区)等基层文化服务机构培训的要求,当地文化单位仅能做到"单位至多有人每年参加一定时间的培训"。可以推断,培训对象中仅有少数专职人员能够接受一定程度的培训,兼职人员几乎没有参加过任何形式的培训。

(3)仅以技能培训为主。

通过课题调研发现,西藏基层公共文化机构培训内容偏重业务与技能方面,关于计算机信息技术、政策法规等通用技能的培训有所欠缺。除技能之外,十分重要的职业道德培训鲜有进行,这使得培训内容结构不合理,不利于培养公共文化人才的综合素养。

(二)西藏自治区基层公共文化人才激励存在的问题

基层是公共文化服务的重点,也是公共文化服务的薄弱环节。西藏自治区基层公共文化人才队伍的建设是繁荣自治区文化产业与事业的重要保障。由于西藏自治区特殊的地理环境和历史渊源,基层公共文化建设面临较大困难。就西藏自治区基层公共文化人才激励的调研内容,结合相关资料收集以及实地调研考察,课题组分析得出现行激励机制存在下述问题。

1. 现行激励方式与大众期望不符

西藏自治区基层公共文化机构目前采用的主要激励手段为精神激励,即表彰、授予荣誉称号等等,但在实际调研中发现,人们最期望获得的是物质激励,如优厚的工资、奖金和福利,他们认为物质激励是基层公共文化人才激励的核心因素和方式。

这不难理解,基层公共文化服务队伍是一个庞大的群体,目前人事制度有待完善,向上晋升的空间十分狭小,多数人都得不到职务和职称的晋升。由此可见,关乎晋升的表彰、荣誉称号等没有太大的作用和价值,为此,绝大多数人更愿意关注直接的物质奖励。然而,基层办公条件有限,没有足够的资金投入到物质激励上面,所以只能更多地使用精神激励的手段,但这与多数人的意愿是相违背的。

2. 激励方式单一

自2002年起,西藏自治区各部门相继印发《西藏自治区人民政府关于进一步加强我区基层文化建设的决定》《西藏自治区人民政府办公厅关于加强我区基层文化设施管理和使用工作的意见》《中共西藏自治区委员会贯彻落实〈中共中央关于深化文化体制改革推动社会主义文化大发展大繁荣若干重大问题的决定〉的实施意见》等政策文件,提到对基层文化人才实施相应激励办法。内容主要为设立、组织奖项评比,设置全区基层文化先进荣誉,表彰优秀民间文化人物,等等。单一的荣誉表彰是精神激励的一项内容,它虽然有一定的成效,但并不能完全发挥精神激励的作用。基层文化工作者面临繁重的公共文化服务内容,组织需要对个人付出更多的人文关怀,才能有效达到精神激励的作用,单靠荣誉表彰是远远不够的。

3.激励覆盖面过窄

2004年印发的《西藏自治区人民政府关于进一步加强基层文化建设的决定》中涉及对基层文化人才进行物质激励的内容,具体方法为无形资产股份分红和对外地来藏文化人才的安置补贴。自2009年起,西藏境内民间艺术团的补贴从5万元增加到20万元。这些政策与措施都体现出一定的物质激励力度,但是激励的对象有针对性,覆盖面十分狭窄。其中能享受到无形资产分红的文化工作者主要来自体制之外的文艺专长者,而真正依靠管理才能入股的基层文化机构工作者几乎没有。2009年实施的文艺工作者补贴,只限于民间艺术团,其他文艺团体并不在受补助之列。

4.激励理念依然陈旧

基层公共文化机构毋庸置疑是发挥政府管理职能的事业单位,在某些单位中仍可以看到一些计划经济时期的残留现象,某些领导者的管理理念难以跟上时代要求。在调研中发现,许多基层博物馆、文化馆平均主义严重,文化工作者工资水平、福利报酬差距较小,缺乏一套有竞争力的薪酬制度,致使组织内部积极性不高,缺乏活力,且留不住人才。单位内部论资排辈情况较为常见,许多评优评先工作很难客观公正地开展。

另外,基层文化单位有同工不同酬的现象,主要表现在专职与兼职文化工作者的薪资水平。2002年,西藏自治区政府印发的《西藏自治区人民政府关于进一步加强我区基层文化建设的决定》中明确提出要"建立一支专兼结合的基层文化工作队伍",具体要求是"为基层配备政治强、业务精、作风正、懂管理、善经营的管理和业务人才。县综合文化活动中心编制原则不少于3~5人;乡文化站编制原则核定为1~2人,人口较少的乡可由乡政府文化专干或兼职人员管理;为县民间艺术团(乌兰牧骑演出队)解决2~4名事业编制,用于录用或安排其中的业务骨干"。由于基层办公经费有限,编制数量偏少,使得有相当数量的兼职人员存在于基层单位办公。非"在编"的兼职人员没有职级的工资收入,造成他们与"在编"人员工资水平差距较大,且工作不稳定,但从事的工作量、工作强度往往较大,所以很难激起他们的工作热情。

调研报告 2
云南省基层公共文化人才培养和激励机制现状调研

云南省委在《中共云南省委关于加强文艺工作的实施意见》中提出要做好基层队伍和新的组织群体工作,落实国家人事编制、学习培训、工资待遇等政策,大力扶持基层文化人才、乡土文化能人、民族地区文艺人才、民族民间文化传承人,建立一支扎根基层、专兼职结合、综合素质较高的基层文化队伍。[1]这些要求的实施和目标的实现都与基层公共文化人才的支撑息息相关,完善云南省基层公共文化人才培养和激励机制,促进云南省基层公共文化人才队伍不断发展和提高,吸引并留住人才,成为云南省发展的基石。

本调研报告在对云南省基层公共文化人才现状情况基本了解的基础上,找出其存在的不足,并有针对性地提出一些解决措施和建议,以促进云南省基层公共文化人才的发展,为云南省公共文化服务体系的发展提供优质的人力资源保障。

---

[1] 中共云南省委关于加强文艺工作的实施意见[N].云南日报,2015-12-21.

一、云南省基层公共文化服务机构和公共文化人才的现状分析

加强云南省公共文化体系建设,需要公共文化服务机构及公共文化人才的支撑。充分了解云南省公共文化服务机构及公共文化人才的现状,是对云南省基层公共文化人才研究真实性的重要保障。

(一)云南省基层公共文化服务机构概况

2014年,云南省有公共图书馆151个,群众文化机构1558个,其中文化馆148个,文化站1410个(其中,乡镇文化站1295个),文化表演团体284个,艺术表演场馆17个。与2013年相比,公共图书馆从152个减少到151个,同比下降了0.66%;群众文化服务机构从1546个增加到1558个,同比增长了0.78%,其中,文化馆数量保持不变,文化站从1398个增加到1410个,同比增长0.86%(其中,乡镇文化站从1288个增长到1295个,同比增长0.54%)。综合来看,除了公共图书馆数量下降了0.66%,文化馆数量保持不变,其他公共文化服务机构数量都有所增加。

表调2-1　2013—2014年云南省公共文化机构数量情况表

类型	机构数(个)		
	2013年	2014年	增幅(%)
总计	13567	13765	1.46
文化及相关产业	13567	13765	1.46

续表

类型	机构数(个)		增幅(%)
	2013年	2014年	
1.艺术业	277	301	8.66
其中:文化表演团体	259	284	9.65
艺术表演场馆	18	17	-5.56
2.图书馆	152	151	-0.66
3.群众文化服务	1546	1558	0.78
其中:文化馆	148	148	0.00
文化站	1398	1410	0.86
4.艺术教育业	1	1	0.00
5.文化市场经营机构	11115	11242	1.14
6.文艺科研	9	9	0.00
7.文物业	215	219	1.86
8.其他文化及相关产业	261	284	8.81

数据来源:《云南省文化厅2014年文化发展情况统计公报》。

(二)云南省基层公共文化人才的现状

1.云南省基层公共文化人才数量分析

根据《云南省文化厅2014年文化发展情况统计公报》,2014年云南省文化及相关产业从业人员76532人,其中,公共图书馆从业人员1804人,文化表演团体从业人员8966人,艺术表演场馆从业人员117人,群众文化服务机构从业人员6980人(其中,文化馆从业人员2421人,文化站从业人员4559人)。与2013年相比,文化及相关产业从业人员下降了18.74%,其中,公共图书馆从业人员下降了0.11%;文化表演团体从业人员增长了9.70%;艺术表演场馆从业人员增长了1.74%;群众文化服务机构从业人员增长了4.80%(其中,文化馆从业人员下降了2.06%;文化站从业人员增长了8.86%)。可以看出,2014年云南省文化及相关产业从业人员总量下降较多,其中,公共图书馆、文化馆从业人员数量也在下降,幅度相对较小。整体而言,云南省公共文化事业发展有待进一步提高。

表调2-2 2013—2014年云南省公共文化机构从业人员数量情况表

类型	从业人数(人) 2013年	从业人数(人) 2014年	增幅
文化及相关产业	94182	76532	-18.74%
1.艺术业	8288	9083	9.59%
①文化表演团体	8173	8966	9.70%
②艺术表演场馆	115	117	1.74%
2.公共图书馆	1086	1084	-0.11%
3.群众文化服务机构	6660	6980	4.80%
①文化馆	2472	2421	-2.06%
②文化站	4188	4559	8.86%

数据来源:《云南省文化厅2014年文化发展情况统计公报》。

2.云南省基层公共文化人才行业结构分析

2014年云南省公共文化人才的行业分布情况是,公共文化人才相对集中在群众文化服务机构及文化表演团体,而公共图书馆、博物馆及艺术表演场馆从业人员数量相对较少,其中,艺术表演场馆从业人员在上述5个行业中数量最少。与全国相比,上述5个行业从业人员数量占比均没有达到5%,云南省艺术表演场馆和博物馆从业人员占比较低,分别为0.46%和1.28%,公共图书馆和文化表演团体从业人员占比相近,分别为3.22%和3.41%,群众文化服务机构从业人员占比为4.10%,相对较高。可以看出,云南省主要文化行业从业人员行业分布不均,与全国相比占比较低。所以,加强公共文化人才队伍建设,促进公共文化行业人才均衡分布是当前云南省公共文化人才建设要解决的关键问题。

表调2-3 2014年云南省主要文化行业公共文化人才从业人数情况表

单位：人

	合计	公共图书馆	博物馆	群众文化服务机构	文化表演团体	艺术表演场馆
全国	598936	56071	83970	170299	262887	25709
云南	18943	1804	1076	6980	8966	117
占比	3.16%	3.22%	1.28%	4.10%	3.41%	0.46%

数据来源：《中国文化文物统计年鉴2015》。

3.云南省基层公共文化人才职称结构分析

以艺术业（文化表演团体和艺术表演场馆）、公共图书馆、群众文化服务机构为例，2012年云南省艺术业有专业技术人才4172人，其中文化表演团体有专业技术人才3466人，艺术表演场馆有专业人才1135人；公共图书馆有专业技术人才1538人；群众文化服务机构有专业技术人才4601人。上述三个行业的专业技术人才中具有正高级职称的依次为106人、6人及24人，分别占三个行业的专业技术人才的2.5%、0.4%及0.5%，占比较低。具有中级职称的分别占三个行业专业技术人才的32.3%、50%及40.2%，占比相对较高。由此可见，在云南省主要文化机构公共文化人才，中高层次人才所占比重较低，需进一步加强公共文化人才队伍建设，提高基层公共文化人才队伍的整体水平。

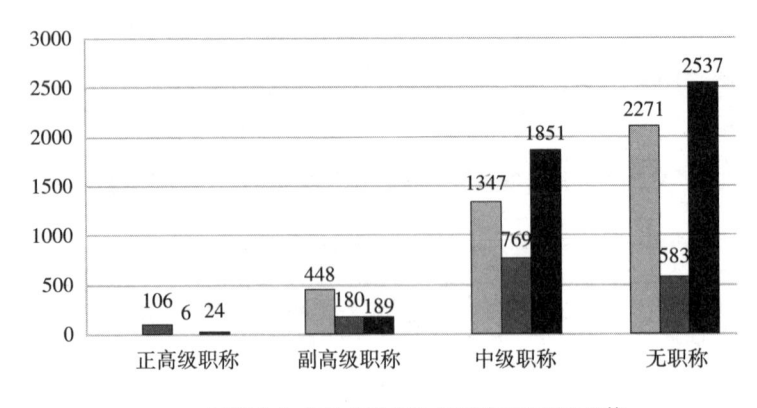

图调 2-1　2012年云南省主要文化机构公共文化人才职称情况　单位：人

数据来源：《中国文化文物统计年鉴2013》。

二、云南省基层公共文化人才培养和激励的现状分析

（一）云南省基层公共文化人才培养的现状分析

一支高素质的基层公共文化人才队伍是推进公共文化服务体系建设的人才保障和智力支持。基层公共文化人才队伍的建设是加强基层公共文化服务体系建设的重要内容，是推动文化大发展大繁荣的必然要求。

1.云南省基层公共文化人才政策

《云南省人民政府办公厅关于推进基层综合性文化服务中心建设的实施意见》中明确提出要加强人才队伍建设。乡镇(街道)综合文化站按照中央有关规定配备工作人员,村(社区)综合性文化服务中心由"两委"确定1名兼职工作人员,同时通过县、乡两级统筹和购买服务等方式解决人员不足问题。推广部分地区基层文化体育设施设立文化管理员、社会体育指导员等经验。鼓励"三支一扶"大学毕业生、大学生村干部、志愿者等专兼职从事基层综合性文化服务中心管理服务工作。加强业务培训,乡镇(街道)和村(社区)文化专兼职人员每年参加集中培训时间不少于5天。

在《中共云南省委办公厅云南省人民政府办公厅印发〈关于加快构建现代公共文化服务体系的实施意见〉的通知》中,明确提出要加强公共文化人才队伍建设。着力培养一批具有现代意识、创新意识的公共文化管理者和基层公共文化服务人才队伍。按照控制总量、盘活存量、优化结构、有减有增的要求,研究制定公共文化机构人员编制标准,并根据业务发展状况进行动态调整。对实行免费开放后工作量大量增加、现有机构编制难以满足工作需要的公益性文化事业单位,要结合实际和财力,合理增加机构编制。加强对农村文化队伍的管理使用,在现有编制总量内,落实每个乡镇(街道)综合文化站编制配备不少于1至2名的要求,规模较大的乡镇(街道)可适当增加。在村(社区)综合文化服务中心设有由县级政府购买的公益文化岗位不少于1个。将公共文化服务专业人才培养纳入国民教育和职业教育体系。建立公共文化服务机构人员岗前培训制度,加强基层文化队伍培训,加强乡土文化人才建设,发展壮大社会体育指导员队伍,全面提高从业人员素质。

2.基层公共文化人才培训数量分析

云南省以多次举办培训班、讲座等方式开展基层公共文化培训工作,提高基层公共文化人才队伍专业素养。2014年,云南省文化馆、乡镇文化站全年共举办展览5213个,组织文艺活动29161次,培训人员146.09万人次,基本与上年持平,组织公益性讲座494次,较上年增长25.06%。其中,全省148个文化馆免费开放共举办展览933次,接待群众235.03万人次;举办文艺活动6529次,参加人数达581.81万人次;举办培训班3406次,培训42.77万人次;举办公益讲座494次,参加人数达17.62万人次。2014年云南省图书馆组织各类讲座2148次,参加人数达30.91万人次,举办培训班1607个,参加培训人数达13.85万人次。2016年,云南省文化馆举办"全省文化站站长培训班",此次培训活动组织12期培训班,分片分期对云南省16个州、市的乡镇级文化站站长进行一次全面业务培训。

另一方面,根据《中国文化文物统计年鉴2014》中的数据,2012年至2013年除了四川省群众文化机构培训人次略降之外,西南地区的贵州省、西藏自治区、重庆市和云南省的群众文化机构培训人次都呈上升趋势。贵州省群众文化机构培训人次增长了35.06%,涨幅最高;云南省增长了9.80%,低于全国增长水平,涨幅相对较低。就西南五省区市而言,云南省落后于贵州省、西藏自治区及重庆市,排名相对靠后。因此,云南省在大力加强基层公共文化人才队伍建设的同时,更要注重扩大基层公共文化人才的培训,进一步提高培训人次的增长率。

表调2-4　西南地区群众文化机构培训人次情况表　单位:万人次

地区	2010年	2011年	2012年	2013年	2012年至2013年增长率(%)
全国	1805.6	2414.4	2749.7	3105.1	12.93
重庆	50.6	69.2	80.1	91.1	13.73
四川	111.1	164.9	211.1	189.7	-10.14
贵州	22.6	37.0	40.5	54.7	35.06
云南	63.8	85.9	128.6	141.2	9.80
西藏	2.2	2.4	3.9	5.0	28.21

数据来源:《中国文化文物统计年鉴2014》。

3.基层公共文化人才培养内容分析

云南省依托省、州市、县文化馆、图书馆及乡镇文化站,对基层人员有序开展了业务培训、专业技能培训,推动了基层文化队伍培训工作的创新发展。2013年云南省图书馆在泸西县举行了"2013年云南省文化共享工程农文网培学校建设培训班",以农文网培学校建设为主题,对来自省内7个州(市)支中心、26个县(区)支中心、115个乡镇农文网培学校的负责人共148人进行了培训。这次培训有效地提高了参训人员的专业水平,进一步理清了农文网培学校建设的工作思路。

云南省积极开展内容丰富的基层公共文化人才培训工作,针对不同岗位的需求,设定不同培训主题,提高基层公共文化人才专业素养。如2014年云南省积极组织各级文化馆骨干、图书馆骨干及基层文化干部参加了中央文化管理干部学院举办的省级文化馆图书馆师资培训班、地市社文科长培训班、县级图书馆文化馆骨干培训班、公共文化服务社会化发展专题研修班,以及全国基层文化队伍培训基地——重庆文化艺术职业学院举办的全国乡镇(街道)综合文化站业务骨干培训班(舞蹈编导方向)等25个培训班的学习,共培训人员90多人。2016年4月11日,云南省文化馆第三期基层文化站长培训班在云南省文化馆"群星苑"如期举行。来自保山市、怒江州的乡镇文化站站长90余人参加了培训。此次云南省基层文化站站长轮训是云南省文化馆根据近两年来对全省各地调研情况和基层的需求而举办的,培训内容较为全面。本次培训开设了专业学术文章写作、民族民间音乐的搜集整理及应用、群众文化广场舞蹈创作、群众文化活动中的节目支持等10个专题理论课程。

4.基层公共文化人才培训方式分析

为提高基层公共文化人才的综合素养和服务能力,云南省政府积极构建全省图书馆、文化馆人才培训基地,开展形式多样的培训,促进全省基层图书馆、文化馆、文化站人才培养,推动基层公共文化人才专业素质不断发展和提高。2014年云南省16个州市文化局、州市县文化馆、图书馆通过举办表演培训班、文艺创作培训班、示范区创建培训班等,深入基层一线开展培训,既有集中培训,又有利用网络进行的线上培训,使培训的覆盖面扩大,参与率大大提高,基本达到了让全省各级文化业务人员轮训一遍的目的。

此外,2014年云南省图书馆通过分级培训、层层培训,以集中培训、分片区培训和远程培训等多种方式,培养了一大批能够熟练运用文化共享工程设施设备、开展文化惠民服务的基层文化人员。例如,积极开展集中培训,于2014年1月14日至16日在丽江市玉龙县举办了2014年度云南省文化共享工程暨农文网培学校培训班,对来自丽江市的5个县(区)支中心、63个乡(镇)农文网培学校的负责人共80人进行了培训;大力开展"春雨工程",于2014年6月在大理市举办了

2014年"春雨工程——文化共享志愿者云南行"系列活动,共培训56个县区支中心近80名业务骨干,并在大理州巍山县、南涧县、祥云县支中心以及大理州支中心开展基层服务,为4个支中心培训基层工作人员;继续做好远程培训,全年共计开展10期,培训人员13394人次。此外,积极开展业务讲座,选派业务人员深入实地指导楚雄州实施国家公共文化服务示范区"数字资源共建共享"项目,受到了基层文化单位和各族群众的广泛赞誉;通过电话、网络等方式答复基层图书馆各类业务咨询共1000余条。云南省基层公共文化人才培训的方式不断创新发展,提高了广大基层公共文化人才参与热情,为基层公共文化人才的发展奠定了基础。

(二)云南省基层公共文化人才激励的现状分析

1.基层公共文化人才激励政策

云南省出台了一系列人才激励政策,为人才的发展提供保障。2013年5月,云南省下发全省《2013年人才工作要点》明确要制定和完善尊重人才、吸引人才、培养人才、用好人才的政策,探索建立人才特区,建立健全人才激励政策,以人才政策突破带动人才发展体制机制创新,为各类人才成长和施展才干创造良好环境。

《中共云南省委关于加强文艺工作的实施意见》中就明确提出做好基层队伍和新的组织群体工作。落实国家人事编制、学习培训、工资待遇等政策,大力扶持基层文化人才、乡土文化能人、民族地区文艺人才、民族民间文化传承人,建立一支扎根基层、专兼职结合、综合素质较高的基层文化人才队伍。

《中共云南省委办公厅云南省人民政府办公厅印发〈关于加快构建现代公共文化服务体系的实施意见〉的通知》,明确要求完善公共文化服务考核评价工作机制。建立公共文化机构绩效考评制度,考评结果作为确定预算、收入分配与负责人奖惩的重要依据。通过这种绩效考评制度,基层公共文化人才更加明确工作目标,激励自身不断提高与完善。

《中共云南省委云南省人民政府关于创新体制机制加强人才工作的意见》中提出放宽基层专业技术人员职称评聘条件。在县及县以下单位工作的专业技术人员,除国家执业准入制度有明确要求的行业外,具有大专或中专文凭,从事专业技术工作分别满15年或20年,中级专业技术职务履职满5年,可申报评审副高级专业技术职务任职资格。在职称申报评审中,对论文不作硬性要求,可将年度考核结果或获得州(市)级以上的表彰奖励等,作为基层专业技术人员职称评审的主要依据。在县级单位专业技术工作岗位工作,取得高级专业技术职务任职资格,女性需年满50周岁,男性需年满55周岁,或连续工作满30年,因受到单位专业技术高级岗位数量限制未聘用到相应岗位等级的,可先聘任,再进行岗位设置方案调整或自然消化;在乡(镇)及以下单位专业技术工作岗位取得高级专业技术职务资格的,可不受单位岗位职数限制聘任相应的专业技术职务。

2.基层公共文化人才激励方式分析

人才资源是第一资源,激励机制是吸引并留住广大人才的重要保障,近些年来云南省不断创新激励方式,不仅有一般的奖金奖励,如2015年云南省财政投入文艺精品创作专项扶持资金3000万元,用于文学、音乐、美术、电影、戏剧等各方面的优秀作品创作补助和奖励①，还将物质激励与精神激励相结合，短期奖励与长效激励相统一，将绩效纳入公共文化服务考核指标等多种激励方式相结合，为公共文化人才的发展提供更好的支撑。又如《云南省人民政府办公厅关于推进基层综合性文化服务中心建设的实施意见》中明确提出要强化考核督查。各级政府要把基层综合性文化服务中心建设纳入重要议事日程，纳入政府公共文化服务考核指标。对基层综合性文化服务中心建设、管理和使用中群众满意度较差的地区要进行通报批评，对好的做法和经验要及时总结、推广、表彰。

通过推广、表彰及通报批评这种正反两方面的激励，调动基层公共文化人才的工作热情，督促基层公共文化人才履行职责。如《云南省文化厅关于2014年各州市文化工作绩效评价结果的通报》中就将各州市通过绩效评价发现的问题以及绩效评价结果公布出来，绩效评价结果分为三个档次，优秀档次、良好档次和合格档次。

3.基层公共文化人才激励效果分析

（1）基层公共文化人才总量有所增加。

选取公共图书馆、群众文化服务机构、博物馆及艺术表演团体为例（图调2-2），2011年云南省公共图书馆从业人员为1734人，2014年该行业从业人员为1804人，比2011年增长了4.04%；2011年云南省群众文化服务机构从业人员为5421人，2014年该行业从业人员为6980人，比2011年增长了28.76%；2011年云南省博物馆从业人员893人，2014年该行业从业人员为1076人，比2011年增长20.50%；2011年云南省艺术表演团体从业人员为6368人，2014年该行业从业人员为

---

① 资料来源：《云南省加大公共文化服务体系建设》。

8966人，比2011年增长40.80%。2011年至2014年云南省主要文化机构从业人员数量在不断增长，基层公共文化人才总量有所增加。

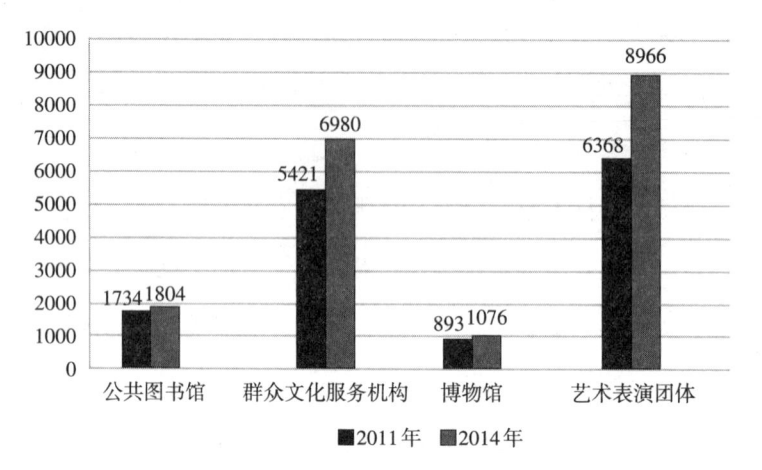

图调2-2　2011年和2014年云南省主要公共文化机构从业人数情况　单位：人

数据来源：《中国文化文物统计年鉴2012》《中国文化文物统计年鉴2015》。

（2）基层公共文化人才结构有所改善。

通过多种激励措施及政策的实施，云南省基层公共文化人才在总量增加的同时，人才结构也有所改善。主要表现在：一是基层急需的文化工作者得到补充。如从2013年至2020年，根据国家的安排部署，每年为云南省"三区"重点培养一批急需的文化工作者[①]，并且这些受训的文化工作者大多分布在基层。二是基层公共文化骨干队伍得到充实。2014年3月，云南省在全省范围内实施"三区"人才支持计划文化工作者专项工作。每年选派一批文化工作者到云南省"三区"援助1年，每年为云南省"三区"受援县培养一批基层文化骨干。2013年至2014年，云南省共选派了2948名人才到"三区"，共培养了306名基层文化人才，他们成为基层公共文化骨干队伍中的中坚力量。三是民族文化

---

① 资料来源：《云南"三区"人才支持计划专项培训在昆明开班》。

人才力量得到加强。在"三区"人才支持计划的引导下,云南省各地区有意识、有针对性地加强基层民族文化服务力量的培育工作。如2015年镇沅文体广电局采取有力措施,挖掘民族文化作品,培训当地少数民族艺术人才,为更快地推动镇沅县基层文化发展,打下了坚实的基础。①

三、云南省基层公共文化人才培养和激励机制存在的问题

(一)云南省基层公共文化人才培养机制中存在的问题

1.财政投入不足

基层公共文化人才的培养需要政府财政的有力支撑,云南省财政对文化扶持的投入力度还需进一步加强。《中共云南省委关于贯彻落实党的十七届六中全会精神加快建设民族文化强省的意见》中明确提出:"从2012年起,全省财政的文化事业经费支出占财政经常性支出的比例达1%以上。"据文化部统计,2013年云南省文化事业费财政拨款为14.37亿元,占全省财政总支出的0.35%,排全国第22位,西部省

---

① 资料来源:《云南镇沅县扎实开展"三区"人才服务工作》。

区市中排第7位(仅强于贵州和西藏)。云南省文化事业经费支出占财政经常性支出的比例离省委文件提出的"1%"还有较大差距,云南省要实现到2020年建成现代公共文化服务体系的目标,还需要进一步增加资金投入。

另一方面,根据云南省文化厅发布的《云南省2015年文化发展情况分析》,全省人均文化事业费40.56元,比上年增加5.56元,增长15.9%,但仍未达到全国49.68元的平均水平,在全国位列第20位,在西部10省区市中仅高于贵州省位列第9位。同时,全省各地区人均文化事业费差距较大,其中,昭通市人均文化事业费最低,为11.19元,迪庆州最高,达到299.90元,人均文化事业费地区之间极不平衡,云南省应在加大对文化的财政支持力度的同时,更要注重地区之间发展的平衡。

表调2-5 2015年云南省部分地区人均文化事业费情况表

区域	人口(万人)	财政拨款(万元)	人均文化事业费(元)
全省	4713.9	191211	40.56
昭通市	538.7	6028	11.19
临沧市	249.3	5437	21.81
曲靖市	600.9	13295	22.13
保山市	256.7	6844	26.66
文山州	359.3	10056	27.99
大理州	352.7	10842	30.74
普洱市	259.4	9767	37.65
红河州	462	17867	38.67
昆明市	662.6	26986	40.73
楚雄州	272.8	12255	44.92
丽江市	127.5	5825	45.69
西双版纳州	115.7	5826	50.35
德宏州	126.4	6712	53.10

续表

区域	人口(万人)	财政拨款(万元)	人均文化事业费(元)
玉溪市	235.1	13185	56.08
怒江州	54.1	3670	67.84
迪庆州	40.7	12206	299.90

数据来源:《云南省2015年文化发展情况分析》。

2.基层公共文化设施不足

基层公共文化设施是基层公共文化人才培养的重要保障。2014年,云南省各类文化文物机构数较2013年增长了1.46%,但与《中共云南省委关于贯彻落实党的十七届六中全会精神加快建设民族文化强省的意见》中提出的目标仍有很大差距。该文件提出的目标是"力争'十二五'期间或更长一段时间内使州(市)图书馆、文化馆、博物馆达到国家一级馆标准,县(市、区)图书馆、文化馆逐步达到国家二级馆以上标准。每个乡镇建成一个设施齐全、服务到位的综合文化站,每个建制村、城市社区建成一个多功能的综合文化活动室和文体活动广场"。

根据国家对县级图书馆、文化馆、乡镇综合文化站评估定级结果,截至2013年年底,云南省仍有6个县的图书馆、27个县的文化馆、472个乡镇的文化站不达标,需新建;57个三级图书馆、47个三级文化馆需改扩建;6993个村文化室、文体小广场需新建。云南省需进一步加强基层公共文化设施建设,为基层公共文化人才培养的进一步发展提供支持。

3.人才培养的质量和总量无法满足需求

云南省近些年来出台了一系列政策措施,不断提高基层公共文化人才培养的质量和总量,但仍无法满足社会对基层公共文化人才需求,人才培养的质量和总量仍需进一步提高。2012年,云南省艺术业专业技术人才4172人、公共图书馆专业技术人才1538人、群众文化服务机构专业技术人才4601人,上述三个行业专业技术人才中具有正高级职称依次为106人、6人和24人,分别占三个行业专业技术人才的2.5%、0.4%和0.5%,均未达到5%,占比较低。由此可见,在云南省主要公共文化机构中,高层次人才所占比重较低,云南省应注重基层公共文化人才培养的质量,逐步优化基层公共文化人才的结构。同时,云南省基层公共文化人才在民族间和地区间分布失衡。少数的一线城市和各区域中心城市集中了大量的基层公共文化人才,可是越到基层,越深入乡镇、偏远地区,基层公共文化人才分布就越稀少,且总体水平较低。基层公共文化人才分布不均衡,基层公共文化人才获得的培养不平衡是当前云南省人才培养应注意的问题。

另一方面,云南省基层公共文化人才增长速率远低于公共文化机构从业人员增长速率。例如:《中国文化文物统计年鉴2014》的数据显示,2013年云南省群众文化机构从业人员6660人,其中专业技术人才5022人,2014年云南省群众文化机构从业人员6980人,其中专业技术人才5129人。由此可知,2014年云南省群众文化机构从业人员增加320人,增长率为4.8%,而专业技术人才增加107人,增长率仅为2.1%。从业人员的增长速率高出专业人才增长速率1倍多。

(二)云南省基层公共文化人才激励机制中存在的问题

1.人才意识淡薄,人才评价观念偏差

树立正确的人才观是完善人才激励机制的重要保障。部分基层

地方党委政府人才意识淡薄,对人才资源在基层公共文化服务体系中的地位、作用和重要性认识不足,人才政策在基层难以得到有效实施。集中表现在:一是人才战略规划不完善。对基层公共文化人才队伍工作缺少战略思考和长远规划,人才战略与基层公共文化服务体系建设的任务和工作目标缺乏有机结合。二是人才主体意识缺失。"人才为本"的理念没有真正树立,对基层公共文化人才发展不够重视,同时促进基层公共文化人才发展的相关配套设施不完善。

另一方面,在现有的绩效考核指标体系下,经济发展状况与政绩直接相关,部分领导干部只重视短期的经济发展,在人才发展和科学研究中没有予以合适的资源倾斜。同时,在基层公共文化人才评价过程中,容易产生人才评价观念偏差。部分公共文化机构在进行本部门人才评价时会考虑到被评价人的年龄及工作时间等因素,出现论资排辈的现象,使真正有能力、有潜力的基层公共文化人才在绩效评价中得不到充分肯定及激励,不利于基层公共文化人才的发展。

2.人才评价标准不科学

在对人才进行评价时,使用的评价标准是由国家统一制定的,社会通用的。但在实践中,职称评定和聘任一方面是以单位为基础展开的,评价标准掌握的宽松程度的差异,可能会造成一定程度的误差,缺少相关职称的权威性;另一方面,目前职称评定中最突出的问题是过于偏重学术研究成果和学历,如2016年8月29日《云南省文化厅关于印发〈群众文化专业中高级职称评审条件〉的通知》中明确,县(市、区)及以下单位人员申报副研究馆员时,在履现职期间,学术和业绩成果必须要同时具备以下条件:

(1)提供具有独到见解的本专业专题工作报告2篇,或独立撰写全中文的活动计划或实施方案2篇,并被同级人民政府或上级业务主管部门采纳。

(2)参与完成的本专业学术研究成果或主创的本专业文艺作品获州(市)级文化主管部门颁发的三等奖以上1项,或主创的本专业文艺作品入选州(市)级文化主管部门主办的专业作品展览,或指导(辅导)的本专业文艺作品获州(市)级以上文化艺术奖一等奖1项,或参与完成群众文艺、民族民间文化、非物质文化遗产学术研究项目1项(提供5万字以上的成果材料)。

基层公共文化人才有丰富的基层工作经验,实践操作能力强,但对于部分学历不高、英语基础薄弱的基层公共文化人才而言,评定高级职称相对困难。而一些高学历从业人员,不管实际工作能力如何,到了指定年限就能晋升高级职称,使得职称评定失去激励和标杆导向的作用,难以反映专业人员的专业化程度和整体能力水平,激励效果收效甚微。

3.人才评价机制不规范

当前基层公共文化人才评价主体多是上级领导,部分基层公共文化机构人才评价机制中评价方式多是"同行评议"。所谓"同行评议",往往被个别单位执行为"熟人评议、就近评议、方便评议、小圈子评议",甚至跨一级学科或者专业领域的专家来评议,这种"小范围同行评议"往往会造成标准因时、因地、因人而异。评价主体、评价方式没有明确规范,考核结果常受人情、行政干预,不能保证人才评价的真实性,激励效果得不到体现。

调研报告 3
贵州省基层公共文化人才培养和激励机制现状调研

贵州省与全国其他省市相比经济相对落后,尽管国家财政大力支持,为完善公共文化基础设施投入了大量资金,但是贵州省人才总量不足、增长不快,并且文化领域人才缺口大,高层次人才、专业技术人才紧缺等因素,造成文化设施齐备但利用率低下,群众没有充分利用文化设施开展文化活动,甚至造成荒废,这为贵州省基层公共文化建设带来了艰巨的挑战。因此,本文旨在分析贵州省基层公共文化人才的现状及发展状况,总结贵州省基层公共文化人才发展存在的问题,并围绕制约贵州省基层公共文化人才发展的因素,提出具有针对性和可行性的建议,进而推动贵州省基层公共文化体系建设。

一、贵州省基层公共文化人才概况

在构建现代公共文化服务体系和基层公共文化建设方面，贵州省盯住公共文化服务这个重心，加强和改进基层公共文化服务。2014年，贵阳市创建国家公共文化服务体系示范区的工作全面展开，并结合创建在中心城区打造"图书馆小站"项目，黔南州、六盘水市的示范项目创建同时积极推进，为27个街道文化站、54个乡镇综合文化站、78个社区文化活动室配置文化信息资源共享设备和灯光音响、乐器等设备，为448个乡镇综合文化站、27个社区文化活动中心、141个社区文化活动室配置公共电子阅览室设备，项目已验收并投入使用。及时分配下达中央免费开放专项补助经费9328万元，补助地级"两馆"18个、县级"两馆"176个、乡镇综合文化站1448个。[1]贵州省委省政府高度重视公共文化服务体系建设，在2015年的《贵州省政府工作报告》中就指出，要推进现代"公共文化服务体系建设，深入实施'八大文化惠民工程'，建成多彩贵州品牌研发基地"。目前，贵州省已基本配齐配全了全省公共文化服务岗位人员。

（一）贵州省公共文化人才数量分析

贵州省2010年末人才资源总量205万人，其中主要机构公共文化人才仅为1.29万人，仅为人才总量的0.6%；到2014年底，贵州省人才资

---

[1] 资料来源：《贵州省文化厅2014年工作总结及2015年工作打算》。

源总量增至340.33万人,增长66.01%;[1]主要机构公共文化人才数量也在上涨,由2010年的1.29万人增至1.79万,增长38.76%,但占比相较2010年还呈下降趋势。

另一方面,2010年至2014年间,贵州省专业技术人才由79.92万人增至97.99万人,增长22.61%;技能人才由56.7万人增至102.42万人,增长80.63%;农村实用人才由32.92万人增至77.2万人,增长134.51%。可以看出,贵州省公共文化人才增速相较人才总量增速相对缓慢,且远远低于专业技术人才、技能人才及农村实用人才增长速度。整体而言,贵州省公共文化事业发展相较其他产业发展还相对落后,发展还有待提高。

表调3-1　贵州省主要机构公共文化人才数量情况表[2]　　单位:万人

	人才总量	公共文化人才总量	占比
2010年	205	1.29	0.6%
2014年	340.33	1.79	0.53%
增长率	66.01%	38.76%	

数据来源:《贵州统计年鉴2015》。

(二)贵州省公共文化人才行业结构分析

据统计,2013年贵州省主要文化机构从业人数12213人,人数较少,仅占全国的2.08%,与全国其他省份相比排名落后,其中艺术表演场馆从业人数仅81人,在全国排名倒数第三。其次,贵州省主要文化

---

[1] 数据来源:《贵州紧扣产业发展打造创业首选地》。
[2] 本表所指公共文化人才数量,以主要文化事业机构从业人员为主,包括艺术事业机构、文物事业机构、图书馆事业机构、群众文化事业机构、文艺科研机构及其他文化事业机构的从业人员。

机构文化人才从业人数分布不均，主要集中在文化站及艺术表演团体，图书馆、文化馆、博物馆等人数较少但相对平均，尤其以艺术表演场馆从业人数最少，仅为贵州文化人才从业人数的0.66%。因此，构建公共文化服务体系，应在扩大文化人才队伍建设的同时，还要注重文化人才行业均衡分布的问题。

表调3-2 2013年贵州省主要文化机构公共文化人才从业人数情况表

单位：人

	合计	公共图书馆	文化馆	文化站	博物馆	艺术表演团体	艺术表演场馆
全国	586651	56320	55921	108434	79075	260865	26036
贵州	12213	1014	1587	4399	1261	3871	81
占比	2.08%	1.80%	2.84%	4.06%	1.59%	1.48%	0.31%

数据来源：《中国文化文物统计年鉴2014》。

（三）贵州省公共文化人才职称结构分析

选取2012年贵州省的艺术业、公共图书馆、群众文化服务机构为例，艺术业有专业技术人才1376人，其中，正高级职称占39人，占专业技术人才的2.83%，副高级职称158人，占比11.48%，中级职称517人，占比37.57%；公共图书馆有专业技术人才701人，其中，正高级职称16人，占专业技术人才的2.28%，副高级职称76人，占比10.84%，中级职称250人，占比35.66%；群众文化服务机构有专业技术人才2182人，其中，正高级职称49人，占专业技术人才的2.25%，副高级职称93人，占比4.26%，中级职称490人，占比22.46%。综合分析，上述三个行业专业技术人才拥有中级及以上职称的人数比例较高，但只有艺术业50%以上专业技术人才具有职称,其他具有职称的专业技术人才均低于50%。其次,贵州省主要文化机构中具有正高级职称专业技术人才仅有104人,副高级职称专业技术人才327人。由此可见,贵州省主要文化机构公共文化人才具有职称的数量偏少,高层次人才在公共文化人才中的比重偏低,需要扩大基层公共文化人才数量的同时,也要加大专业技术人才的队伍建设,更应注重高层次公共文化专业技术人才的培养和引进力度。

表调3-3　2012年贵州省主要文化机构公共文化人才职称情况表

单位:人

	从业人员数	专业技术人才			
		正高级职称	副高级职称	中级职称	无职称
艺术业（艺术表演团体和艺术表演场馆）	2528	39	158	517	662
公共图书馆	976	16	76	250	359
群众文化服务机构	5320	49	93	490	1550

数据来源:《中国文化文物统计年鉴2013》。

二、贵州省基层公共文化人才培养现状分析

(一)基层公共文化人才培训数量分析

群众文化机构以文化馆、文化站为主,为群众提供基础公共文化

服务,是构建公共文化服务体系的重要窗口。以部分地区文化机构举办培训活动为例,2009年至2013年,我国群众文化机构培训班次整体逐年上涨,但上涨幅度偏小,如2012年至2013年全国群众文化机构培训班次增长率仅为0.92%;全国各省市培训班次也基本呈上涨趋势,但各省市步调不一,部分省市经过逐年上涨趋势后,至2013年培训班次反而下降20%以上,如天津、江西等省份;部分地区与全国平均趋势保持一致;部分地区仍然呈现较大幅上涨,如经济相对落后的贵州、青海等省份。另一方面,贵州省2013年举办培训班次7631次,与北京(22353次)、上海(28102次)、广东(31158次)、四川(25350次)等举办培训班次较多的省市相比,差距还很大。由此可见,贵州省针对公共文化人才举办培训班次数偏少,与经济发达省份差距较大,但贵州省举办培训班次的年增长率较大。要实现基层公共文化人才水平稳步提高的目标,应保持培训班次增长率,进一步增加培训班次数量,提高基层公共文化服务机构人员的整体素质。

表调3-4　部分地区群众文化机构举办培训班次情况表　单位:次

区域	2009年	2010年	2011年	2012年	2013年	2012—2013年增长率
全国	304955	358719	339883	387201	390758	0.92%
贵州	3200	4285	13760	6059	7631	25.94%
天津	4226	4753	3917	7198	5502	-23.56%
吉林	3499	4029	3525	5627	5498	-2.29%
江西	5234	8217	6412	12350	7648	-38.07%
海南	1373	1123	1239	2118	2119	0.05%
青海	1280	1180	1021	1287	1495	16.16%

数据来源:《中国文化文物统计年鉴2014》。

根据《中国文化文物统计年鉴2014》数据显示,2009年至2013年全国群众文化机构培训人次整体上涨,2012年至2013年全国培训人次增长率高达45.67%。与表调3-4中呈现的部分地区培训班次出现负增长的现象不同,贵州省群众文化机构培训人次逐年上涨,且2012年至2013年增长率为35.06%,增长幅度较大。由此可见,贵州省关于构建基层公共文化服务体系的力度较大,但贵州省基层公共文化人才基数偏少,全国排名靠后,因此应在扩大基层公共文化人才队伍的同时,进一步保持培训班次和培训人次的增速。

表调3-5　部分地区群众文化机构培训人次情况表　单位:万人次

区域	2009年	2010年	2011年	2012年	2013年	2012—2013年增长率
全国	98.1	130.7	99.9	111.9	163	45.67%
贵州	14.1	22.6	37	40.5	54.7	35.06%
内蒙古	25.1	21.8	38	33.5	33.8	0.90%
吉林	20.5	24.9	32.6	39.2	54.7	39.54%
江西	24.2	25.9	49.5	51.3	52.8	2.92%
海南	9.1	12.8	8.7	13.5	14	3.70%
青海	4.8	4.2	4.7	9	12.1	34.44%

数据来源:《中国文化文物统计年鉴2014》。

(二)基层公共文化人才培训方式分析

2013年,文化部、财政部等5部委联合开展"三区"文化人才支持计划专项工作,[①]计划要求,2013年至2020年期间,全国每年向"三区"

---

① "三区"指边远贫困地区、边疆民族地区和革命老区。"三区"人才支持计划是国家中长期人才发展规划确定的十二项重大人才工程之一。

县以下文化单位输送1.9万名优秀文化工作者驻地工作或提供服务，发挥优秀文化工作者的带动效用；每年从县以下文化单位选送1500名文化人员进行重点扶持培养，提高基层文化人员专业水平。同年，贵州省委组织部、省文化厅、省财政厅、省人力资源和社会保障厅、省扶贫办联合下发《关于印发〈贵州省贫困地区、民族地区和革命老区人才支持计划文化工作者专项实施方案〉的通知》，提出从当年起至2020年，每年选派1000名左右优秀文化工作者到"三区"工作或提供服务，并为"三区"培养一批急需、紧缺的文化工作者。①

基层文化人员培训的形式多种多样，如邀请文化专家到地方举办培训班、选派人员到对口单位锻炼、选派人员到省外参加研讨班等。如贵州省威宁自治县根据中央和省委关于"三区"人才支持计划的有关部署，制定了《威宁自治县"三区"人才支持计划文化工作者专项实施方案》，要求从2015年起至2021年，每年至少为全县文化系统基层单位（包括乡镇综合文化站）选派和培养10名文化工作者（志愿者），规定培养方式为重点培养和一般培养两种方式，重点培养是争取省市文化主管部门支持，选送全县文化系统基层单位工作人员到省市文化行政管理部门和直属文化部门挂职锻炼、跟班学习，或脱产到文化培训基地、省内外高校参加学习；一般培养即由局机关聘请省内外高校教授、本地文化艺术界知名人士对全县文化工作者开展定期轮流培训。

贵州省结合自身发展水平，清楚认识到人才缺失已成为贵州省构建公共文化服务体系的瓶颈。因此，贵州省深入贯彻和落实国家专项人才计划，2008年省委组织部、省委宣传部、省人力资源和社会保障厅开始组织实施"四个一批"人才选拔培养工程，并于2013年更名为"贵

---

① 资料来源：《箫笛潜入夜 谣舞最走心——贵州省公共文化建设惠泽民生》。

州省甲秀文化人才选拔培养工程",从宣传文化单位扩大到民营文化企业及文化领域优秀人才;培养方式进一步完善,设立人才培养专项资金,组织开展培训观摩、采访采风,资助作品展演展播、开展课题研究。①2014年,贵州省文化厅成立了"贵州文艺人才培训交流中心",并举办了首期"编、导、演"培训班,30余名县级文化馆、文化企业中的从事"文艺贵州"相关工作的青年人才在中心接受专业指导老师为期10天的专业培训。为实现为贵州省培养优秀文化人才的目标,中心还结合贵州实际推出了文化人才短期、中长期和年度培训计划。②

(三)基层公共文化人才培训内容分析

缺少专业的文化人才和技术人才是贵州省构建公共文化服务体系的短板,针对专业人才不足、队伍薄弱等问题,贵州省各地方政府积极应对,召开了贵州省公共文化服务产品创作人才培养及对外拓展经验交流会,如六盘水市形成了《公共文化服务机构的人才队伍拓展模式》,通过这一模式拓展文化馆、乡镇综合文化站的人才队伍。公共文化人才培养主要围绕教学、演出、文艺表演、美术、编排、非遗传承、广电器械使用等方面展开工作。此外,为推进公共文化信息化建设和应用,加大基层公共文化服务体系的覆盖范围,针对公共文化建设和管理的专业技术人才培养也紧跟步伐,如贵阳市举办公共文化服务体系信息系统建设培训班,市图书馆、市文物局、市群众艺术馆、市非遗中心、各区(市、县)图书馆、文化馆网站建设负责人、信息录入管理人员

---

① 资料来源:《贵州省甲秀文化人才("四个一批人才")工程》。
② 资料来源:《首期贵州文艺人才培训交流中心培训班开班》。

参加培训,主要培训网上图书馆、网上文化馆、网上博物馆、文化志愿者管理、公共文化服务联合会等集群式网站信息系统录入和管理的具体方法和步骤,并辅导各子网站业务人员进行实际操作,提高各基层公共文化服务单位专业技术人才网站管理和维护的能力。

三、贵州省基层公共文化人才激励现状分析

贵州省对如何引进和留住文化人才的研究,激励人才到贵州省工作的热情,激发人才工作的积极性,对于充分发挥人才对贵州省经济的带动具有重要作用,有利于加快贵州省建设的步伐。

(一)贵州省基层公共文化人才激励政策现状

贵州省先后出台了一系列人才政策,从2004年出台的《中共贵州省委贵州省人民政府关于实施人才强省战略的决定》和《中共贵州省委贵州省人民政府关于进一步加强人才队伍建设的意见》,到《贵州省中长期人才发展规划纲要(2010—2020)》,贵州省越来越重视人才对于强省的重要作用;从《贵州省"十一五"人才开发专项规划》和《中共贵州省委关于进一步实施科教兴黔战略大力加强人才队伍建设的决定》再到《关于加强我省重点产业、重点学科人才基地建设的意见》和《关于加强民族地区人才队伍建设的实施意见》,贵州省人才培养、引

进、稳定和激励的政策措施也越来越具体、扎实。

《中共贵州省委贵州省人民政府关于实施人才强省战略的决定》制定的《贵州省"四个一"人才工程实施办法》中规定,在文化艺术、新闻出版、体育等领域,做出突出贡献,获得专业领域最高奖项的文学家、艺术家、记者、编辑、主持人、出版家、文物和博物馆学方面的专家,以及在教练执训工作中取得卓著成绩的教练员等可入选人才群体。

2013年发布的《贵州省"百千万人才"评审认定与跟踪考核实施细则(试行)》中规定,旅游文化服务业领域有重大创新突破并取得显著效果的可申报"百人领军人才"。

进一步加强全省宣传文化系统中青年人才选拔、培养、管理工作。按照《贵州省宣传文化系统"四个一批"人才培养工作意见》和《贵州省宣传文化系统"四个一批"人才选拔培养管理办法》的规定,"四个一批"人才的选拔范围为理论、新闻、出版、文艺、经营管理、文化专门技术领域一线的专家、学者、作家、艺术家和业务骨干,主要从省直属宣传文化单位和各市(自治州、地区)宣传文化单位中遴选。根据实际情况,适时将有关领域业绩特别突出的中青年拔尖人才列入选拔范围。

自2003年1月1日起施行的《贵州省民族民间文化保护条例》第十五条规定:"符合下列条件之一的公民,可以申请命名为贵州省民族民间文化传承人:①熟练掌握某种民间传统技艺,在当地有较大影响或者被公认为技艺精湛的;②在一定区域内被群众公认为通晓本民族或者本区域民族民间文化形式和内涵的;③形成了只有本人和徒弟才有的特殊技艺的;④大量掌握和保存本民族民间传统文化原始文献、资料和实物,并且有一定研究成果的。"该条例第十六条还规定:"符合下列条件的团体,可以申请命名为贵州省民族民间文化传承单位:①掌握某一民族民间文化表现形式的技能或者开展相关研究;②以弘扬该民族民间文化表现形式为活动宗旨;③坚持经常开展以民族民间文化为内容的活动;④保存关于该民族民间文化表现形式的资料或者实物的。"这些规定在一定程度上加快了基层人才以及乡土文化能人、民族特色文化传承人和文化积极分子的培养步伐。

2013年,贵州省委印发《关于加强和改进宣传思想工作的意见》,对新形势下全面加强宣传文化系统干部人才队伍建设提出新的更高要求,并将"四个一批"人才培养工程更名为甲秀文化人才培养工程。根据《贵州省甲秀文化人才选拔培养管理办法》规定,经组织推荐、资格审查、专家评审及贵州省甲秀文化人才评审领导小组审定等程序,产生贵州省各批甲秀文化人才。贵州省甲秀文化人才("四个一批"人才)选拔培养工程是贵州省中长期人才发展规划纲要的重点人才工程,由省委组织部、省委宣传部、省人力资源和社会保障厅于2008年开始组织实施,力争到2020年选拔培养理论、新闻、出版、文艺、经营管理、文化专门技术人才等6个门类的500名甲秀文化人才,以全面推进全省文化人才队伍建设。

(二)贵州省基层公共文化人才激励方式

贵州省的公共文化人才激励方式主要是物质激励和精神激励(通过表彰、荣誉证书等进行)。

铜仁地区行政公署为了促进文化旅游发展印发的《铜仁地区产业建设的扶持奖励暂行办法》第十四条规定,对民族民间艺术团体或专业团体从事旅游服务的,其商业表演活动所缴纳税费的地方所得部分,由地方财政全额奖励从业人员。第十五条规定,铜仁地区每年组织一次旅游优秀服务企业评选活动,民族民间歌舞表演队单独作为一个系列,评选出前三名,并颁发证书和奖金。

2016年由文化部主办,贵州省文化厅、遵义市委、遵义市人民政府、国家艺术院团承办的"文化迎春、艺术为民"新春慰问活动在遵义革命老区开展。这次活动除了有大型广场文艺演出等活动外,文化部9家直属国家艺术院团的120余名艺术家,在慰问遵义革命老区的人民群众时,也走访慰问了本地文艺骨干。

在由贵州省文化厅、贵州省民族宗教事务委员会和黔东南州委、州人民政府主办,榕江县委、县人民政府承办的侗族大歌百村歌唱大赛中,分别对相关歌队和个人颁发了歌队鼓励奖、优秀辅导奖、优秀歌师奖、优秀歌队奖等。这次大赛,增进了侗族大歌传承地的相互学习,提升了歌唱水平,激发了侗族人民的文化自信和文化自觉,有效地促进了更多的侗族人民爱侗歌、唱侗歌、传侗歌。

2012年,贵州省文化体制改革和文化产业发展暨"五个一工程"表彰大会召开。会议强调要进一步加强文化人才队伍建设,牢牢把握培养、引进、使用三个环节,大力培养文化创意人才、专门人才、经营管理人才和基层文化人才,挖掘民族民间艺人,加大高层次人才引进力度,健全用人机制和分配机制,打造人才聚集高地。同时,会议隆重表彰了贵州省文化体制改革工作先进单位、先进个人和贵州省第十二届精神文明建设"五个一工程"组织工作奖获奖单位。

基层公共文化人才队伍是推动中国特色社会主义文化发展繁荣的重要支撑和基础。面对人才资源短缺的瓶颈,贵州省正努力建立吸引优秀文化人才、留住优秀文化人才和发挥优秀文化人才作用的良性机制来推动贵州省文化事业的发展。

四、贵州省基层公共文化人才培养和激励存在的问题

(一)贵州省基层公共文化人才培养存在的问题

1.基层公共文化部门人才资源总量不足

西部大开发以来,由于国家对科教文卫事业经费的大量投入,贵州省人才资源增长呈现井喷态势,发展极为迅速,但是贵州省基层公共文化人才资源占全省人才资源的比重与发达地区相比,仍然存在较大差距。具体表现为以下三个方面。

第一,县级公共图书馆人才资源总量不足。根据相关统计数据显示,从2011年到2013年,贵州省县级公共图书馆从业人员数量总体呈上升态势,县级公共图书馆的专业人才资源数量也按相应的趋势上升,但是从图调3-1中也可以看出,县级公共图书馆专业人才资源绝对数量的增长仍然较为缓慢。

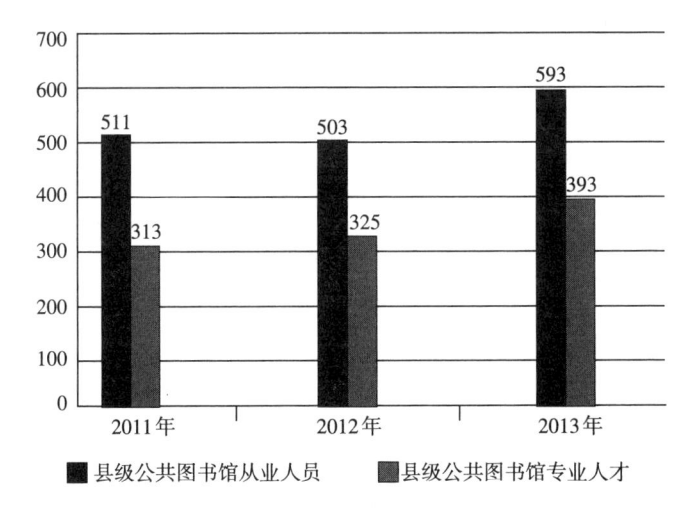

图调3-1　2011—2013年贵州省县级公共图书馆专业人才总量与从业人员总量对比　单位：人

■ 县级公共图书馆从业人员　　■ 县级公共图书馆专业人才

数据来源：《中国文化文物统计年鉴2012》《中国文化文物统计年鉴2013》《中国文化文物统计年鉴2014》。

根据图调3-1可以看出，2011年贵州省县级公共图书馆从业人员为511人，其中专业人才为313人，占从业人员总数的61.25%；2012年贵州省县级公共图书馆从业人员为503人，其中专业人才为325人，占从业人员总数的64.61%；2013年贵州省县级公共图书馆从业人员为593人，其中专业人才为393人，占从业人员总数的68.83%。从相对百分比上看，2011年到2013年贵州省县级公共图书馆的专业人才占比是逐年上升的，但回归到绝对量上来看，500多人的从业人员要服务全省88个县，这无疑是杯水车薪。

第二，基层公共文化馆（站）人才总量不足。相较于公共图书馆，基层公共文化馆显然更深得基层百姓的喜欢，提供的公共文化服务较之公共图书馆更显得多样化。本文中的基层公共文化馆（站），包含县公共文化馆及乡镇公共文化站。

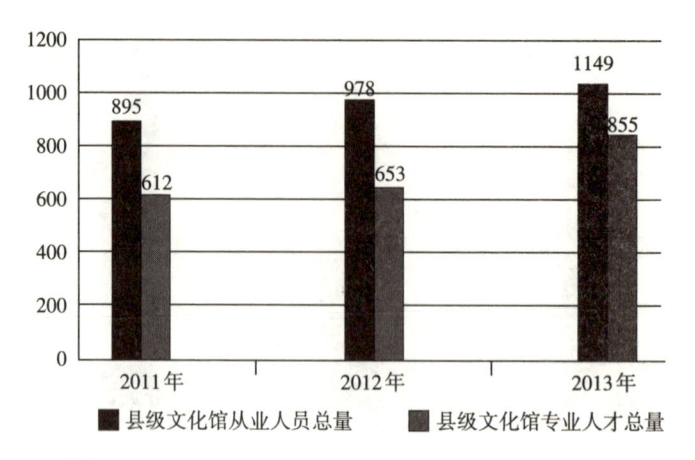

图调3-2 2011—2013年贵州省县级文化馆专业人才总量和从业人员总量对比　单位：人

数据来源：《中国文化文物统计年鉴2012》《中国文化文物统计年鉴2013》《中国文化文物统计年鉴2014》。

从图调3-2中可以看出，不管是县级文化馆从业人员总量还是县级文化馆专业人才总量，在2011年到2013年间均呈稳步上升状态，但是很明显，虽然上升速度有所加快，从绝对数量上来看仍然相对较低。2011年贵州省县级文化馆从业人员总量为895人，专业技术人才为612人；2012年贵州省县级文化馆从业人员为978人，专业技术人才为653人；2013年县级文化馆从业人员为1149人，专业技术人才为855人。单看人才总量，相对于各县级行政区域的人口来说，仍然是相对较低的。

另外从乡（镇）文化站从业人员总量来看，2011年贵州省乡镇文化站从业人员为3758人，2012年为3664人，2013年为4046人，[①]虽然呈逐年稳步上升态势，但在总人口中占比仍然较少，并且多为一般工作人员，公共文化专业人才总量更低。

---

① 数据来源：《中国文化文物统计年鉴2012》《中国文化文物统计年鉴2013》《中国文化文物统计年鉴2014》。

第三,公共博物馆人才总量资源不足。虽然没有明确的数据表明基层(县级以下行政区域)公共博物馆人才总量为多少,但是从2013年贵州省文化系统内公共博物馆的基本情况可以大致得出一个结论,即贵州省基层公共博物馆人才资源总量仍然相对较低。根据《中国文化文物统计年鉴2014》的数据显示,2013年贵州省文化系统内博物馆从业人员总数为1261人,其中专业人才总数为349人,这是全省的数量,如果将之分散到县级以下行政区域,该数值还会更少,可以看出,贵州省基层公共博物馆人才总量较少是一个不争的事实。

贵州省基层公共图书馆、公共文化馆、公共博物馆人才总量不大,其服务对象(即全省总人口)总量却很庞大。基层公共文化人才是进行文化创新、产业创新的重要主体,同时也是建设现代公共文化服务体系,促进公共文化均衡化发展的重要力量,人才资源总量的不足,将会对全省的经济文化建设造成不容小觑的影响。加大对贵州省基层公共文化人才的培养和投入,是各级政府部门必须考虑的问题之一。

2.基层公共文化部门人才结构失调

公共文化部门人才结构是指在公共文化领域内各级人才配置机制和构成,从贵州省基层公共文化领域来说,其人才结构包括两个方面,一是公共文化专业人才,二是公共文化管理人才,基层公共文化领域中的各类机构属于公共部门的一个职能机构,管理人才相对容易吸纳和培养,也可以从其他职能部门调入。但公共文化专业人才则不一样,基层既难以招纳此类人才,且易失去已培养人才,双重结果导致贵州省基层公共文化部门专业人才流失严重,专业人才结构严重不合理。

(1)县级公共图书馆人才结构现状。

根据《中国文化文物统计年鉴2012》的统计数据,2011年贵州省县级公共图书馆专业人才资源总量为313人,其中拥有正高级职称的为2人,占人才总量的0.64%;副高级职称10人,占人才总量的3.19%;中级职称为94人,占人才总量比重为30.03%。

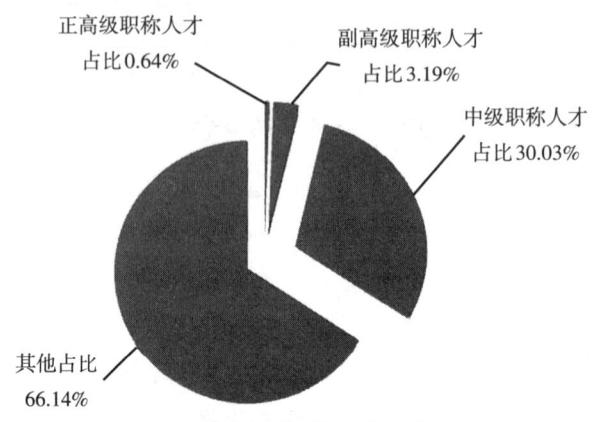

图调3-3　2011年贵州省县级公共图书馆人才结构图

数据来源:《中国文化文物统计年鉴2012》。

发展到2012年,贵州省县级公共图书馆专业人才资源总量为325人,其中正高级职称人数为5人,占比1.54%;副高级职称8人,占比2.46%;中级职称为95人,占比29.23%。

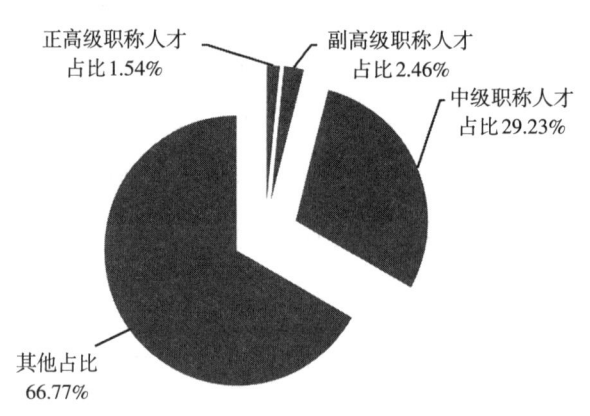

图调3-4　2012年贵州省县级公共图书馆人才结构图

数据来源:《中国文化文物统计年鉴2013》。

2013年贵州省县级公共图书馆专业人才资源总量为393人,其中正高级职称1人,占比0.25%;副高级职称14人,占比3.56%;中级职称112人,占比28.50%。

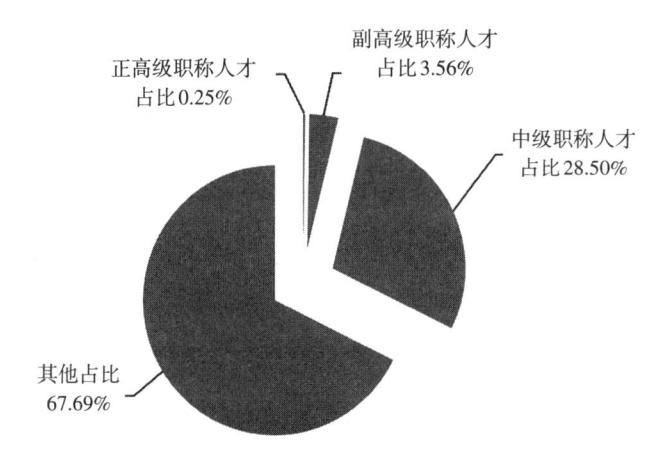

图调3-5　2013年贵州省县级公共图书馆人才结构图

数据来源:《中国文化文物统计年鉴2014》。

从2011年到2013年贵州省县级公共图书馆从业人员中正高级职称人才、副高级职称人才、中级职称人才占人才总量比重来看,正高级职称人才在2012年达到最高比重,为1.54%,2011年和2013年分别为0.64%和0.25%,说明该类人才不仅比重低,还具有不稳定性,易于流失。副高级职称人才2011年为3.19%,2012年为2.46%,2013年为3.56%,占比较少,也同样呈现不稳定现象。中级职称在2011年、2012年、2013年占比分别为30.30%、29.23%、28.50%,呈现逐年下降的趋势,数据显示中级职称人才在贵州省县级公共图书馆人才资源总量中并未达到50%以上,结构并不稳定。

(2)贵州省基层文化馆(站)人才结构现状。

县级公共文化馆主要从正高级职称、副高级职称、中级职称人才的构成来衡量人才资源结构,乡镇公共文化站则从专职人员、专业技术人员占从业人员总量的比例来衡量。

表调3-5　贵州省县级文化馆人才资源构成情况

类别	2011年	2012年	2013年
县级文化馆从业人员数量	895	978	1149
专业技术人才资源数量	612	653	855
正高级职称人才数量	16	3	7
副高级职称人才数量	20	24	42
中级职称人才数量	164	176	222

数据来源:《中国文化文物统计年鉴2012》《中国文化文物统计年鉴2013》《中国文化文物统计年鉴2014》。

在县级公共文化馆领域,2011年正高级职称人才数量为16人,副高级人才20人,中级职称人才164人,分别占人才资源总量的2.61%、3.27%、26.8%。2012年正高级职称、副高级职称、中级职称人才数量分别为3人、24人、176人,占比为0.46%、3.68%、26.95%。发展到2013年,正高级职称、副高级职称、中级职称人才数量分别为7人、42人、222人,占比为0.82%、4.91%、25.96%。

分析这些数据,不难看出正高级职称所占比重依然较低,甚至呈逐年下降的趋势。副高级职称人才虽然相对稳定,但是所占比重最高的2013年仅为4.91%,比例仍然很低。中级职称人才徘徊在25%左右,并没有太大的上升趋势。总体来说,中级职称及以上人才比例严重不协调且人才结构不稳定,是当前的突出问题。

3.基层公共文化部门人才培养环境不成熟

自我国实施西部大开发以来,贵州省县级以下行政区域内教育环境得到了很大的提升,缩小了与东部发达省份的相对差距,为贵州省基层公共文化人才的培养提供了比历史上任何时期都要好的教育环境。但是在看到进步的同时,也应该看到贵州省基层公共文化人才所依赖的教育环境仍然不够成熟。具体表现在:第一,公共文化专业教育环境现状。就现阶段贵州省县级以下行政区域来说,教育环境主要以国家提供的九年义务教育为主,附带相当部分的职业教育,职业教育更多的是提供专业性知识技能,基本没有或者说较少涉及公共文化传播、文化职业能力培养的专业。因此可以说,在基础教育获得大力发展的同时,公共文化专业教育资源依然匮乏,公共文化专业缺乏成熟的教育环境。第二,基层教育环境现状。涉及公共文化部分的教育资源并没有针对基层公共文化部门来培养相对应的人才资源,由于我国政府对教育事业的投入离实际需求还有差距,而且这些资金大多数涌入热门的经管类专业,投入到冷门的文化专业相对较少,另外,固有观念认为"公共文化"是一个虚无缥缈的东西,不值得培养。

要吸引人才入住,必须有相对完善的公共基础设施。根据相关数据显示,2011年贵州省文化产业实际完成基础设施建设投资为20331万元,2012年为4095万元,2013年为15672万元,[①]分别占全省同年GDP比重的0.0357%、0.00598%、0.01957%,[②]文化产业基础设施投入相对较少。从平均每万人占有公共图书馆的建筑面积来看,贵州省2013年的数据为59.9 m^2,而中部、东部地区每万人占有公共图书馆的

[①]数据来源:《中国文化文物统计年鉴2014》。
[②]数据来源:《中国统计年鉴2014》。

建筑面积基本都在70 m²以上,部分地区甚至超过了100 m²;从平均每万人占有群众文化设施的建筑面积来看,贵州省2013年的数据为197.6 m²,这一数值远远低于同期大部分省份。由此可以看出,贵州省公共文化基础设施相较其他省市而言,对基层公共文化人才的吸引力不足。

表调3-6　2012年贵州省城市基础设施水平

	全国平均水平	贵州省
城市用水普及率(%)	97.16	92.07
城市燃气普及率(%)	93.15	71.35
每万人拥有公交车数(台)	12.15	8.8
人均城市道路面积(m²)	14.39	6.8
人均公园绿地面积(m²)	12.26	9.38
每万人拥有公厕数(座)	2.89	2.79

数据来源:《西部少数民族高层次人才培养调查研究》

从表调3-6可以看到,贵州省基础设施建设水平也低于全国平均水平,基础设施建设不足同样导致对公共文化人才的吸引力不够。

从社会保障环境来看,以医疗保障为例,贵州省2012年医疗机构27404个,占全国医疗机构总数的2.88%;卫生医疗人员为191079人,占全国卫生医疗总人数的2.1%;每千人中卫生技术人员为3.72人,低于全国平均水平的4.94人;床位数13.92万张,占全国总床位数的比重为2.43%。①

4.基层公共文化人才市场化程度低

从贵州省基层公共文化部门的隶属关系上来看,图书馆、文化馆、博物馆的主管部门是文化局,图书馆从业人员多为事业编制,部分为聘任制工作人员,其最根本的性质是国有事业单位或国有企业单位。

---

①数据来源:《西部少数民族高层次人才培养调查研究》。

因此,在基层文化部门内,人才流转速率偏低,人才发展难以实现市场化,虽然说有部分为聘任制工作人员,但这些工作人员只是一般工作人员,并不在专业技术岗位上担任职务,甚至可以说,某部分聘任制工作人员没有达到公共文化人才的要求。

根据人事部《事业单位公开招聘人员暂行规定》,基层公共文化部门公开招聘的主管机关是政府人事行政部门,政府人事行政部门与事业单位上级主管部门负责对招聘工作进行指导、监督和管理。《贵州省事业单位公开招聘操作办法(试行)》规定,"各县(市、区、特区)及乡(镇)事业单位公开招聘由市(州)人力资源和社会保障局审核批准,并委托县(市、区、特区)人力资源和社会保障部门统筹组织实施。"同时还规定,"对事业单位急需引进的具有副高级以上专业技术职位任职资格和硕士研究生以上学历、学位的高层次人才,以及用人单位急需的短缺专业人才、特殊人才,经市(州)及以上人力资源和社会保障部门批准,报省人力资源和社会保障厅备案,可简化考试程序聘用,也可在一定范围内进行考核聘用。"这些规定大大排除了事业单位人才招聘中的市场化因素。

(二)贵州省基层公共文化人才激励存在的问题

1.贵州省基层公共文化人才激励保障制度不够

长期以来,贵州省作为西部地区不发达省份的之一,在经济总量、人才总量等方面均远远落后于中部、东部省份,而以县、乡为代表的基层在各方面也同样落后于省内重点城市及中心城市。从公共文化部门来看,处于西部的贵州省基层公共文化部门在人才激励机制上存在的问题颇多,基层公共文化人才激励机制是构建基层公共文化人才结构性体系的重要机制,不同于中央、省(自治区、直辖市)等高层公共文化部门,贵州省基层公共文化部门人才激励机制受限于资金及相关激励资源的匮乏,在总量上呈现不足的态势。基层公共文化人才激励机制存在资金上、资源上的不足,基层公共文化部门在很大程度上没有能力进行人才激励,留不住优秀人才。贵州省基层公共文化部门的人员编制结构以部分公务员编制、部分事业单位编制、部分聘任制组成了基层公共文化人才编制体系,也就是说除了在工作人员的初始招录阶段外,贵州省基层公共文化部门限于自身人力、财力、物力的限制,后续的人才激励机制并没有得到有效实施。

2.贵州省基层公共文化部门缺乏激励意识

贵州省地处我国西部,经济、文化的发展与东部、中部地区存在着较大的差距,基层公共文化部门的激励机制上的发展差距则更为显著。文化作为一种软实力,对经济增长具有难以替代的促进作用。在东部、中部地区,文化发展呈现一片繁荣景象,基层公共文化服务也有声有色。其中一个重要原因就在于,这些地区的文化部门有着高度的激励意识,在资金供给、人才激励等方面给予了充分保障。但受限于现实的发展条件,集中力量加强经济建设仍是贵州省实现跨越式发展的必然要求。相较于第一、第二产业对经济贡献的直观性,文化建设在贵州的规划布局中被边缘化。每年省级预算资金分配在文化建设方面的极为有限,这部分资金再向基层划拨则将进一步缩减。在轻视文化建设的全局性思维影响下,加之基层公共文化人才激励工作是一个投入大、周期长、成效不易感知的过程,贵州省基层公共文化部门难以有较高的激励意识。

调研报告 4
四川省基层公共文化人才培养和激励机制现状调研

一、四川省基层公共文化人才资源概况

大力加强和推进公共文化服务体系建设,是推进四川由文化资源大省向文化强省跨越的重要途径。四川文化强省建设,人才是关键,这是由文化强省建设的内涵和人才的基本属性决定的。公共文化人才是文化生产力中最活跃的因素。公共文化人才是公共文化的传播者,同时还是文化的创造者。2015年,四川省出台《关于加快构建现代公共文化服务体系的实施意见》,明确提出加强基层文化队伍建设。年末又出台了《四川省公共文化服务保障条例》,它明确提出了公共文化服务的"四川标准",为"十三五"公共文化发展打下良好基础。

(一)四川省基层公共文化发展概况

四川省以"文化民生"为先。截至2014年,四川省公共文化投资力度达到150亿元,建成图书馆169个、文化馆205个、文化站4586个、村文化室29845个、文化共享工程县级支中心181个、乡村基层服务点5.2万个。以此为基础,四川省构建起了全国数量最大、战线最长、网点最多、服务人口众多的公共文化服务网络,已建成4000多个高度集成的"幸福美丽新村(社区)文化院坝",实现了乡村多个部门资源有效整合。承载着村民文化寄托的文化院坝,高度整合了农家书屋、广播电视村村通、数字电影、共享工程等基层文化资源。

作为全国劳动力输出大省,四川省农民工和留守学生(儿童)的数量也为全国之最。为切实保障这一群体的文化权益,四川省各地广泛开展了一系列文化活动。成都、资阳、德阳等地建设了一批"农民工文化驿站""留守学生(儿童)文化之家"等文化阵地,文化主管部门也开设了"农民工网(夜)校""留守儿童绿色网吧""农民工读书会"等专项服务机构。全省各类公共文化服务机构采取上门服务、网络服务和流动服务等形式,为农民工及留守学生(儿童)提供了各种免费"文化套餐"。另外,从2014年起省级财政每年安排10亿元,重点用于边远贫困地区农村公共文化服务体系建设,有效带动了欠发达地区实现文化突破,以此解决文化发展均等化问题。

(二)四川省基层公共文化人才现状分析

1.四川省基层公共文化人才数量分析

截至2011年底,四川省文化产业机构数21899个,从业人员

117877人。非国有文化产业机构16041个,从业人员91172人。相较2010年,四川省公共文化服务投入加大,增长加快。

表调4-1　四川省文化艺术、文物事业机构数　单位:个

年份	艺术表演团体	公共图书馆	文化馆	文化站	博物馆
2010	82	161	204	4448	108
2011	75	169	205	4593	144
2012	63	188	205	4595	152
2013	52	197	207	4595	188
2014	51	198	207	4601	206

数据来源:《四川统计年鉴2015》。

截至2014年末,四川省文化系统内艺术表演团体51个,艺术表演场所52个,文化馆207个,文化站4601个,公共图书馆198个。国家级文化产业示范基地13个,省级文化产业示范基地44个。共有博物馆206个,文物保护管理机构171个,全国重点文物保护单位230处,省级文物保护单位969处,市、县级文物保护单位6307处。国家级非物质文化遗产名录139项,省级非物质文化遗产名录522项。主要文化机构从业人员数公共图书馆2170人,文化馆2880人,文化站6858人,博物馆5417人,艺术表演团体10880人,艺术表演场馆371人。[1]从表调4-1中可以看出,四川省文化艺术、文物事业机构数除艺术表演团体外整体是呈上升趋势,但上升幅度不大,跟东部发达地区相比较四川省的文化艺术、文物事业机构数仍然有很大的差距。

---

[1] 数据来源:《中国文化文物统计年鉴2014》。

2.四川省基层公共文化人才资源的行业分布

改革开放后经过几十年的努力和积累,四川省基本形成了一支涵盖文化主要门类的干部队伍和人才队伍。公共文化人才的结构进一步优化,素质明显提高,人才的流动速度加快。

四川省基层公共文化人才主要分布于公共图书馆、文化馆、博物馆、艺术表演团体。从"四川统计年鉴"中可以看出,2010年至2014年四川省公共图书馆、文化馆、博物馆、文化站的数量是逐年递增的,一方面,数据显示了政府对于基层公共文化领域的支持力度;另一方面,四川基层公共文化从业人员跟全国情况相比,所占权重并不高,加上四川省地域辽阔,行政区划众多,而基层公共文化人员数量有限,致使四川省基层公共文化发展受限。

表调4-2　四川省公共文化机构情况表

	公共图书馆		文化馆		博物馆		艺术表演团体	
	机构数（个）	从业人员（人）	机构数（个）	从业人员（人）	机构数（个）	从业人员（人）	机构数（个）	从业人员（人）
全国	3117	56071	44423	170299	3658	83970	8769	262887
四川	198	2152	207	2902	206	5795	51	2945

数据来源:《四川统计年鉴2015》。

据"四川统计年鉴"的调查,2014年四川省共有文化站4601个,乡镇文化站4349个,全年举办展览8864个,举办文艺活动48100次,藏书量14926千册,由于政策支持,四川少数民族地区文化站规模、发展程度普遍高于省内其他地区。

四川省公共图书馆藏书量达到31621千册,从业人员2152人,规模上虽领先于西部地区,但与发达地区相比差距仍然明显。

在全国来看,四川省博物馆从业人员占比6.9%,是四川基层公共文化人员占比最高的一项,人数也是四川公共文化人才中最多的一个项目。平均每个博物馆有28个从业人员,高于公共图书馆、文化馆的平均人数,低于艺术表演团体的平均人数。

3. 四川省公共文化人才职称分析

根据四川省文化厅发布的《四川文化人才体系建设调研报告》的统计,四川省公共文化人才中高学历和高等级人才偏少。全省文化系统有从业人员近12万,专业人才(不含机关人员)9490人,不到1%;其中高级职称为1085人,占专业人才总数的11.4%;正高110人,占总数的1.15%;大专以上文化程度为4213人,占总数的44.4%;大学本科以上占总数的12.6%;中专以下占总数的55.6%。[①]在省内公共文化部门中,具有研究生学历者只占总数的5.36%,本科仅为29.5%,多数人员未接受过正规的学历教育。从现有人才队伍的知识结构来分析,文化艺术类专业占80%以上,经济类、管理类、法律类专业共占10%,具有艺术类专业知识的干部偏多,复合型、创新型干部缺乏。

从以上统计资料分析,四川省文化人才资源总量可观,但质量和结构搭配都存在问题,这在一定程度上限制和妨碍了四川省文化建设和文化强省的发展。文化人才是四川省建设文化强省成败的关键。

---

① 数据来源:《论四川文化强省建设背景下的文化人才》。

二、四川省基层公共文化人才培训现状分析

文化强省的关键是人才,必须从战略的高度牢固树立人才资源是第一资源的理念。从四川省的具体省情出发,制定符合四川省实际的人才培养规划,为四川文化强省建设提供体制和政策上的保障。自从2002年四川省委省政府提出建设文化强省战略以来,省委省政府出台了一系列的指导性文件,为文化强省建设提供了政策保障。2002年,四川省委省政府出台了《关于加快建设西部文化强省建设的若干意见》;2003年,四川省委宣传部印发《关于西部文化强省建设的五年规划》等,都体现出政府高度重视文化建设,重视文化人才培养。

(一)四川省公共文化人才培训政策分析

在《四川省文化厅关于印发〈2013年全省文化工作要点〉的通知》中明确要求加强干部队伍建设,壮大文化艺术人才队伍。加强"文化川军"建设,深入实施"四个一批"人才培养工程和文化名家工程,培养造就一批巴蜀文化名家大师。加大高层次人才引进、培养和优秀青年文化人才培养的力度。重点加强民族地区、革命老区、贫困地区、对口帮扶地区的文化干部培训工作,实施边远贫困地区、民族地区和革命老区人才支持计划文化工作者专项试点工作。根据相关文件规划,结合四川省实际情况,2013年四川省出台《四川省基层公共文化设施标准化工程实施规划(2013—2015年)》,其中提出制定实施基层文化人

才队伍建设规划,完善学习培训的政策措施,加强县级文化馆、图书馆、广播电视台(站)工作队伍建设,配齐配好乡镇(街道)党委宣传员、宣传干事和乡镇综合文化站专职工作人员,设立城乡社区公共文化服务岗位,每个乡镇(街道)综合文化站(中心)至少应有1至2名专职工作人员。积极引导优秀文化人才向基层流动,壮大文化志愿者队伍,鼓励文化工作者和社会各界人士参与基层文化建设和群众文化活动,形成专兼职结合的基层文化工作队伍。

四川省文化厅在《四川省2013年基层文化队伍培训工作总结及2014年工作安排》中强调,加强文化干部人才队伍培训基地建设,推进"三区"人才支持计划,促进基层文化大发展。按文化部部署开展全省边远贫困地区、民族地区和革命老区人才支持计划文化工作者专项工作的要求,四川省相关政府机构为此联合下发了《关于印发〈四川省边远贫困地区、民族地区和革命老区人才支持计划文化工作者专项实施方案〉的通知》(川文办发〔2013〕124号);四川省文化厅紧接着又制定下发了《四川省文化厅关于印发〈四川省2013年度边远贫困地区、民族地区和革命老区人才支持计划文化工作者专项实施方案〉的通知》(川文办发〔2013〕136号)。这些文件的目的就是要着力抓好两馆干部队伍培训,夯实群众文化建设发展基石。不断加强讲师队伍建设,选派干部参加文化部举办的各类师资培训班,努力加强对全省基层文化馆、站干部的培训,使培训工作常态化、规范化,提出以构建公共文化服务体系为核心内容的公共图书馆发展规划;加强与四川省艺术院校的合作,培养图书馆学专业人才。

2015年,四川省下发《关于加快构建现代公共文化服务体系的实施意见》,提出要将公共文化服务专业人才培养纳入国民教育体系。

稳步推进基层公共文化服务人才队伍培训,建立培训上岗制度,全面提高从业人员素质。县级以上公共文化机构从业人员每年参加脱产培训时间不少于15天,乡镇(街道)、基层综合性文化服务中心文化专兼职人员每年参加集中培训时间不少于5天。

(二)四川省公共文化人才培训数量分析

2014年,四川省共投入经费237.52万元,举办省级培训103次,培训16 110人次;各地市共投入经费519.04万元,举办地市级培训460次,培训50 716人次,县级培训952次,培训92 423人次。其中,公共图书馆举办培训班10 010次,参加培训人数达18.1万人次;群众艺术馆举办训练班5 926次,结业35万人次;文化站举办训练班21 861次,结业139万人次。[①]

其中,四川省文化馆与成都市文化馆在中央文化管理干部学院合作举办培训班2期,培训学员86人次;全国文化干部培训基地——四川艺术职业学院举办培训班12期,培训人员1 200人次。总体来看,四川省2014年基层文化队伍培训经费投入、举办班次、培训学员等指标均创历年新高。培训师资方面,既有来自国内外的知名专家教授,也有本省各级专业人才培训教师。

四川省以政策支撑为前提,着力构建基层文化队伍培训三大体系,以四川省文化馆为龙头、四川艺术职业学院为依托,整合党校、社科院、大专院校等骨干力量建立专业化基层文化人才队伍培训体系。明确了五级培训制度,即以提高文化领导和管理能力为核心的文化局

---

① 数据来源:《四川统计年鉴2015》

局长（处长）培训制度；以提高引领基层文化建设为核心的文化馆馆长、图书馆馆长培训制度；以提高管理能力和组织实施能力为核心的乡镇（街道）综合文化站站长（中心主任）培训制度；以增强执行落实能力为核心的村（社区）综合文化活动管理员培训制度；以提高教学能力和艺术水准为核心的基层文艺骨干培训制度。

（三）四川省公共文化人才培训内容分析

2014年，由文化部统筹开展的2014年全国基层文化队伍远程培训——"公共文化空中大课堂"正式上线开讲，省图书馆、省文化馆作为全省"公共文化空中大课堂"的教学点，多措并举推动业务干部上线学习。加强对全省基层公共图书馆、文化馆（站）干部的培训，使培训工作常态化、规范化。

省文化馆坚持每月举办一次全省群文业务干部培训，采用分片区方式对全省县级文化馆馆长轮训，组织讲师团持续深入全省各地，指导、辅导开展群众文化工作，并根据当地的实际需要有针对性地举办讲座、培训，帮助基层文化干部提高了业务工作能力，提升了综合素质。

四川省图书馆先后举办"四川省公共图书馆条例"宣讲及"图书馆自动化应用与管理、服务器常见故障与排除"研讨班和民国时期文献保护计划培训班，举办文化惠民工程公益讲座"巴蜀讲坛"37场。每期培训班和讲座针对每期学员的不同特点进行授课，并结合互动教学、现场教学、研讨交流等方式，鼓励学员多借鉴、多思考。文化共享工程四川省分中心结合四川省情，在省图书馆官网上开通了《文化共享培训》栏目，组织开展了网络远程培训，提高培训效率。

(四)四川省公共文化人才培训方式分析

四川省在基层公共文化人才培训方法上采取了"集中授课培训"和"区域文化交流学习"相结合、"课堂教学"和"实地考察"相结合、"传统讲授"和"结构化研讨"相结合等方式,内容实用、形式多样。

实施"三区"人才专项培训,创新基层文化队伍培训方式。在2014年继续开展边远贫困地区、民族地区和革命老区人才支持计划文化工作者专项工作,依托全国文化干部培训基地,先后举办"三区"公共图书馆、文化馆、乡镇综合文化站等专题培训班12期,累计培训了"三区"94个县的1200名基层文化专干。

四川省创新与探索重大文化活动与文化人才培训深度融合,在2014年11月18日至21日举办的四川省第七届少数民族艺术节期间,举办了全省"三区"基层文艺创作干部培训班,培训班以观摩演展、交流体验为主,呈现出"四个创新、四个转变"的特点:创新培训理念,实现以传统教育为主向体验互动式培训为主的转变;创新培训内容,实现以单一内容为主向多元化实训为主的转变;创新培训方式,实现以教师灌输为主向学员观摩体验为主的转变;创新培训机制,实现以依托基地为主向综合机制保障为主的转变。

三、四川省基层公共文化人才激励现状分析

随着四川省公共文化服务建设进程的不断深入,产生了对公共文化人才资源的迫切需求。而公共文化人才的培养和激励作为建设高素质公共文化人才队伍的关键一环,已经成为建设高素质公共文化人才队伍,提升四川省公共文化服务水平的核心任务。如何有效地激励来自不同文化背景与层次的人才,发挥其积极性、主动性和创造性,成为政府部门需要认真思考的问题。

(一)四川省基层公共文化人才激励政策

建立科学完备的人才管理机制是人才队伍建设的关键因素之一。四川省出台的《四川省专业技术人才队伍建设中长期规划(2011-2020年)》为人才培养、激励搭建了平台,它特别指出要深化收入分配制度改革,建立以业绩为导向的人才激励机制,建立产权激励制度,探索知识、技术、管理等生产要素按贡献参与分配的办法。

《2013年全省文化工作要点》中提出探索建立健全四川文化奖励机制和管理办法,完善文化人才荣誉制度,表彰有杰出贡献的文化人才。在四川省委、省政府印发的《关于加快构建现代公共文化服务体系的实施意见》中要求加强基层文化队伍建设,确保基层公共文化服务机构人员配备和待遇到位,完善基层公共文化服务人才激励和保障机制,加强基层乡土文化人才建设。

在《四川省基层公共文化设施标准化工程实施规划(2013-2015)》

中,要求制定实施基层文化人才队伍待遇保障的政策措施,鼓励文化工作者和社会各界人士参与基层文化建设和群众文化活动,形成专兼职结合的基层文化工作队伍。

2016年,四川省文化局长工作会上确定2016年八项重点工作,加强文化发展保障能力。积极培养推荐文化名家暨"四个一批"人才,大力实施巴蜀文化名家培养工程。推进"千人计划"文化艺术人才项目等重点项目,加大对贫困地区的人才扶持力度。持续推进文化法治建设,健全依法治文、依法决策的机制。

(二)四川省基层公共文化人才激励内容分析

人才激励是促进人才发挥作用的重要支撑,对于激发人才工作创新活力具有决定性作用。四川省基层公共文化人才激励机制从创新人才评价机制、健全人才顺畅流动机制、改革薪酬分配制度等方面,提出了若干创新性举措。

创新人才评价机制,是广大人才关心的首要问题,是深化人才发展体制机制改革的当务之急。四川省基层公共文化人才评价体系过去存在导向偏差,这突出表现在三个方面:一是在人才评价标准上,过于强调显性指标,忽视人才的实际贡献和实际解决问题的能力;二是在人才评价方式上单一,不同类型人才评价标准同质化;三是在人才评价机制上,总体还是以行政评价为主。在四川省出台的《关于深化人才发展体制机制改革,促进全面创新改革驱动转型发展的实施意见》中提出"增加专利发明和运用、成果转化和推广、创办领办企业等评价指标的权重,建立以能力、实绩和贡献为导向的人才评价体系",

强化了创新创业的权重,突出了创新能力、专利发明应用、成果转化推广,颠覆了过去单一人才评价的方式。明确了职称改革的突破口,提出"开辟海外引进人才和非公有制经济社会组织人才职称评审绿色通道",下放高级职称评审权,试点依托学会、行业协会建立专家评审委员会,引入第三方专业机构参与人才评价。

改革分配制度。四川省建立灵活多样的市场化收入分配方式,实行适合文化实体特点的薪酬制度、奖励制度。建立以考核评价为基础,岗位责任、风险与工作业绩挂钩,物质激励与精神激励相结合的基层公共文化人才激励机制。强化对重要职位关键岗位优秀人才的薪酬激励,逐步推行经营者年薪制。按照市场经济要求,允许管理、技术等生产要素参与分配。收入分配激励是留住人才、用好人才的重要手段,特别是股权激励作为一种长期激励手段,让基层公共文化人员能够合理分享创新财富。四川省对基层公共文化事业单位人员离岗创业、在企业兼职取酬做出了明确规定,有助于消除基层公共文化人才的后顾之忧。

另外,在四川省人民政府出台的文件中,绩效奖励力度不断加大。逐步提高基层事业单位专业技术人员的工资待遇,"四大片区"贫困县要积极开展增加文化事业单位绩效工资总量试点,专项奖励乡镇(不含县城所在镇)公共文化专业人才,根据不同工作绩效、不同艰苦程度确定发放档次,不搞平均分配。增加绩效奖励所需经费,县(市、区)政府要做好保障,省级财政要将其纳入每年对下转移支付基本支出需求计算范围。

(三)四川省基层公共文化人才激励方式分析

随着国家深入文化体制改革,四川省加大对于基层公共文化服务体系建设的力度,四川省委在《关于制定国民经济和社会发展第十二个五年规划的建议》中明确提出,要加快文化事业发展,推动城乡文化协调发展,重点向地震灾区、农村贫困地区、少数民族地区倾斜。通过不同的激励方式,加强基层公共文化人才建设。

薪酬是对基层公共文化人才最基本的激励手段,是提高其工作积极性的物质基础。四川省出台的《关于深化人才发展体制机制改革,促进全面创新改革驱动转型发展的实施意见》中提到要做好薪酬结构的设计工作,包括基本工资、绩效工资、加班工资、薪酬福利等,特别应当注重各部分所占比重的分配;建立与业绩相匹配的绩效工资体系,最大限度提供动力支持。其中还规定,修订四川杰出创新人才奖、天府友谊奖、青年科技奖的评选办法,鼓励各地加大对优秀人才的奖励力度,支持和规范社会力量设立科技类奖励;实行以增加知识价值为导向的激励机制。

另一方面,四川省通过运用文艺评奖等手段,激活基层公共文化服务的活力和创造力。不断引进艺术评奖,定期对四川省获得重大文化创新成果、重大文化奖项而做出突出贡献的基层公共文化工作者予以表彰奖励。

(四)四川省基层公共文化人才激励效果分析

1.政府扶持力度加大,政策环境不断优化

四川省政府和社会各界十分重视基层公共文化人才队伍建设,在引进培养和充分发挥人才作用等方面采取了一系列措施和办法。如对引进人才在户籍管理、子女就学、养老保险等方面进行政策倾斜,营造人才流动的宽松环境。在政府的大力倡导下,人才的柔性流动机制逐步形成,良好的自然环境、优惠的政策环境、鼓励创新的人文环境正在逐步形成。

2.人才队伍总量逐步增加,素质不断提高

由于基层公共文化人才激励机制的运行,四川基层公共文化服务体系的人才环境得到了较大的改善,人才状况的改善不仅有量的增加,更有质的提高。主要表现在人才队伍的学历层次和专业技术职称层次的提高,各类专业技术人才占从业人数总数的比重也日益加大。如成都武侯祠博物馆总人数188人,大专以上占80%以上,硕士以上占2.5%。此外,在从业人员中具有中级以上职称的人才总量和比重都有所提高,这些均反映出四川省文化产业职工队伍素质有了显著的提高。

四、四川省基层公共文化人才培养和激励存在的问题

(一)四川省基层公共文化人才培养存在的问题

四川基层公共文化人才队伍培养近年来虽然取得了较大的成绩,

但总的来看,四川基层公共文化人才队伍的培养方面仍然存在一些问题。

1. 人员知识结构不合理

基层公共文化从业人员中必须配备一定的经营管理类人才,尤其是既懂经营又具有文化素养的复合型人才。从总体来看,四川基层公共文化产业从业人员中行政类、专业艺术类人员所占比重偏大,而经营管理类人员所占比重过低,普遍低于10%。并且在硕士学历以上人才中,文化经营管理类人才所占的比重也较低,均低于行政管理类人才和专业技术类人才的比例。正是由于存在经营管理人才数量偏少、结构不合理、专业化程度不高的问题,尤其是懂经营管理和营销知识的人才少,擅长策划、资本运作的人才少,高层次、复合型经营领导人才少,因而难以适应文化产业持续快速发展的需要。

2. 人员学历结构不合理

高学历、高职称的人才比重偏低是现阶段文化产业领域的一个普遍现象。虽然学历不能绝对说明人才素质的高低,但在现阶段学历仍然是衡量人才素质的一个重要标准。根据调查情况来看,四川省公共文化产业从业人员中本科以上人员所占比重有所提高,但总体来说仍然偏少,尤其是文化经营管理类人才中本科以上学历人员所占比重较低。

3. 人才作用发挥不充分

文化管理人才的开拓能力和创新能力尚不够强。一方面体现在由于受经济条件的限制,特别是在省内少数民族地区,为人才提供物质等方面支持的较少,对人才也缺乏系统有效的培训,导致人才多侧重于自我封闭式的学习,知识更新和继续教育跟不上,人才层次提高慢；另一方面体现在对人才的使用方面，许多专业技术人员担任行政工作，导致"专才不专"，其专业技术的能力作用难以得到充分的发挥。所以基层公共文化人才难以增值和提高，从而影响了四川整体基层公共文化体系的合理发展。调查显示，大多数文化机构认为在人才资源的开发和使用中，最重要的是用人所长和加快人才培养。

4.人才规模较小且地区和行业分布不均衡

四川公共文化人才规模的扩大，表明四川文化产业人才聚合能力在逐步增强，但与东部发达地区相比，四川基层文化产业人才规模相对较小。

表调4-3　四川省各市（州）文化艺术和文化事业机构及人数统计表

市(州)	艺术表演团体		公共图书馆			文化馆	
	机构数(个)	从业人员(人)	机构数(个)	从业人员(人)	藏书量(千册)	机构数(个)	从业人员(人)
成都	11	1056	22	753	13073	22	539
自贡	5	278	7	44	471	7	63
攀枝花	2	167	6	55	828	6	94
绵阳	4	152	9	91	1798	10	109
宜宾	1	135	10	83	1208	11	158
达州	1	173	8	113	937	8	218
阿坝州	1	94	13	49	504	14	103

数据来源：《四川省统计年鉴2014》

虽然近几年四川省的各级政府对公共文化的投入不断增加，但与四川省的经济发展水平相比还是相对滞后，而投入的滞后会影响到人才的长期培养。另外，四川作为我国的西部大省，川东、川西发展极不均衡，地区差异很大。表调4-3直观地反映了这种地区之间的不平衡状态，不同的市（州）之间差距相当明显，比如成都和达州、阿坝州相比,无论是对应的机构数还是从业人数都存在明显的差异。可见,四川省目前要改变这种发展不均衡的状态还需继续加大投入的力度。

5.配套措施有限,扶持力度不够

当前,中央到四川的各级政府对公共文化服务的重视程度呈现出"倒三角"的现象:中央高度重视公共文化服务工作,将专项资金拨付到四川省,四川省也利用相关的政策契机和专项资金逐步建立起市县图书馆、博物馆、乡镇文化站。但具体到基层,文化机构所获的资金明显不足,基层文化机构几乎没有制订专门的业务人员培训计划,也没有安排专项培训经费。同时,公共文化部门在提高工作人员工资上缺乏相关的政策,导致他们对本职工作的认同度不高,人才流失严重,后备人才储备严重不足。在人才培养配套设施中,基层公共文化机构培训意识不强,同时培训力度太弱,多数基层公共文化机构仅有极少数业务人员参加过省级部门主办的短期业务培训,绝大多数业务人员多年都没有接受过系统培训;培训渠道单一,大多培训还是通过在政府行政计划指令和文化主管部门的临时性行为这一传统渠道。

(二)四川省公共文化人才培养问题的原因分析

引起上述问题的原因很多,既有客观原因,也有主观原因,归纳起来主要有以下几方面。

1.人才培养观念比较淡薄

人才资源是第一资源的观念还没有真正被全社会所接受,市场竞争就是人才竞争的意识不强。一些单位对人才重视仅停留在口头上,在人才的使用上,随意性较大,未能给人才提供发挥才能的工作岗位和条件,导致人力资源极大的浪费,这些现象归根结底就是没有树立起人才资源是第一资源的观念。

2.人才自我提高意识不强

一方面,由于以往计划经济产生的影响还未根除,人才对单位、组织的依赖性较高,自我学习、自我培训和自我提高的主动性不够;另一方面,由于绝大多数文化产业单位均属国有企业,在人才使用和管理方面并未完全适应市场经济的管理模式,如在人员淘汰上虽然大多数企业都制定了相关制度,但实际操作中并未严格执行。正是基于上述内外两方面的原因,使得人才自我提高的意识不强,从而导致其素质和能力提高不快,适应不了文化产业快速发展的要求。

3.基层公共文化人才队伍培养缺乏规划

四川省大多数文化产业企业并未制订人才队伍建设规划,对人才的培养、引进和使用缺乏长期规划和计划,统筹性、针对性和前瞻性较差,人才能进能出的流动机制尚未完全建立起来。另外,对人才的投资明显不足,多元化的人才投资机制尚未形成。四川省与东部发达地区相比,经济基础相对薄弱,且省内各地市州之间的发展不平衡,在工资奖金、福利待遇、工作环境、生活条件、学习深造、发展机遇等方面存在较大差距,因而造成省内文化产业人才总体规模仍较小,以及省内文化产业人才在地区上的不均衡。

(三)四川省基层公共文化人才激励存在的问题

改革开放以来,四川省基层文化系统在实行多种形式的选人用人制度、促进人才流动、举办各类业务培训等方面积累了大量经验。经过几十年的努力和积累,基本形成了一支涵盖主要文化门类的干部队伍和基层人才队伍;基层公共文化人才的结构进一步优化,素质明显提高,人才的流动加快,全省基层公共文化人才队伍建设取得了初步成效。但是由于文化体制改革滞后于经济体制改革,文化发展的思想观念和认识水平落后于改革开放和现代化建设实践,所以在建设四川基层公共文化人才队伍建设过程中,仍存在一些问题,在激励机制建设方面问题较为突出,主要表现在以下方面。

1. 常用的激励方式僵化

四川省基层公共文化人才缺少优胜劣汰竞争机制,在用人方面存在通道不顺畅。一方面,由于四川省文化市场总体不够活跃、基层公共文化服务偏重公益文化服务,文化生态不健全、整体服务待遇不高,最终导致优秀专业人才难以进来。另一方面,由于时代的发展,文化产生的多样化需求,但文化人才专业技术水平不够高,文化部门管理理念落后,不能提供有效的文化供给服务的从业人员又无法安置,这对文化人才的培养、流动和使用带来一定程度的影响。

缺少内部竞争的人才激励机制。四川省基层公共文化部门大部分靠财政拨款维持运转,而一些特殊专业人才和一般专业人才的工资待遇没有明显差别,不同程度上导致了一部分人员不钻业务、不思进取,相较于发展迅猛、制度完善、待遇较高的文化市场,公共文化服务单位竞争力缺失,公共文化服务的高级人才流失严重。

2. 精神激励流于形式,物质激励公平性不足

薪酬体系设计不完善。政府部门薪酬制度改革的关键是解决薪酬的公平性问题。为此,需要相关部门根据市场规律制定一套适应市场的收入分配制度,妥善处理好按劳分配与按资分配的关系,进而建

立完善的公共文化部门激励机制。然而,当前四川省基层公共文化部门的薪酬制度主要参照公务员职务工资和级别工资的"双结构"形式,工资的发放根据所属岗位级别而定,行政色彩较重。另外,正式在编员工和聘用制员工待遇差别大,不利于调动工作人员的积极性和热情。

绩效考核流于形式。四川省基层公共文化工作人员也会进行绩效考核。绩效考核在设计之初大多是采用定性与定量相结合的方法,但实际操作中定性的多,定量的少。绩效考核的指标往往比较笼统,不够具体,考核的方法和标准不够严格。基层公共文化的工作人员既没有感受到考核带来的压力,也很少体会到考核带来的激励。

(四)四川省基层公共文化人才激励问题的原因分析

1."人治"思想根深蒂固

受传统观念的影响,公共部门在人力资源管理中并没有真正树立"以人为本"的激励观念,人事管理仍然以事为中心,并不注重对人员潜能的开发,没能根据基层公共文化人才的需求进行合理化的激励,激励方式僵化,只注重物质激励,忽视精神激励,激励效果不显著,加上工作人员受"但求无过"的陈旧思想的影响,激励机制难以发挥应有作用,因此严重影响了基层工作人员的工作积极性和创造性。

2.缺乏竞争理念

由于职位的稀缺性,在公共文化部门的激励机制中缺乏竞争机制,在公共文化部门中论资排辈的现象明显,使得基层公共文化工作者缺乏工作热情,工作中得过且过,严重影响工作效率。竞争机制作为一种重要的激励机制,从某种程度上来说有利于促进基层公共文化事业的发展,而这种机制的缺失,竞争意识的淡薄,不但不利于基层公共事业的发展,反而会带来负面影响。

3.沟通渠道不畅通

在现代管理中,沟通无疑是一种非常重要的管理手段,良好的沟通会对管理工作有极大的帮助。通过良好的沟通,上级部门及领导能及时了解下级部门及工作人员的需求,反之会造成上级部门对下级部门的不了解,对工作带来不利影响。良好的沟通需要畅通的沟通渠道,而现在公共部门之间的沟通往往以各种文件、会议等方式进行,这样的沟通方式无法达到真正有效的沟通。由于沟通渠道的不顺畅,领导无法了解到基层公共文化人才的激励需求,导致合理的激励制度无法执行,基层工作人员的工作积极性自然得不到有效的调动,从而影响了工作效率。

调研报告 5
重庆市基层公共文化人才培养和激励机制现状调研

重庆处于中国中西部地区的关键节点,承东启西,围绕"建设内陆开放高地,成为山清水秀美丽之地"和"乡村文化振兴"的宏伟目标,重庆市坚持加强基础设施建设,不断强化管理,突出重点,整体推进,始终把建设的中心放在城乡社区、放在基层、放在服务上,大力推进街镇的文化站建设和城乡社区文化建设,不断为重庆市民提供高质量、便捷的公共文化服务。重庆市公共文化事业的发展,尤其是基层文化的发展,使人民群众享受到了公共文化发展的成果,人民群众的基本文化权益得到了维护。

本研究报告对重庆市基层公共文化人才的现状进行梳理和分析,准确把握重庆市基层公共文化人才在培养和激励中存在的问题及障碍,提出一定的措施来加强重庆市基层公共文化人才队伍的建设,为重庆市公共文化服务体系建设提供更强有力的理论支撑。

一、重庆市基层公共文化服务机构和公共文化人才的现状分析

基层文化队伍是文化兴盛的推动力量,也是文化兴盛的重要标志。重庆市作为西南地区的文化强省,建设公共文化服务体系就需要健全的公共文化服务机构和强大的公共文化人才队伍作为基础和保障。

(一)重庆市基层公共文化服务机构的现状

1.数量现状

基层文化设施建设工程是公共文化服务体系建设的重要内容,基层文化设施主要包括公共图书馆、文化馆、乡镇综合文化站、街道文化中心等。2014年重庆市有公共图书馆43个,文化馆41个,乡镇(街)文化站999个,村(社)文化室8252个,惠民电影放映队737支,农家书屋8349个,博物馆78个。与2013年相比,公共图书馆和文化馆的数量不变,乡镇(街)文化站从997个增加到999个,同比上涨0.2%;村(社)文化室从8349个减少到8252个,同比下降了1.1%;农家书屋从9699个减少到8349个,同比下降了14%;博物馆则从71个增加到78个,同比上涨9.86%。[①]由此可见,重庆市对公共文化服务机构的建设比较重视,除了村(社)文化室和农家书屋有所减少以外,其他服务机构数量或保持不变,或有所增加。

---

①数据来源:《2014年重庆文化发展统计》。

表调5-1　2013—2014年重庆公共文化机构数量情况　单位:个

机构名称	2013年	2014年	增长率(%)
公共图书馆	43	43	-
文化馆(群艺馆)	41	41	-
乡镇(街)文化站	997	999	0.2
村(社)文化室	8349	8252	-1.1
惠民电影放映队	737	737	-
农家书屋	9699	8349	-14
博物馆	71	78	9.86

数据来源:《2014年重庆文化发展统计》。

2.质量现状

按照文化部提出的"十一五"期间实现区县有文化馆、图书馆的要求,重庆市进一步加大区县公共图书馆、文化馆建设进展。尤其是在2009年提出"2012年全市所有文化馆、图书馆全部达到部颁等级馆标准"的目标后,重庆市掀起了文化馆、公共图书馆建设新高潮,加大了基层公共文化服务机构的建设力度,文化服务的质量一直走在西部前列。

(1)公共图书馆建设。

截至2014年,重庆市共有公共图书馆43个,其中市级2个,区县41个。2011年底,已有36个区县公共图书馆的建筑面积达部颁标准。重庆全市的图书馆在2012年全部达到部颁标准,提前3年达到国家规划要求,走在西部前列。

(2)文化馆建设。

截至2014年,重庆市共有文化馆(群艺馆)41个,其中市群艺馆1个,区县文化馆40个。到2012年底,已有36个区县文化馆建筑面积达到部颁标准,市群艺馆建设进展顺利。全市文化馆建设推进顺利,提前3年达到国家规划要求,走在西部前列。同时,重庆市平均每万人占有"三馆"(文化馆、公共图书馆、博物馆)面积高于全国平均值。重庆群众文化工作主要是由文化馆承担,在全国具有一定的影响力。

(3)乡镇综合文化站建设。

乡镇(街)文化站建设是公共文化服务体系"五大工程"建设中的重要内容。2006年,重庆市在全国率先全面启动了乡镇(街)文化站建设,截至2014年,全市共建成乡镇(街)文化站999个。无论是在建设标准上,还是设施配备上,重庆乡镇(街)文化站的质量都处于较高的水平。

(4)农家书屋建设。

2007年,重庆农家书屋工程开始建设,到2013年底,中央财政投入155亿元,市财政投入3495亿元,共建成农家书屋9699个、书屋外借点29047个,配备图书1989万余册、报刊12万余册(份)、音像制品和电子出版物252万余张,"五簿一册"4000套,书刊外借点登记簿4299册。重庆的农家书屋比全国提前一年实现全部覆盖,而且每个书屋配备图书均高于全国1500册的要求,达2000余册;音像制品和电子出版物高于全国100种的要求,达200余种;报刊有20余种。[①]

(二)重庆市基层公共文化人才的现状

1. 重庆市基层公共文化人才数量分析

根据重庆文化发展统计的数据,截至2014年,重庆市有公共图书馆从业人员869人,博物馆从业人员2246人,文化馆从业人员913人,乡镇(街)文化站从业人员3828人,村(社)文化室从业人员8252人,惠

---

① 数据来源:《重庆公共文化服务体系建设研究》。

民电影放映队从业人员745人。与2013年相比,公共图书馆从业人员的数量同比增长2%,博物馆从业人员数量同比增长18.4%,文化馆从业人员同比增长0.66%,乡镇文化站从业人员同比增长1.92%;村(社)文化室从业人员从8349人减少到8252人,同比下降1.1%;惠民电影放映队从业人员不变。① 由此可见,重庆市公共文化机构从业人员数量除村(社)文化室有所减少和惠民电影放映队数量保持不变以外,其他公共文化机构从业人员的数量都有所增加。

表调5-2　2013—2014年重庆公共文化机构从业人员数量情况　　单位:人

机构名称	2013年	2014年	增长率(%)
公共图书馆	852	869	2
博物馆	1897	2246	18.4
文化馆(群艺馆)	907	913	0.66
乡镇(街)文化站	3756	3828	1.92
村(社)文化室	8349	8252	-1.1
惠民电影放映队	745	745	—

数据来源:《2014年重庆文化发展统计》。

根据《中国文化文物统计年鉴2015》的统计数据,2014年重庆市公共文化从业人员共有14708人,占全国公共文化从业人员的2.46%。在西南地区公共文化从业总人员中排名第三,落后于四川和云南两省。相比较而言,重庆市公共文化从业人员在西南地区中偏少,其中公共图书馆从业人员869人,文化馆从业人员913人,文化站从业人员3828人,在西南地区排名都是倒数第二;博物馆从业人员2246人,排名第二;艺术表演团体从业人员6692人,排名第三;艺术表演场馆从业人员160人,排名第二。从以上数据可见,重庆市作为直

---

① 数据来源:《2014年重庆文化发展统计》。

辖市,虽然其公共文化从业人员数量比去年有所增长,但占全国公共文化从业人员的比重仍然很小,且远远落后于四川省,说明重庆市公共文化人才从整体上来说偏少,人才供给不足。

表调5-3　2014年西南地区主要文化机构从业人数情况表

单位:人

地区	合计	公共图书馆	文化馆	文化站	博物馆	艺术表演团体	艺术表演场馆
全国	598936	56071	55443	114856	83970	262887	25709
重庆	14708	869	913	3828	2246	6692	160
四川	30357	2152	2902	7526	5795	11566	416
贵州	11933	1015	1591	4415	1171	3645	96
云南	18943	1804	2421	4559	1076	8966	117
西藏	4717	113	403	1641	85	2420	55

数据来源:《中国文化文物统计年鉴2015》。

2.重庆市基层公共文化人才行业分布

根据中国文化文物统计年鉴的统计数据,2014年重庆市文化机构从业人员数有17346人,比2013年同比增长了1.63%。2014年与2013年相比,从行业分布来看,公共文化从业人员都集中在艺术表演团体、群众文化服务业和文物业,图书馆、艺术表演场馆和艺术教育业的从业人数较少。从占比来看,除了艺术表演团体和艺术表演场馆的从业人员数量呈负增长外,其余的文化行业从业人员数量都呈正增长。其中文物业从业人员增长幅度最大,达16.51%,图书馆业和群众文化服务业的从业人员数比较稳定,涨幅分别为2.00%和1.67%。由此可看出,重庆市文化机构整体从业人员数有所增长,但文化人员从业人数分布不均,因此,要构建公共文化服务体系,应在扩大文化人才队伍建设的同时,注重文化人才行业分布的合理性。

表调5-4　2013—2014年重庆市文化机构分行业从业人员数　单位：人

	2013年	2014年	同比(%)
合计	17068	17346	1.63
艺术表演团体	6762	6692	-1.04
艺术表演场馆	395	160	-59.4
文物业	2307	2688	16.51
图书馆业	852	869	2.00
群众文化服务业	4663	4741	1.67
艺术教育业	280	305	8.93

数据来源：《中国文化文物统计年鉴2015》。

3.重庆市基层公共文化人才职称结构

根据中国文化文物统计年鉴的统计数据,以重庆县市级公共图书馆、文化馆和文物业的人才职称分布来分析重庆市基层公共文化人才职称情况。

2013年,重庆县市级公共图书馆从业人员553人,专业技术人才349人,占从业人员的63.11%。其中专业技术人才中拥有正高级职称的有1人,占专业技术人才的0.29%,副高级职称40人,占比11.46%,中级职称145人,占比41.55%;县市级文化馆从业人员有828人,专业技术人才511人,占从业人员的61.71%。其中专业技术人才中拥有正高级职称的有6人,占专业技术人才的1.17%,副高级职称58人,占比11.35%,中级职称155人,占比30.33%。县市级文物业从业人员1517人,专业技术人才509人,占从业人员的33.55%。其中专业技术人才中拥有正高级职称的有19人,占专业技术人才的3.73%,副高级职称53人,占比10.41%,中级职称148人,占比29.08%。[①]

---

①数据来源：《中国文化文物统计年鉴2014》。

表调5-5　2013年重庆市基层公共文化机构从业人员职称情况　单位:人

文化机构	从业人员	专业技术人才	正高级职称	副高级职称	中级职称
公共图书馆	553	349	1	40	145
文化馆	828	511	6	58	155
文物业	1517	509	19	53	148

数据来源:《中国文化文物统计年鉴2014》。

首先,公共图书馆和文化馆的专业技术人才在其从业人员中占的比重较大,都达到了50%以上,而文物业的专业技术人才则较少,占从业人员的比重不到40%。其次,公共图书馆、文化馆和文物业拥有高级职称的专业技术人才人的总数不到80人,副高级职称人数均不足60人。此外,这三类公共文化机构中,拥有正高级职称的人才占专业技术人才的比重很小,不到5%,而拥有副高级职称的人才占专业技术人才的比重也仅为11%左右。

由此可见,重庆市基层文化机构公共文化人才总体数量偏少,高层次人才在公共文化人才中所占的比重偏低。所以,在扩大基层公共文化人才数量的同时,也要加大专业技术人才的队伍建设,更应注重高层次公共文化专业技术人才的培养和引进力度。

二、重庆市基层公共文化人才培养和激励的现状分析

(一)重庆市基层公共文化人才培养的现状

重庆市的基层公共文化正处于蓬勃发展之中,正是需要人才的关键时刻。因此,分析基层公共文化人才的培养现状有利于更深刻地了解重庆市基层公共文化人才队伍的现状和其中的问题。

1. 重庆市基层公共文化人才培训数量的现状

公共文化服务需要以公共文化机构为依托,以下将根据重庆市群众艺术馆和文化馆(站)举办培训班的班次,以及培训的人次的情况对公共文化人才培养进行分析。

2012年至2014年,重庆市群众艺术馆和文化馆举办的培训活动都呈逐年上升的态势,从2012年的11115次增加到2014年的13701次,增长23.27%。其中群众艺术馆培训班次从2012年的3次增加到2014年的350次;文化馆培训班次从2012年的3218次增加到2014年的4282次,增长33.06%;文化站培训班次从2012年的7894次增加到2014年的9069次,增长14.88%。①培训班次逐年上涨,涨幅较大,说明重庆市对群众艺术馆和文化馆的人才培训工作比较重视,其中以群众艺术馆的涨幅为最大,说明重庆市人民对公共文化的需求很大,重庆市需要加强对基层公共文化人才的培养。

---

① 数据来源:《重庆统计年鉴2013》《重庆统计年鉴2014》《重庆统计年鉴2015》。

表调5-6 重庆市群众艺术馆和文化馆(站)举办培训班次情况表

单位:次

年份	合计	群众艺术馆	文化馆	文化站
2012	11115	3	3218	7894
2013	11275	48	2141	9086
2014	13701	350	4282	9069

数据来源:《重庆统计年鉴2013》《重庆统计年鉴2014》《重庆统计年鉴2015》。

根据中国文化文物统计年鉴中的数据显示,2010年至2014年,全国群众文化机构培训人次逐年上涨,2013年至2014年全国群众文化机构培训人次增长率达15.22%。就西南地区而言,2010年至2013年,各省市培训人次整体呈上涨趋势。2013年至2014年,除四川外,其余各省群众文化机构培训人次也呈增加态势,但增长幅度参差不齐,其中西藏的增长率最高,为92.00%,其次是重庆,增长率为19.20%。重庆市群众文化机构培训人次逐年增长,涨幅较大,2013年至2014年的增长率超过了全国平均水平,说明其对基层公共文化人才的培训力度较大。但就西南地区而言,重庆市群众文化机构培训人次并不靠前,处于中等水平,落后于四川和云南两省,这与其作为西南地区唯一直辖市的地位不相符。因此,应继续加强对基层公共文化人才的培养,不断提高培训的人次。

表调5-7 西南地区群众文化机构培训人次情况表　　单位:万人次

地区	2010年	2011年	2012年	2013年	2014年	2013至2014增长率(%)
全国	1805.6	2414.4	2749.7	3105.1	3577.7	15.22
重庆	50.6	69.2	80.1	91.1	108.6	19.20
四川	111.1	164.9	211.1	189.7	174.2	-8.17
贵州	22.6	37.0	40.5	54.7	64.9	18.65
云南	63.8	85.9	128.6	141.2	146.1	3.47
西藏	2.2	2.4	3.9	5.0	9.6	92.00

资料来源:《中国文化文物统计年鉴2015》。

2.重庆市基层公共文化人才培养政策和概况

2014年,重庆市文化委继续深入贯彻落实党的十八届三中全会精神和文化部《关于开展全国基层文化队伍培训工作的意见》,以及《重庆市"十二五"基层文化队伍培训工作规划》等有关文件精神,建立健全培训网络,整合资源,以整体提升我市公共文化服务队伍的能力素质为目标,认真开展培训工作,全年举办各层级各类培训班3577期,培训69万余人次,并取得了较好的工作成效。

(1)重庆市基层公共文化人才培养概况。

首先,重庆市高度重视、精心组织,保质保量完成各项培训工作任务。2014年,重庆文化艺术职业学院作为重庆市公共文化人才的培养基地,精心组织实施,高质量地完成了各项培训任务:圆满完成了国家下达的重庆市赴中央文化管理干部学院和浙江、山东、湖南三个全国基层文化队伍培训基地16期共26人的选送培训任务;圆满完成了国家下达基地12期共671人的培训任务;圆满完成了6期共590人的培训任务。

其次,按照文化部的要求,重庆市积极实施"春雨工程",促进内地、边疆文化交流活动。一是于2014年5月承办了文化部全国公共文化发展中心举办的"春雨工程——2014年四川省藏区部分支中心骨干培训班",邀请了来自云南、四川、甘肃、青海四省藏区的35名学员参加培训,完成了"现代公共文化服务体系""少数民族地区的文化工作""少数民族地区文化建设策略规划及发展思路""公共数字文化建设与服务"课程的培训。二是于2014年6月组织专家学者赴西藏山南地区,圆满完成了"2014年'春雨工程'文化志愿者赴藏开展'大讲堂'"活动。为山南地区各县文广局长、综合文化活动中心负责人和82个乡镇综合文化站负责人开展了"公共文化服务体系建设""群众文化活动的组织策划""国家公共文化服务体系示范区创建""公共图书馆免费开放""文化馆免费开放"五个方面的课程培训。

(2)重庆市各区县基层公共文化人才培养如火如荼。

为提升基层文化人才的管理水平和服务能力,为公共文化事业健康发展提供人才支撑,重庆市各区积极开展文化人才的培训工作。黔江区大力实施了文化人才育苗工程,加强青年文艺人才培养,采取到国内外艺术文化院校进修、与区内大专院校联办、各种文化协会组织专业培训等方式,文艺活跃分子队伍壮大到4000余人,文化产业从业人员近2500人。涪陵区采取三大举措提升文化人才素质,即引进来、走出去和沉下去。其中"走出去"就是对人才进行培训。全区选派12名文艺骨干参加市级宣传文化部门组织的"五个一批"人才培训、中青年文艺人才培训,以及鲁迅文学院第三届西南六省区市青年作家培训班等等。巴南区文广新局组织相关人员参加了区委党校于2013年举办的群众文化干部业务培训班,来自区内22个镇街文化服务中心、44个社区、47所中小学校、2所院校、4个驻区部队、5个大中型企业及直属各单位的文化干部和文化业务骨干共170余人参加了培训。綦江区积极组织骨干参加培训交流,主要通过"走出去""引进来"的方式,组织各类观摩、交流、培训活动,同时邀请市级专家来綦江办讲座,全面提高群众文艺爱好者的创作能力,惠及人数400余人。

此外,重庆市各县的公共文化人才培养工作也在稳步地推进中。2014年城口县举办了基层文化干部培训班,该培训班是2014年"三区"文化人才培养计划的首期培训班,来自城口县各乡镇(街道)宣传委员和文化站负责人、县局文化直属单位业务骨干,共计58人参加了本次培训。荣昌县着力培养文化人才队伍,表现在:一是抓好文化专题培训,2013年邀请国家级及市级专家学者、高等院校教授、知名文化大师等到荣昌举办"城市文化与城市精神""新型城市化进程中的十个问题"等专题培训6场,提升宣传文化系统业务素养;二是实施"百名优秀基层宣传文化人才培养计划",利用党校、行政学院、职业技术学校等载体举办各类专题培训11场,培训镇街、部门和村(社区)文化干部430余人;三是分期选拔镇街、部门优秀文化干部11人到荣昌县委宣传部、县文广新局、县广播电视台、荣昌报社挂职锻炼,选送8名新闻工作者到西南大学、重庆日报社、重庆电视台学习,培养更多群众喜爱的名记者、名编辑、名评论员、名主持。开县2013年实施"2013年管理型文化人才"培训,主要面向全县30名乡镇(街道)综合文化站工作人员,培训内容围绕公共文化服务体系建设、基层群众文化活动组织与策划、管好用活农家书屋持续推动全民阅读、非物质文化遗产保护的基础知识等。此外,开县还从2013年开始实施了"3115"文化人才培训工程。"3115"文化人才培训工程具体内容包括:三年培养县级文化单位文化拔尖人才30名,三年轮训全县乡镇街道文化干部100名,三年培训民间演艺团队100支,三年培养村(社区)基层文化能人500名。

值得一提的是,北碚区作为国家公共文化服务体系示范区,积极开展"春雨工程"人才培养计划。"文化北碚春雨工程"是由北碚区委组织部、区委宣传部、区委党校、区人力社保局和区文广新局共同组织实施的基层文化人才培养工程,为全市100个重点人才项目之一。此项工程内容丰富、涉及面广,既要开发利用高层次文化人才,又要加强文图两馆的专业文化人才;既要打造镇街文化管理人才,又要整合社会文化人才;既要培育基层文化指导员,又要培训城乡互动社会人才。自2012年3月启动"文化北碚春雨工程"以来,北碚区高度重视、迅速行动,坚持以科学发展观为统领,坚定不移实施人才强文、人才强区战略,多措并举抓落实,全力以赴促进度,扎实推动文化人才队伍建设。一是开发利用高层次文化人才。引进西南大学、重庆师范大学9名学者、历史考古专业研究生,加强历史文化研究和文物保护工作。二是引进招聘专业性文化人才。全区文化系统面向高校招聘专业文化人才36名,不断提升文化队伍专业水平。三是全力打造镇街文化管理人才。投入200万元,依托区委党校建立文化人才培训基地,坚持对17个镇街文化干部进行系统知识培训。四是精心培育基层文化指导员。建成518户农村文化中心户,持续开展基层文化指导员培训,不断提升基层群众自办文化的能力。五是有效整合社会文化人才。成立北碚艺术院,吸纳50余名艺术家持续开展《北碚印象》大型采风创作活动,不断推出文艺精品力作。六是大力扶持"非遗"人才。将市级非遗项目"复兴线描画""北碚粮食画"和"澄江板凳龙"在中小学建立传承教育基地,开设特色教育课,培育"非遗"传承人。计划实施3年以来,北碚区依托该工程累计举办各类专题培训班30余期,培训文化人才2 800余人次,下基层培训群众8.8万余人。

3.重庆市基层公共文化人才培养方式

重庆市面向基层、注重实效,培训公共文化人才的方式呈现出多元化的特点。

(1)采取分级式培训。

一是市级公益性文化单位进行示范培训。重庆市级公益性文化单位作为全市业务工作的龙头,注重在业务知识的具体操作上加强培训,凸显实用性、可操作性。重点是加强对区县(自治县)图书馆、文化馆业务人员的培训。重庆图书馆全年共举办培训班26期,现场集中培训1 192人次,网络培训46 765人次。重庆市群众艺术馆共举办各类培训班72期,培训1.5万余人次。重庆市少儿馆全年共举办兴趣班192次,培训4 000余人次。二是基层公益性文化单位进行基础性培训。区县(自治县)图书馆、文化馆,乡镇(街道)综合文化站都把培训任务纳入免费开放的内容,做到年初有规划,年终有考核。区县(自治县)图书馆、文化馆重点加强对乡镇(街道)综合文化站专干及部分文艺骨干的培训,乡镇(街道)综合文化站重点加强对村(社区)文化室专兼职人员及文艺辅导员的培训。2014年,全市区县(自治县)图书馆在馆内举办各类业务培训班120期,培训2万余人次;全市区县(自治县)文化馆在馆内举办各类业务培训班310期,培训13万余人次;全市区县(自治县)乡镇(街道)综合文化站在站内举办各类业务培训班3030期,培训45.45万人次。区县(自治县)图书馆、文化馆,乡镇(街道)综合文化站辅导业务文艺骨干共计9万余人。

(2)培养方式新颖多样。

为进一步提高公共文化人才的综合素质和业务水平,更好地指导基层群众文化工作开展,重庆市各区县都采取了多种培训方式对文化人才进行培训。

首先是与高校合作的联合培养方式。如开县2013年实施"2013年管理型文化人才"培训,培训采取与重庆文化艺术职业学院联合培养的方式进行,主要培训方式有专家授课、参观学习等。

其次是以会代训的培养方式。在万州区乡镇文化人才专干培训中,来自全区52个镇乡(街道)综合文化站站长(主任)或文化专干参加了培训。培训采取以会代训的形式,从乡镇文化专干应具备的基本知识和业务理论入手，探讨在新的形势下，如何开展乡镇基层文化工作，促进农村文化建设等问题。培训内容包括公共文化服务建设、文化站文化展览的组织与实施、摄影艺术基础知识、文化站免费开放项目讲解和群众文化活动的策划、组织、实施，以及非物质文化遗产的普查、申报、保护等。

还有采取定向帮扶的创新培养方式。北碚区注重基层文化队伍的培养，这不仅表现在其文化馆、图书馆每年举办12期免费基层培训，走进镇街指导培训广场舞、图书管理等，还选派文化能人，深入基层指导文艺骨干，对民间乡土文化能人、文化传承人特别是"非遗"项目代表性传承人，以及有较大影响的书画家、业余诗人、艺术爱好者，进行定向帮扶，并纳入文化人才培养使用。

此外，课堂讲授、结构化研讨和实地考察相结合的培训方式，也成为重庆市基层公共文化人才培养的亮点。在2014年城口县基层文化干部培训中，设置了群众文化活动策划与组织、农家书屋利用、文化信息共享工程建设、基层文化干部的素养与沟通技巧、文物保护及非物质文化遗产项目申报、演艺项目的策划与推广等方面的课程。培训既重视理论学习又强调专业学习，基础理论知识以"必需、适用"为度，突出基层专业教学的针对性和实用性，在授课老师和授课形式上实现了专技结合，授课老师既有业内专家又有高校教授学者，授课形式采取了课堂讲授、结构化研讨和实地考察三结合，使学员在培训中获得了全新工作方法。

（3）培训效果较为显著。

在城口县组织的培训中，学员普遍反映开拓了思维，提升了自身文化修养和鉴赏能力，增强了作为文化基层工作者的工作能力，为今后更好地开展公共文化服务和群众文化活动奠定了坚实的基础。在万州文化专干培训中,参加培训的文化站站长和文化专干结合自身工作实际畅谈了参与农村文化建设的感受,一致认为培训会内容精炼、形式新颖、针对性和操作性强,并表示通过理论学习和实践探索,找到了提升工作能力的方向,拓宽了业务视野,达到了提高综合素质的目的,增强了做好基层文化工作的信心与决心。通过培训,参训学员拓展了群众文化发展的新视野,明晰了群众文艺创作的新思路,获取了群众文化阵地管理的新方法。

(二)重庆市基层公共文化人才激励的现状

新时期建设公共文化服务体系不仅需要认真分析人才的培养现状,对人才的激励现状有着准确把握,也是相当有必要的。激励,是对人才的激发和鼓励,更是管理过程中不可或缺的环节和活动。因此,对重庆市基层公共文化人才激励的现状进行分析极为必要。

1.人才激励的政策

2015年1月15日,中共中央办公厅、国务院办公厅印发《关于加快构建现代公共文化服务体系的意见》,其中明确规定,在人员配备方面,县级以上公共文化机构按照职能和当地人力资源社会保障、编办等部门核准的编制数配齐工作人员;在人员编制方面,乡镇综合文化站每站配备有编制人员1~2名,规模较大的乡镇适当增加;村(社区)公共服务中心设有由政府购买的公益文化岗位。这一意见明确规定了我国公共文化人员配置和人员编制情况,对我国基层公共文化的人才起到激励作用。2015年10月20日,国务院办公厅发布《国务院办公厅关于推进基层综合性文化服务中心建设的指导意见》，工作目标明确规定要建立一支扎根基层、专兼职结合、综合素质高的基层文化队伍，使基层综合性文化服务中心成为我国文化建设的重要阵地和提供公共服务的综合平台，使我国的基层公共文化人才建设有了更进一步的明确目标。随着一系列国家意见的出台，重庆市也积极响应国家政策号召，接连下发了一系列的通知、意见等，来激励和保障重庆市的基层公共文化人才工作。

重庆市城乡基本公共服务资源配置机制改革，必然涉及基层公共文化服务的机制改革。《重庆市人民政府关于印发重庆市推进城乡基本公共服务资源配置机制改革实施方案的通知》中谈及，要积极优化政府公共服务资源配置，鼓励人才资源合理流动。创新公共服务机构人员管理机制，形成有利于人才培养与合理流动的管理模式。鼓励公共服务机构设置一定比例的流动岗位，吸引高水平服务人才兼职。职称（职务）评聘向各种所有制的基层单位倾斜。鼓励公共服务机构人员在区域间、城乡间和不同所有制单位之间合理规范流动。采用定向援助、对口支援和对口帮扶等多种形式，推动城市优秀人才向基层单位流动。

根据2016年4月25日《重庆市人民政府办公厅关于印发推进基层综合性文化服务中心建设实施方案的通知》中的规定，基层综合性文化服务中心的人员配备标准是，乡镇（街道）和村（社区）综合性文化服务中心工作人员按照《重庆市基本公共文化服务实施标准（2015—2020年）》规定配备，同时可通过区县、乡镇两级购买服务或调剂等方式配备文化体育志愿者，解决人员不足的问题。有条件的，可设立文化管理员、社会体育指导员等，鼓励村（社区）干部、当地优秀人才、"三支一扶"大学毕业生、志愿者等从事基层综合性文化服务中心管理服务工作。

2. 人才激励的方式

首先是物质激励。梁平县为打造精品文化、外向文化,2012年出台了激励创作者创新、创优的《梁平县文艺创作奖励办法》。其中规定,凡在梁平工作生活的作者创作的反映梁平风土人情、经济社会发展的文艺作品,及代表梁平县参评的文学、戏剧(含小品)、文艺理论等五大类文艺作品,获得国家、市、县或区域奖项者均可申请奖励。文艺创作奖励由县文艺创作评审委员会负责,每年对上年度的获奖作品进行一次评审。对于在国家文华奖、群星奖、中宣部"五个一工程"奖、中国戏剧节奖等国家最高级别赛事中获一、二、三等奖者,还将分别给予5万元、3万元、2万元的一次性奖励。

其次是精神激励。重庆市文化委员会顺利完成2016年文化部青年拔尖人才、重庆市杰出人才突出贡献奖申报工作。在"春雨工程"中,北碚区建立共享文化人才信息资源库,定期发布文化人才需求名录,充分营造尊重文化知识、尊重人才、尊重创造的良好氛围,不断完善文化人才工作环境。此外,垫江县建机制、抓培训、重锻炼、促成长,建立机制激励文化人才成长。对文化馆、图书馆等馆长职位实行竞争上岗,建立表彰激励机制;利用《垫江报》、垫江电视台等媒体广泛宣传文化系统涌现出的先进个人、典型事例和先进经验;建立职称评定机制,推行专业技术职务"评聘分开",避免一评定终身现象。目前,全县在专业从事文化工作人员中聘任中级职称35人、高级职称5人。

3. 基层公共文化人才激励效果分析

(1)基层公共文化人才素养得以提升。

通过多样化的激励方式,重庆市基层公共文化人才素养得到了提高。通过对人才的不断激励,黔江区理顺文化人才发展通道,以多种措施稳定文化人才队伍,全区现有作协、民间文艺家协会、美协、书协等7个文艺团体,有会员近600人,其中市级会员83人、国家级会员15人。此外,寻访民间艺术家,积极培养具有国家级水准的编导、演员等本土专业人才,37人被命名为"黔江民间艺术大师",2011年至2015年间,各类文化名人公开出版文学作品320余篇(部),共获国家级奖项20余人次,市级奖项50余人次。同时,在重庆旅游职业学院成立重庆市民族文化研究中心,依靠学校师资、科研方面的优势,开展民族文化、民族歌舞、民族体育等方面的科学研究,从而加强了对渝东南地区民族文化的挖掘、整理、保护和传承。

(2)基层公共文化的工作成果显著。

随着对基层公共文化人才的不断激励,其服务水平不断提高,惠及越来越多的群众。2016年国庆长假期间,重庆市各区县共开展各类群众文化活动1400余场,惠及群众210多万人。值得关注的是,这段时间里,选择到图书馆"充电"成为越来越多的市民的选择,全市公共图书馆、文化馆(站)免费接待人数达50多万人次,较去年同期增长0.25%。其中,重庆图书馆到馆人数达29669人次,较去年同期增长8%。此外,南岸区注重对基层文艺团队的激励,通过鼓励原创文化、张扬个性风采、走差异化文化发展的道路,采取"三定"办法,即确定一名文艺专业干部、定点联系1~2个街镇、定期深入基层辅导,积极培育"一街一品牌、一镇一特色",涌现出了中老年合唱团、少儿合唱团、威风锣鼓团、采船队、腰鼓队、舞狮队、舞龙队、连萧队、金镲队等18支个性鲜明的文艺团队,深受当地群众的喜爱和广泛参与,为该区群众文艺发展奠定了基础。

三、重庆市基层公共文化人才培养和激励存在的问题

(一)重庆市基层公共文化人才培养中存在的问题

1.培养模式僵化

人才培养的模式有很多种,除了在各级各类学校中进行系统教育培养外,还可以采取业余教育培养,如脱产或不脱产的培训班、研讨班等形式,提倡并鼓励自学成才。2014年,重庆市区县(自治县)图书馆在馆内举办各类业务培训班120期,培训2万余人次;全市区县(自治县)文化馆在馆内举办各类业务培训班310期,培训13万余人次;全市区县(自治县)、乡镇(街道)综合文化站在站内举办各类业务培训班3030期,培训45.45万余人次。但这些培训班多是以会代训的形式开展,只注重理论学习,不注重实践,模式固定且僵化,培训形式枯燥,效果不佳。

2.培训对象针对性不足

重庆市的基层公共文化人才培养具有一定的层次性:一是市级公益性文化单位进行示范性培训,二是基层公益性文化单位进行基础性培训。如此,将市级与基层单位的培训全方位地协调推进。然而,在培养过程中,依然存在着针对性不足的问题。不论是对于基层公共组织,还是企业来说,人才培养是多层次的,包括高级战略人才的培养、中(基)层管理人才的培养和专业技术人才的培养。很明显,重庆市基层公共文化组织在这方面的培训相对较弱,培训依然具有笼统性。

3.培养数量和质量无法满足现实需要

基层公共文化人才是公共文化服务的主要力量,一定程度上决定着基层公共文化服务的质量和水平。在《关于开展全国基层文化队伍培训工作的意见》《重庆市"十二五"基层文化队伍培训工作规划》等相关政策文件的指导下,重庆市近年来加大了对基层公共文化人才培养的重视,人才总量逐步增多。但随着公共文化服务要求的提高,重庆基层公共文化人才的数量和质量仍然无法满足重庆经济社会和文化事业的发展需求。

从人才培养数量上看,2014年,重庆市有群众文化机构1 040个,从业人员4 741人,专业技术人员1 290人,相比西南地区的四川省、云南省和贵州省,重庆市群众文化机构数量较少,从业人员和专业技术人员也偏少,尤其是专业技术人员。贵州省和云南省的群众文化机构数分别是1 686个和1 558个,只比重庆多了一半左右,但其专业技术人员的数量分别为2 655人和5 129人,是重庆专业技术人员的好几倍。[①]从人才培养质量上看,2014年,不论是重庆市公共图书馆、文化馆和文物业从业人员,拥有高级职称的专业技术人才的总数还不到50人,副高级职称人数均不足60人。此外,这三个公共文化机构中,拥有正高级职称的人才占专业技术人才的比重不到5%,而拥有副高级职称的人才占专业技术人才的比重仅为11%左右。[②]由此可见,重庆市基层文化机构公共文化人才培养总体数量偏少,高层次人才在公共文化人才中的比重偏低,人才培养数量和质量无法满足重庆经济社会文化发展的现实需要。

---

① 数据来源:《中国文化及相关产业统计年鉴2015》。
② 数据来源:《中国文化文物统计年鉴2015》。

(二)重庆市基层公共文化人才激励中存在的问题

1.政策落实不到位

在2015年10月颁布的《重庆市推进城乡基本公共服务资源配置机制改革实施方案》中,提出积极优化政府公共服务资源配置,鼓励人才资源合理流动。人才资源的合理流动,在一定程度上改善了长期的固定工作带来的枯燥乏味,调动文化人才对新工作的积极性。同时要求,采用定向援助、对口支援和对口帮扶等多种形式,推动城市优秀人才向基层单位流动,但这一措施实施起来有很大的难度。此外,在《重庆市人民政府办公厅关于印发推进基层综合性文化服务中心建设实施方案的通知》中提出,鼓励村(社区)干部、当地优秀人才、"三支一扶"大学毕业生、志愿者等从事基层综合性文化服务中心管理服务工作。政策的目的是推动城市优秀人才、优秀大学生从事基层公共文化的工作,但是这一系列的政策措施并未落实到位。

2.物质激励力度不大

激励是组织过程中不可或缺的环节和活动,有效的激励可以称为组织发展的动力保证,实现组织目标。在物质激励和精神激励中,物质激励对绝大部分人来说是基础性的,占据重要地位。在重庆市文化委员会2015年部门决算公开报表中,一般公共预算财政拨款基本支出决算合计为19 063.36万元,其中奖金278.30万元,占总财政支出的1.46%。由此看来,物质激励力度不够大。

3.激励模式单一

虽说重庆市为鼓励基层公共文化人才而采取的激励方式方法多种多样,但归根究底,大部分激励方法属于物质激励。能调动公共文化人才工作积极性的还有精神激励,以及精神激励与物质激励相结合的方式,例如目标激励、参与管理或工作内容的丰富化等。

分析报告1
西南地区基层公共文化人才培养中存在的问题及原因分析

文化的竞争其实是文化人才的竞争,文化人才是一个国家文化的灵魂和支撑。加强对文化人才的培养,是西南地区基层公共文化工作的重中之重。因此,梳理和分析当前西南地区基层公共文化人才培养的现状,准确把握人才培养过程中面临的问题及其产生的原因,具有重大意义。

一、西南地区基层公共文化人才培养的现状

要弄清基层公共文化人才培养的现状,离不开对基层公共文化人才培养的政策、内容、方式和效果清晰明确的认识。明现状,剖问题,

析原因,才能更好地为西南地区基层公共文化人才的培养建言献策。

(一)西南地区基层公共文化人才培养政策的现状

在《文化部"十二五"时期公共文化服务体系建设实施纲要》《中共中央关于深化文化体制改革、推动社会主义文化大发展大繁荣若干重大问题的决定》《关于加快构建现代公共文化服务体系的意见》《国务院办公厅关于推进基层综合性文化服务中心建设的指导意见》等文件的政策方针的指导下,西南五省区市均出台了相关政策。

西藏自治区陆续制定出台了《西藏自治区"十二五"时期公共文化服务体系建设规划》《西藏自治区基层公共文化设施和管理服务标准化建设指标》《西藏自治区基本公共文化服务实施标准(2015—2020)》《西藏自治区贯彻落实〈关于加快构建现代公共文化服务体系的意见〉的实施意见》等政策性文件,不断加强基层公共文化人才队伍的建设;重庆市出台了《重庆市"十二五"基层文化队伍培训工作规划》《重庆市人民政府办公厅关于印发推进基层综合性文化服务中心建设实施方案的通知》等文件,对公共文化人才队伍建设提出了新的标准;贵州省出台了《贵州省中长期人才发展规划纲要(2010—2020)》《关于加强民族地区人才队伍建设的实施意见》等文件,为该省公共文化的繁荣与发展提供了有力的保障;云南省出台了《云南省加快建设民族文化强省的意见》《中共云南省委关于加强文艺工作的实施意见》等文件,对公共文化建设、配置人才等各方面都提出了具体要求;四川省出台了《关于加快构建现代公共文化服务体系的实施意见》《四川省公共文化服务保障条例》等文件,明确提出公共文化服务的"四川标准"。

西南五省区市均响应中共中央关于建设公共文化服务体系的政策精神号召,结合自身实际情况,制定出台了一系列相应文件,努力规范提升本省市的基层公共文化建设。

(二)西南地区基层公共文化人才培养内容的现状

西南地区基层公共文化人才的培养主要通过举办培训班来实现,对人才进行业务培训、专业技能培训和专业素质培训,大大提高了培养效率,根据不同岗位的特点,培训的内容也会有所不同。

培训内容丰富多彩,通过培训,参训人员的专业水平、专业素养、业务能力、服务水平和管理能力等综合素质得到了提升。比如云南省文化馆举办的一线边境乡镇文化站站长培训班,培训内容包含两方面,一方面是基础理论与法规政策普及,另一方面是提升综合业务素质;西藏自治区对本区内文化行政审批部门、文化市场综合执法机构人员的培训内容有行政审批、文化市场技术监管与服务平台数据采集等,在拉萨举办的民间艺术团业务骨干相声小品创作表演培训班,培训内容包含表演技巧、剧本创作、角色分析、编剧要领,以及如何执导一部作品等;四川省举办的全省"三区"基层文艺创作干部培训班,培训内容以观摩演展、交流体验为主,呈现出创新培训理念、创新培训内容、创新培训方式、创新培训机制的特点;贵阳市举办的公共文化服务体系信息系统建设培训班,培训内容是管理网上图书馆、网上文化馆、网上博物馆等集群式网站信息系统的具体方法和步骤,以及对各子网站的业务人员进行实际操作的辅导。

(三)西南地区基层公共文化人才培养方式的现状

为提高基层公共文化人才的综合素养和为群众服务的能力,加快公共文化服务体系的构建,有必要对基层公共文化人才进行培训,西南五省区市在国家宏观政策的指导下,结合各地的实际情况,采取了多种多样的培养方式,归纳起来有以下几种。

1.集中培训

集中培训可以把人员最大限度地聚集在一起,在固定的时间内使更多的人员接受培训,扩大培训的受众面,有利于节约时间和资金,也有利于开展广泛的探讨,是一种十分有效的培训方式。如云南省于2014年1月14日至16日在丽江市玉龙县举办的"2014年度云南省文化共享工程暨农文网培学校培训班",对来自丽江市5个县(区)支中心、63个乡(镇)农文网培学校的共80名负责人进行了培训;2014年,贵州省文化厅成立了贵州文艺人才培训交流中心,并举办了首期"编、导、演培训班",30余名县级文化馆、文化企业从事文艺工作的青年人才在中心接受专业指导老师为期10天的专业培训;2013年西藏自治区按照文化部新一期"春雨工程"总体安排,重庆市文化局、天津市文化局和山东省书画院组织国内优秀专家到西藏自治区授课并开展了"全区公共文化设施免费开放培训班""公共文化服务专题培训""书画创作培训"等培训活动,共举办"大讲堂"培训活动8场。

2.分级培训

与集中培训不同,分级培训更具有针对性,根据不同层次的文化人才采取相应的培训措施,可以使培训效果与人才岗位更好地结合。如重庆市将培训对象分为市级公益性单位和基层公益性单位,对市级单位的培训重点是加强对区县(自治县)图书馆、文化馆业务人员的培训,注重业务知识的具体操作,凸显实用性、可操作性,而对基层单位的培训主要是加强对乡镇(街道)综合文化站专干及部分文艺骨干的培训和对村(社区)文化室专、兼职人员及文艺辅导员的培训。2014年,西藏自治区延续"春雨工程"大讲堂,分期举办了"文化信息资源共享工程技术人员培训班""文化共享网络培训班""文化干部网络培训班""空中大课堂远程培训""网络书香讲坛活动"等,以加强基层文化队伍计算机信息技术的能力。同时,西藏还举办了针对基层文化工作者的培训活动,2012年,群艺馆举办"古籍保护工作人员培训班",全区共200多人参加了培训;2013年,组织自治区群艺馆业务人员赴阿里地区举办了"民间艺术团业务骨干培训班",对31名业务骨干进行了培训。四川省在积极举办各种培训班的同时,还坚持每月举办一次全省业务干部培训,采用分片区的方式对全省县级文化馆馆长进行轮训,组织讲师团持续深入全省各地,指导、辅导开展群众文化工作,并根据当地的实际需要有针对性地举办讲座、培训,省图书馆先后举办"四川省公共图书馆条例宣讲""图书馆自动化应用与管理,服务器常见故障与排除研讨班"和"民国时期文献保护计划培训班",举办文化惠民工程公益讲座"巴蜀讲坛"37场。

3.远程培训

西南地区地形以山地为主,许多边远地区交通不便,给培训工作带来了一定困难,利用现代信息技术,以互联网为载体的远程培训在很大程度上解决了这个难题。如四川省在省图书馆官网上开通了"文化共享培训栏目",组织开展了网络远程培训,提高了培训效率;西藏自治区图书馆推出的"网络书香讲坛"在线培训,对西藏自治区图书馆的工作人员,以及林芝、阿里和昌都等地的图书馆的工作人员进行培训,以确保图书馆从业人员能跟上时代步伐,适应"万物互联"背景下的图书馆业务发展需要;云南省全年共计开展10期远程培训,培训13 394人次,并通过电话、网络等方式答复基层图书馆各类业务咨询共1 000余条,提高了培训效率。

(四)西南地区基层公共文化人才培养效果的现状

培养效果的好坏取决于培养的方方面面。西南地区基层公共文化机构采取了各式各样的培训方式,努力使培训内容丰富多彩,最终取得了不错的效果。

1.基层公共文化人才的数量有所增加

近年来,西南地区不断注重对基层公共文化人才的培养,使基层公共文化人才的数量大幅增加。以西南地区群众文化机构从业人员的情况为例,从表分1-1中,我们可以很明显地看出,西南地区群众文化机构的从业人员在5年内飞速增加。从西南地区的整体情况来看,2010年至2014年这5年的时间里,整个地区群众文化机构的从业人员的数量从22 189人增长到30 205人,增长率高达36.13%。

表分1-1 西南地区群众文化机构从业人员情况　　单位:人

	2010年	2014年	增长率(%)
重庆	3 726	4 741	27.24%
四川	8 181	10 428	27.47%
贵州	4 790	6 006	25.39%
云南	5 181	6 980	34.72%
西藏	311	2 044	557.23%
总计	22 189	30 205	36.13%

数据来源:《中国文化文物统计年鉴2011》《中国文化文物统计年鉴2015》。

除了群众文化机构,西南地区公共图书馆、博物馆等文化机构的从业人员数量都在不同程度地增加。2010年到2014年,西南地区文化机构组织大大小小的培训成千上万次,使得基层公共文化人才的数量大幅度增加,这为西南地区基层公共文化的发展提供了人才保障。

2.基层公共文化人才的能力大幅提升

通过各种培训或其他方式对人才的培养,西南地区基层公共文化人才的能力得到大幅提升。以在重庆市万州举办的文化专干培训为例,参加培训的文化站站长和文化专干结合自身工作实际畅谈了参与农村文化建设的感受,一致认为培训会内容精练、形式新颖、针对性和操作性强,并表示通过理论学习和实践探索,找到了提升工作能力的方向,拓宽了业务视野,达到了提高综合素质的目的,增强了做好基层文化工作的信心与决心。

二、西南地区基层公共文化人才培养中存在的问题

为积极响应国家文化强国战略,西南地区各省市出台了相应的政策和措施,来加强自身的文化水平。在取得一系列成就的同时,西南地区也遇到了一些问题,给基层公共文化人才的培养带来了困扰。

（一）基层公共文化人才数量不能满足公共文化服务需求

基层公共文化人才是公共文化服务的主要力量，与基层公共文化服务的质量和水平有着密不可分的联系。在《关于开展全国基层文化队伍培训工作的意见》及西南地区各省市相关政策文件的指导下，西南地区各省市近年来均加大了对基层公共文化人才培养的力度，人才总量逐步增多。但随着公共文化服务要求的提高，西南地区基层公共文化人才的数量仍然无法满足西南地区经济社会和文化事业的发展需求。

1.西南地区基层公共文化人才总体数量不足

基层文化设施建设工程是公共文化服务体系建设的重要内容，主要包括公共图书馆、文化馆、乡镇综合文化站、街道文化中心等。根据《中国文化文物统计年鉴2015》的统计数据（见表分1-2），截至2015年，全国群众文化机构共44 423个，重庆群众文化机构共1 040个，四川群众文化机构共4 808个，贵州群众文化机构共1 686个，云南群众文化机构共1 558个，西藏群众文化机构共772个。西南地区群众文化机构共9 864个，仅占全国群众文化机构数量的22.20%。

表分1-2　西南地区群众文化机构情况

地区	机构数（个）	从业人员（人）	专业技术人员（人）	组织文艺活动次数（次）	组织文艺活动观众数（万人次）
全国	44 423	68 138	170 299	845 421	36 382.4
重庆	1 040	4 741	1 290	15 720	869.2
四川	4 808	10 428	3 570	58 761	2 425.6
贵州	1 686	6 006	2 655	16 786	752.6
云南	1 558	6 980	5 129	29 161	1 329.8
西藏	772	2 044	467	4 263	107.0

数据来源：《中国文化文物统计年鉴2015》。

党的十七届六中全会通过的《中共中央关于深化文化体制改革、推动社会主义文化大发展大繁荣若干重大问题的决定》中明确指出："基层文化人才队伍是文化改革发展的基础力量",要"壮大文化志愿者队伍,鼓励专业文化工作者和社会各界人士参与基层文化建设和群众文化活动,形成专兼结合的基层文化工作队伍。"《中国文化文物统计年鉴2014》数据显示(见表分1-3),2013年全国主要文化机构公共文化人员从业人数共586 651人,重庆主要文化机构公共文化人员从业人数共14 569人,四川主要文化机构公共文化人员从业人数共28 576人,贵州主要文化机构公共文化人员从业人数共12 240人,云南主要文化机构公共文化人员从业人数共17 696人,西藏主要文化机构公共文化人员从业人数共3 157人,西南地区主要文化机构公共文化人员从业人数共76 238人,仅占全国主要文化机构公共文化人员从业人数的13.00%。

表分1-3　2013年西南地区主要文化机构公共文化人员从业人数情况表

单位:人

地区	合计	公共图书馆	文化馆	文化站	博物馆	艺术表演团体	艺术表演馆
全国	586 651	56 320	55 921	108 434	79 075	260 865	26 036
重庆	14 569	852	907	3 756	1 897	6 762	395
四川	28 576	2 170	2 880	6 858	5 417	10 880	371
贵州	12 240	1 014	1 587	4 399	1 261	3 871	81
云南	17 696	1 806	2 472	4 188	942	8 173	115
西藏	3 157	107	357	205	75	2 324	89

数据来源:《中国文化文物统计年鉴2014》。

据表分1-2、表分1-3数据比较可得,西南地区群众文化机构和西南地区主要文化机构公共文化人员从业人数在全国占比均较低。由此可见,西南地区基层公共文化人才总量不仅在全国层面比较处于劣势地位,更是与西南地区自身群众文化机构发展数量不相匹配的。

2.西南地区基层公共文化人才培训数量不足

根据中国文化文物统计年鉴的统计数据,2010年至2013年,全国群众文化机构培训人次逐年上涨,2012年至2013年全国群众文化机构培训人次增长率达12.93%。就西南地区而言,2012年至2013年,除四川省外,其余各省区市群众文化机构培训人次均呈增长态势。

从全国群众文化机构培训人次的层面比较,如表分1-4所示,2013年全国群众文化机构培训人次为3 105.1万人次,重庆群众文化机构培训人次为91.1万人次,四川群众文化机构培训人次为189.7万人次,贵州群众文化机构培训人次为54.7万人次,云南群众文化机构培训人次为141.2万人次,西藏群众文化机构培训人次为5.0万人次,西南地区群众文化机构培训人次总数为481.7万人次,仅占全国培训人次的15.51%。而2010年、2011年、2012年西南地区群众文化机构培训人次的全国占比分别为13.86%、14.89%、16.88%。

表分1-4 西南地区群众文化机构培训人次情况表   单位:万人次

地区	2010年	2011年	2012年	2013年	2012至2013增长率
全国	1 805.6	2 414.4	2 749.7	3 105.1	12.93%
重庆	50.6	69.2	80.1	91.1	13.73%
四川	111.1	164.9	211.1	189.7	−10.13%
贵州	22.6	37.0	40.5	54.7	35.06%
云南	63.8	85.9	128.6	141.2	9.80%
西藏	2.2	2.4	3.9	5.0	28.21%

数据来源:《中国文化文物统计年鉴2011》《中国文化文物统计年鉴2012》《中国文化文物统计年鉴2013》《中国文化文物统计年鉴2014》。

西南地区群众文化机构培训人次逐年增长,但西南地区群众文化机构培训人次在全国占比的增长微乎其微,因此应继续加强对基层公共文化服务人才的培养,提高培训人次的全国占比。

(二)基层公共文化人才的质量难以发挥其应有效果

基层公共文化人才是深化文化体制改革的基础力量,是公共文化服务体系建设的关键要素,基层公共文化人才培养是建设经济文化强国的重要举措,是满足人民群众日益增长的文化需求的必然选择。近年来,在《国家中长期人才发展规划纲要(2010—2020年)》《国家基本公共文化服务指导标准(2015—2020年)》《国务院办公厅关于推进基层综合性文化服务中心建设的指导意见》《关于开展全国基层文化队伍培训工作的意见》,以及西南五省区市基层公共文化人才发展规划等相关政策文件的指导下,西南地区基层公共文化人才培养的质量有了大幅度提升。但随着区域发展的深入,西南地区基层公共文化人才培养的质量还是难以发挥其应有的效果,自然也不能满足西南地区社会发展的需要。

1.培养内容不够科学

西南地区依托省、市、县文化馆、图书馆及乡镇文化站等,对基层公共文化从业人员有序开展了业务培训、专业技能培训,推动了基层文化队伍培训工作的发展。然而,在培养过程中,依然存在着培养内容不够科学、针对性不够的问题。据课题组通过对重庆、四川、云南、贵州和西藏五地的实地调研得知,在各地基层公共文化人才的培养实践中,均不同程度地表现出偏重岗位业务技能培训,而轻视职业道德的培训,同时,对于技能培训中较为重要的信息技术培训安排的比例也很低。

表分1-5　西南五省区市基层公共文化人才培训调研情况

选项	频率(%)	选项	频率(%)
文化业务知识	56.73	职业道德	17.96
文化政策法规	34.29	文化活动	18.78
文化服务	30.20	岗位技能	18.78
文化创作	17.96	人际沟通	18.37
艺术和文化修养	11.43	礼仪知识	6.53
文化管理	35.10	计算机知识	7.76
文化宣传	23.67	其他	

数据来源：由问卷资料整理所得。

2.培养模式僵化

为进一步提升公共文化人才的综合素质和业务水平，更好地指导基层群众文化工作的开展，西南五省区市都采取了多种培训方式对文化人才进行培训。

但深入研判，不难发现西南五省区市的基层公共文化人才培养模式较为僵化，具体表现为以下几点。

一是培训方式单一。西南五省区市绝大多数的培训方式为单位内部培训，如2014年，重庆市区县（自治县）图书馆在馆内举办各类业务培训班120期，培训2万余人次；全市区县（自治县）文化馆在馆内举办各类业务培训班310期，培训13万余人次；全市区县（自治县）乡镇（街道）综合文化站在站内举办各类业务培训班3 030期，培训45.45万人次；四川省举办县级培训班952班次，培训92 423人次；云南省举办培训班3 406次，培训42.77万人次；西藏自治区文化厅和各地（市）文化部门开展的基层文化队伍培训达128次，参训人数4 970人次等。此类培训的组织方式基本为单位内部组织，涉及文化部等高规格、高质量的培训较少,覆盖面受益覆盖面十分狭窄。

二是以网络培训为代表的新培训方式使用率较低。西南五省区市培训采用的方式基本上以讲座和赴外地接受培训为主,当前新兴的网络培训具有方便、经济等优点,但使用率较低,主要以文化部统筹开展的全国基层文化队伍远程培训项目"公共文化空中大课堂"和"春雨工程"大讲堂网络培训班为代表,基层各单位设有条件自行组织网络远程培训。

三是缺乏与培训相关的考核制度。在调研中发现,西南五省区市基层公共文化人才培训几乎没有与培训配套的考核制度,培训效果缺乏反馈评价,没有与之相关的奖惩要求,参与培训人员的积极性不高,容易导致人才培训流于形式,培训效果难以发挥。

3.培养效果不显著

从西南地区各省市基层单位看,基层公共文化人才培养质量不高。根据四川省文化厅《四川文化人才体系建设调研报告》的统计,四川省文化系统中高学历、高等级人才偏少。全省文化系统现有从业人员近12万,专业人才(不含机关人员)9 490人,在从业人员中占不到10%;其中高级职称为1 085人,占专业人才总数的11.4%;正高110人,占专业人才总数的1.2%;大专以上文化程度为4 213人,占专业人才总数的44.4%;大学本科以上占专业人才总数的12.6%;中专以下占专业人才总数的55.6%。[①]在省内公共文化部门中,具有研究生学历者只占总数的5.36%,本科仅为29.5%,多数人员未接受过正规的学历教育。据统计,全国乡镇综合文化站从业人员83 676人中,在编人员47 240人,仅占56.5%,平均每站仅1.4人。[②]根据有关资料统计,2012年全国县级两馆具有高级职称和中级职称的人员,分别占从业人员总数的5.9%和27.9%;全国乡镇综合文化站具有高级职称和中级职称的

---

① 数据来源:《论四川文化强省建设背景下的文化人才》。
② 数据来源:《中国文化文物统计年鉴2013》。

人员,分别占从业人员总数的1%和9.4%;西南地区主要文化机构从业人员数仅占全国的14.1%。由此可见,西南地区基层公共文化人才培养的效果并不显著,不能发挥其应有的服务作用。

表分1-6 2012年西南五省区市主要文化机构从业人员数 单位:人

地区	公共图书馆	群众艺术馆	文化馆	文化站	博物馆
全国	54 997	11 805	41 792	102 631	71 748
重庆	848	79	803	3 612	1 624
四川	2 051	643	2 115	6 163	4 904
贵州	976	388	978	3 954	1 166
云南	1 783	513	1 906	3 928	986
西藏	91	188	76	110	63

数据来源:《中国文化文物统计年鉴2013》。

(三)基层公共文化人才的结构不利于可持续发展

基层公共文化人才是发展基层公共文化事业的主力军,他们直接面对基层群众,能了解群众所需和所想,对于建设公共文化服务体系、普及公共文化起着十分重要的作用。当前,西南地区基层公共文化人才结构主要面临着以下几个问题。

1.人才职称结构不合理

人才职称的高低直接反映了他们具有的能力和水平,是评价人才的重要指标,合理的人才结构有利于基层公共文化人才队伍的健康发展,提高基层公共文化服务能力和水平,也有利于整个基层公共文化事业的发展,扩大文化的普及面。西南地区主要文化机构文化人才的职称情况已在表分1-7中列出,从表中我们可以看出,西南五省区市的主要文化机构中具有正高级职称的人才数量为700人,具有副高级职称的人才数量为2 593人,具有中级职称的人才数量为6 257人,分别占西南五省区市从业人员总和的0.998%、3.679%和8.92%,所占比例非常小,并且中级职称所占比例远远高于副高级职称和正高级职称,具有正高级职称的人数占比不到1%,整个具有职称的人数总体上过少,高层次的公共文化人才十分匮乏。西南地区需要在扩大基层公共文化人才数量、加大专业技术人才队伍建设的同时,注重高层次公共文化专业技术人才的培养和引进力度。

表分1-7 2012年西南地区主要文化机构文化人才职称情况表 单位:人

人员情况		从业人员	专业技术人员	正高级职称	副高级职称	中级职称
重庆	群众文化业	4 494	1 167	14	88	380
	艺术业	5 348	1 837	77	262	64
	图书馆业	848	569	10	71	232
四川	群众文化业	8 921	3 100	28	158	1 202
	艺术业	14 272	5 639	265	639	243
	图书馆业	2 051	1 272	8	95	548
贵州	群众文化业	5 320	2 182	49	93	490
	艺术业	2 528	1 376	39	159	9
	图书馆业	976	701	16	76	250
云南	群众文化业	6 347	4 601	24	189	1 851
	艺术业	8 559	4 172	106	448	122
	图书馆业	1 783	1 538	6	180	769
西藏	群众文化业	374	122	1	19	55
	艺术业	2 833	1 349	57	109	30
	图书馆业	91	31	0	7	14
合计		64 772	29 656	700	2 593	6 257

数据来源:《中国文化文物统计年鉴2013》。

2. 人才地域分布不合理

西南地区的地形总体以山地为主,平原相对较少,西南五省区市中只有重庆市、四川省和云南省条件相对较好,经济也较为发达,对文化人才的吸引力较大。2012年,贵州、西藏两地主要文化机构从业人数分别为9 990人和3 361人,分别占全国文化机构从业人数的1.731%和0.582%,在西南五省区市中处于最后两名,公共文化人才主要集中在四川、云南和重庆三地,人才分布严重失衡,使得西南地区发展基层公共文化面临着较大困难,人才队伍建设面临数量不足、质量参差不齐等诸多问题。

3. 人才行业结构不合理

人才行业结构反映了人才从事各行各业的比重,也说明了哪些行业对优秀的公共文化人才具有较大的吸引力,也可以用来表明人们从事文化行业的意愿。据表分1-8统计表明,重庆、四川、云南从业人数最少的公共文化机构为群众艺术馆,分别为79人、643人、513人,西藏从业人数最少的公共文化机构为博物馆,仅仅只有63人;而从整体来看,西南五省区市从业人数较少的文化机构为公共图书馆、群众艺术馆和博物馆等公益性机构,多数分布在文化站和艺术表演团体等营利性机构。这导致人才培养的重点总在营利性公共文化机构,而忽视了对非营利性服务机构人员的培养,不利于基层公共文化人才素养的全面提升,也不利于公共文化服务体系的构建和公共文化的推广普及。

表分1-8　2012年西南地区主要文化机构从业人数　单位：人

	公共图书馆	群众艺术馆	文化馆	文化站	博物馆	艺术表演团体	艺术表演场馆	总计
重庆	848	79	803	3 612	1 624	4 725	623	12 314
四川	2 051	643	2 115	6 163	4 904	12 360	1 912	30 148
贵州	976	388	978	3 954	1 166	2 369	159	9 990
云南	1 783	513	1 906	3 928	986	6 607	1 952	17 675
西藏	91	188	76	110	63	2 659	174	3 361
全国	54 997	11 805	41 792	102 631	71 748	242 047	52 231	577 251

数据来源：《中国文化文物统计年鉴2013》。

（四）西南地区基层公共文化人才培养环境不成熟

任何的行为都要受到环境的影响，基层公共文化人才的培养也要受到西南地区环境的影响。当然，西南地区正处于发展的上升空间，这也为人才的培养提供了一定的助力。但更值得注意的是，西南地区的环境给人才的培养也带来了很多的不便之处。

1.自然环境条件较恶劣，难以吸引和培养基层公共文化人才

西南地区，中国传统地理分区之一，东临中南地区，北依西北地区，包括四川省、贵州省、云南省、西藏自治区、重庆市五个省（自治区、直辖市）。西南地区内河流纵横，峡谷广布，地貌以高原和山地为主，地势起伏大。

与全国各地区相比较而言，西南地区的自然环境条件较为恶劣。这里的气候和地形导致自然灾害频发，地震、泥石流、滑坡等时有发生，这些客观情况在吸引和留住基层公共文化人才方面造成了一些影响。人才基数少的现状，自然而然地决定了能进行培养的人才的数

量。此外,西南地区恶劣的地理条件和天气状况,影响基层公共文化人才培养的质量。恶劣的地理条件和天气状况,会引起交通不便和心理变化,必然影响人才参与培养工作的积极性,从而导致培养质量的下降。

2.区域经济相对落后且不协调,不利于基层公共文化人才的培养

西南地区经济相对落后,对基层公共文化人才的培养有着重大影响。与全国其他地区相比较,西南地区的经济欠佳,处于相对劣势地位。根据国家统计局初步核算,2015年全年国内生产总值676 708亿元,按可比价格计算,比上年增长6.9%。西南地区GDP全年总量达到71 069.65亿元,占全国总量的10.50%。总体来说,西南地区经济发展相对落后,经济的落后,必然会对文化发展有所影响。

从2015年的情况具体来看,按照参与排名的31个省、自治区和直辖市而言,只有四川省的GDP全年总量较多,位列全国第六;重庆、云南和贵州排名较近,分别位列第20、23、25名,位于全国排名的中下游;情况最差的是西藏,全年总量1 026.39亿元,只占国内生产总值0.15%,在全国GDP全年总量排名中最低,位列全国第31名。就经济状况而言,西南五省区市差异明显。

在一定程度上,经济实力决定文化投资能力。相较而言,西藏全年地区生产总值只有1 026.39亿元,在文化上的投资必然会相对较少。财政支持一旦落后,很多工作将无法开展。新投资建设的文化机构将会比其他地区少,在改善已有文化机构的投资上也会比较少,这更加不利于基层公共文化人才的培养。

3.文化环境不成熟,难以滋生和培养文化人才

西南地区文化环境的不成熟,表现在文化机构少和地区间文化机

构数差异大,两者都导致了地区内难以滋生和培养优质的基层公共文化人才。

首先,西南地区的文化机构少,文化人才赖以生存和发展的机会少。根据表分1-9,截至2014年底,西南地区共计图书馆565个,博物馆448个,群众文化机构9 864个,分别在全国占比18.13%、12.25%、22.20%。由此可见,西南地区的文化机构在全国范围内占比较小,数量较少,不能满足基层公共文化人才的就业需求,更是降低了文化人才在文化机构中生存和发展的机会。

其次,地区间文化机构数差异大,不利于各省市人才培养的协调发展。从表分1-9中,可以很明显地看出,四川省的各机构数在西南五省市中都处于领先地位,文化发展较为突出。但西藏和重庆的情况不容乐观,其中,重庆的图书馆数只有43所,在西南地区中占比7.61%,位居最后一名。此外,西藏的博物馆和群众文化机构数量都位居西南五省市的最后一名,图书馆数量仅高于重庆市,位列倒数第二,是西南五省区市中文化设施建设最薄弱的地区。由此可见,四川省的文化机构数在西南五省区市中相对较多,情况较好;云南和贵州次之,情况一般;西藏和重庆的机构数则较少,情况较差,是亟须改善和提高的两个省市。在西南五省区市中,文化机构的数量在地区间差异较大,不利于各省市人才培养的协调发展。

表分1-9 2014年西南地区图书馆、博物馆和群众文化机构数量情况

单位:个

地区	图书馆	博物馆	群众文化机构
全国	3 117	3 658	44 423

续表

地区	图书馆	博物馆	群众文化机构
西南地区	565	448	9 864
重庆	43	78	1 040
四川	198	206	4 808
贵州	95	74	1 686
云南	151	86	1 558
西藏	78	4	772

数据来源：《中国文化文物统计年鉴2015》。

三、西南地区基层公共文化人才培养中存在问题的原因

西南地区在基层公共文化人才培养中存在诸多问题，解决问题的关键在于找出导致问题的原因。深入剖析西南地区基层公共文化人才培养中存在问题的原因，才能为完善基层公共文化人才的培养提出进一步的解决方案。

（一）人才培养意识相对薄弱

21世纪是一个竞争的时代，竞争的焦点即是综合国力的竞争，而综合国力竞争的实质则是人才的竞争。《国家中长期人才发展规划纲

要(2010—2020年)》明确指出:"全面建设小康社会,实现中华民族伟大复兴,必须大力提高国民素质,在继续发挥我国人力资源优势的同时,加快形成我国人才竞争比较优势,逐步实现由人力资源大国向人才强国的转变。"2015年,国务院印发《关于加快构建现代公共文化服务体系的意见》强调要着力培养公共文化管理者和基层公共文化服务人才队伍,中央关于基层公共文化人才培训的重视程度可见一斑。然而西南地区,尤其是欠发展、欠发达地区的人才培养意识未能全面树立,严重制约了当地人才培养工作的开展,阻碍了人才这一资源功能的发挥。

1. 人才培养意识不强

受自然环境的影响,西南地区属于交通较为闭塞的内陆地区,思想保守、观念落后,缺乏探索精神和创新意识。西南地区仍存在对人才"重使用、轻培养"的现象,缺乏对人才知识及技能更新的重视。随着信息社会知识经济的高速发展,知识和技能的更新速度也明显加快,人才的知识和技能能否有效及时更新,直接影响其解决问题的能力和工作效率。人才培养是一个复杂的系统工程,它的建设时间长、见效慢,且需要全社会共同努力。现今事事求"快"、事事求"成"的社会气息影响了人们对人才社会价值的判断,一些领导干部则重点建设时间短、实收成果快的工程,忽略了人才工程建设。因此,由于传统文化的影响及对科学人才观的认识不足,西南地区至今未能全面形成科学的、系统的、全面的人才开发培养理念。以贵州省为个例进行比较分析:贵州省2013年举办培训班次7 631次,与北京(22 353次)、上海(28 102次)、广东(31 158次)[①]等省(市)相比,差距仍然很大。由此可

---

① 数据来源:《中国文化文物统计年鉴2014》。

见,贵州省公共文化人才举办培训班次数偏少,与经济发达省份差距较大。

2. 人才培养意识不全面

长期以来,西南地区将人才培养的重点放在全员培训上,注重提高基层公共文化人才的整体素质。但是这样的泛化培训,缺乏人才培养的针对性,忽视了对关键人才、专业人才进行专门化、专业化的培训,很大程度上增加了培训成本,降低了培训成效。有效的人才培训,应该是在确保人才得到合理培训的基础上,满足人才的专业培养需求。以重庆市为个例进行比较分析:重庆市的基层公共文化人才培养仅有市级公益性文化单位进行示范培训和基层公益性文化单位进行基础性培训两种层次。然而,人才培养的多层次还应包括高级战略人才的培养、中(基)层管理人才的培养和专业技术人才的培养,由此可见,重庆市目前组织的基层公共文化人才培养层次较为笼统,缺乏针对性的专业培养。

3. 人才培养重视程度不够

国家公共服务指导标准显示,基层公共文化服务人才的培训方式为集中培训,培训时间每年不得少于5天,培训对象应当是机构内部的所有专业人员以及兼职人员。而在实际调查中发现,多数西南地区基层文化机构很少安排集中的培训活动,即便安排了活动,时间也很短,基本达不到每年5天的最低培训要求,甚至许多文化从业人员不知道文化部存在这样一个基本标准。即使是达到国家要求的文化单位也存在一些问题,其主要表现为培训时间的随意性,缺乏人才培训的保障措施,有应付上级检查之嫌。由此可见,基层公共文化人才培训没有引起基层文化单位的足够重视。

(二)人才培养机制不健全

人才培养机制是确保实现人才培养目标的重要原动力,而西南地区地处西部内陆,经济、文化发展跟中部地区相比存在着较大的差距,尤其是在基层公共文化人才培养机制上的发展差距更为显著。没有健全的人才培养机制,人才培养目标就得不到实现,自然公共文化服务的职能发挥不到应有的效果。西南地区基层公共文化人才培养机制不健全主要表现在以下几个方面。

1.培养方式脱离现实需要

西南地区基层公共文化人才培养的阵地主要依托图书馆、文化馆、文化站等,培养方式主要有课堂讲授、结构化研讨和实地考察。在现实操作中,多以课堂讲授为主,而且多是以会代训,很少将三者结合起来。培养方式单一是阻碍培养基层公共文化人才的现实障碍。一方面,单一的培养方式忽视了与其他方式的结合,严重制约了人才培养的信息、技术、经验等交流,不利于培养出现实所需的复合型人才和创新型人才;另一方面,理论与实践分离的人才培养方式,不利于基层公共文化人才理论知识和实践能力的融合。西南地区基层文化发展及服务急需基层公共文化人才作为智力支撑,但是在现实培养环境中,多是为了训而训,没有与现实需求结合起来,不利于地方文化服务的发展。

2.培养缺乏针对性

据调查了解,西南地区基层公共文化人才培养层次不清、效果不明,培训具有明显的笼统性,缺乏针对性。一是培养层次不清,培养方向不够明确。基层公共文化服务建设需要精英人才的创新能力来提高服务能力,更需要大量普通专业人员完成平凡的工作,这二者缺一不可。目前,很多单位对于基层公共文化人才的培养对象不分层次,不论管理者还是从事技能工作的人员,都聚集在一起培训,没有根据岗位的不同要求而设置不同的培训课程,从而导致了培养偏离现实需要,使得许多基层公共文化人才对自身的发展方向不清楚,造成自身专业技术和岗位技能提升较慢。二是培训具有笼统性,培训措施过少和培训渠道过窄。根据基层公共文化工作的特点,基层公共文化行业要求从业人员具备一定的文艺专项技能,很多基层公共文化人才在基层公共文化行业中缺少培养渠道,专业的培训机构在课程设置上远不能满足目前基层公共文化人才的需要。

3.培养力量不足

培养力量不足主要表现在以下三个方面。

一是专业培训机构过少。据调查了解,西南地区专门针对基层公共文化人才培训的专业培训机构过少,多数是依托当地的图书馆、文化馆、文化站等单位内部自己组织的培训,培训内容相对简单,远不能满足岗位和地区社会发展的需要。西南地区各级文化主管部门没有充分利用当地的综合性高校、专业院校开设相应专业,设置科学合理的课程体系,开展学历教育。

二是师资力量不足。高校作为公共文化人才培养的基地,据相关数据研究,2012年全国文化从业人员总数为2 289 675人,全国文化部门教育机构高级(含副高)教师总数为2 096人,全国文化从业人员与全国文化部门教育机构高级(含副高)教师数量比约为1092∶1,[①]进一步说明了公共文化人才培养过程中师资的缺乏,一个老师大约需要带

[①] 数据来源:《中国文化文物统计年鉴2013》。

1 093个学生,很明显在实际操作中是不可行的,换而言之,即使可行,也不会有什么显著效果。而西南地区文化部门教育机构高级(含副高)教师总数为165人,占全国总数的7.9%。由此可见西南地区师资力量的薄弱性在一定程度上对西南地区基层公共文化人才培养也造成一定的困扰。

三是培养经费不够。人才培养离不开经费保障,没有经费保障培训活动就无法开展。据统计,2012年全国文化事业费(不含基本建设财政拨款和行政运行费)480.10亿元,比上年增加了87.48亿元,增长22.3%,增长速度比上年提高0.8个百分点;2012年全国人均文化事业费35.46元,比上年增加6.32元,增长21.7%,增幅较去年提高0.8个百分点。而西南地区文化事业费为65亿元,比上年增加了13.5亿元,增长了20.8%,西南地区文化事业费仅占全国的13.5%。从表分1-10中可看出,由财政拨款经费在全国经费总量上并不占什么优势,而且西南地区正在深入发展,没有资金保障,人才培养的质量就无从保证。因此要多方筹集经费,除政府正常的资金提供外,还要积极寻求其他解决方式。

表分1-10　2009—2012年西南地区文化事业费　单位:万元

地区	2009年	2010年	2011年	2012年
全国	29 23 138	3 230 646	3 926 223	4 801 016
重庆	51 464	77 350	93 801	120 734
四川	118 242	143 902	205 784	274 876
贵州	53 265	53 676	74 805	96 876
云南	76 259	86 881	121 629	130 776
西藏	12 921	21 050	19 239	27 131

数据来源:《中国文化文物统计年鉴2013》。

(三)区域经济发展相对滞后

经济基础决定上层建筑,经济实力决定了本地区资源分配的领域和分配的方式。西南地区经济并不发达,和中东部地区存在着较大差距,在基层公共文化人才的投入和建设方面存在明显短板,主要表现在以下几方面。

1.区域经济缺乏竞争力

根据国家统计局数据显示,四川、重庆、云南、贵州和西藏五省区市2014年的国民生产总值分别为28 536.66亿元、14 262.60亿元、12 814.59亿元、9 266.39亿元和920.83亿元,在全国31省市中分别排第8、21、23、26、31名,①其中四个省区市处于全国倒数。同时,西南地区处于我国内陆地区,地理位置相对闭塞,交通条件较为落后,经济发展缓慢,且工资水平基本上处于中下游水平,工作环境、福利保障等方面也存在诸多不足,这些都使得西南地区在整个经济发展过程中缺乏竞争力,难以吸引外部优秀的公共文化人才,也留不住高层次的基层公共文化人才。加之行政预算的约束,使得政府部门忽视或弱化了其对基层公共文化人才的招录、培训及激励工作,直接导致基层公共文化服务人员的水平和素质不高,难以满足群众对公共文化的需要,也使得基层公共文化人才队伍长期得不到新鲜血液的补充,人才队伍结构趋于僵化和死板,陷入"做一天和尚撞一天钟"的死循环,降低了基层公共文化人才接受教育培养的兴趣,挫伤了工作积极性和主动性。

2.财政投入过少

西南地区经济在整体上处于劣势,经济实力不强,而社会发展的

---

① 数据来源:《中国统计年鉴2015》。

方方面面都需要财政资金的分配和支出,基层公共文化部门在整个部门结构中不是"要害型部门",对整个社会的发展还没有足够的影响力,因此在整个财政分配的过程中,公共文化部门是处于弱势地位的,在整个部门结构中也没有足够多的话语权,能够得到的财政资金较少。如在重庆市2016年1月至6月一般公共预算支出中,文化体育与传媒支出为165 166万元,在总共23项支出中排名倒数第10;①贵州省2016年1月至7月文化体育与传媒预算支出为28亿元,在10个支出项目中排名倒数第二;②四川省关于2016年1月至5月预算执行完成状况中,文化体育与传媒支出则不在主要支出项目中。③这些数据表明,在西南五省区市中文化体育与传媒预算支出排名基本上处于末位,能得到的财政资源有限,发展面临着一定的困难,而财政投入过少使得基层公共文化部门的主要任务集中于如何获得更多的财政补贴以此来保证部门的正常运转,而忽视了对公共文化人才的引进和再教育,更忽视了对人才的培养和开发,导致基层公共文化人才的能力下降,也丧失了对工作的热情。

3. 工资待遇偏低,人才流失快

2014年重庆、四川、贵州、云南、西藏的文化、体育和娱乐业就业人员的年平均工资分别为59 598元、51 728元、48 944元、46 209元和67 735元,在全国31个省、市、自治区和直辖市中分别排名第9、17、18、24、7名,④除重庆和西藏排名在前十以外,其余三省排名都处在中下游,整体工资薪酬偏低,难以保障优秀的公共文化人才生活和工作所

---

① 数据来源:《2016年1—6月重庆市财政预算执行情况》。
② 数据来源:《贵州省2016年全省和省本级预算执行情况与2017年全省和省本级预算草案的报告》。
③ 数据来源:《四川省2016年上半年财政预算执行情况分析》。
④ 数据来源:《中国统计年鉴2015》。

需的物质需求。根据赫茨伯格的双因素理论,只有激励因素才能带给人们工作的满足感,保健因素只能消除不满足感,但并不会带来满足感,在现当代劳动还是人们主要的谋生手段的前提下,物质待遇成为人们在从事职业时的主要考虑因素,即激励因素。而工资待遇偏低,使得优秀的公共文化人才不愿意到西南地区来工作,即便是到了西南地区,在有其他选择的前提下,也不愿从事文化、体育和娱乐行业的工作,而倾向从事有更高待遇的其他行业的工作,这使得整个公共文化行业的优秀人才匮乏,人才流失率高,也直接降低了主管部门对基层人才的培训意愿,不利于基层公共文化人才能力和素质的提高。

(四)人才培养政策的作用未完全发挥

2011年10月18日,中国共产党第十七届中央委员会第六次全体会议审议通过的《中共中央关于深化文化体制改革、推动社会主义文化大发展大繁荣若干重大问题的决定》,其中最大的亮点就是提出建设文化强国的长远战略。据此,西南五省区市积极响应党中央的政策号召,接连出台一系列相关的文化人才政策。云南省出台了《云南省中长期人才发展规划(2010—2020年)》和《云南省加快建设民族文化强省的意见》,促进了云南省基层公共文化人才队伍数量和质量的不断发展和提高。四川省出台了《四川省公共文化服务保障条例》,明确提出公共文化服务的"四川标准",为"十三五"时期公共文化发展打下良好基础。但由于政策本身或政策以外的现实原因,也有很多政策并没有取得应有的效果。

首先是政策本身的原因,例如政策不具有系统性、政策内容的笼统性等问题。贵州省自2009年以来先后出台了一系列人才政策,《关于实施人才强省战略的决定》《关于进一步加强我省人才队伍建设的意见》《贵州省中长期人才发展规划纲要(2010—2020年)》《贵州省"十一五"人才开发专项规划》《贵州省"四个一"人才工程实施办法》《关于加强我省重点产业、重点学科人才基地建设的意见》等,但这些政策本身并不具有系统性和连贯性,因此,政策的预期效果并未完全达到。西藏自治区于2014年以来,先后颁布《西藏自治区基层公共文化设施和管理服务标准化建设指标》《西藏自治区基本公共文化服务实施标准2015—2020年》《西藏自治区贯彻落实〈关于加快构建现代公共文化服务体系的意见〉的实施意见》等相关文件,但仔细翻阅这些文件,不难发现,其中并未明确涉及基层公共文化人才培养的内容,因此难以对西藏自治区的基层公共文化人才的培养实践做出理论指导。

其次是受政策环境的影响,使得政策的落实存在障碍。2016年4月25日的《重庆市人民政府办公厅关于印发推进基层综合性文化服务中心建设实施方案的通知》,鼓励村(社区)干部、当地优秀人才、"三支一扶"大学毕业生、志愿者等从事基层综合性文化服务中心管理服务工作,推动城市优秀人才、优秀大学生从事基层公共文化的工作。这一系列的政策措施出发点固然是好的,但是考虑到西南地区各种自然因素、地理因素等,很多优秀人才依旧望而却步。

不论是政策本身的原因,还是政策环境的原因,都在一定的程度上导致政策措施难以实施和落实到位。人才政策的作用未完全发挥,势必影响基层公共文化人才培养工作的方方面面,是亟须改进的地方。

分析报告 2
西南地区基层公共文化人才激励中存在的问题及原因分析

基层公共文化部门是提供公共文化服务最直接、最关键的一环，如何留住体制内的人才，以及如何吸引体制外的人才来工作，一直是基层公共文化部门改革的重要方向。对西南地区基层公共文化部门常用的人才激励方式的调研，对于探索基层公共文化人才激励制度的症结及亟须改进之处，有着极为重大的意义。

一、西南地区基层公共文化人才激励现状分析

(一)西南地区基层公共文化人才激励政策

当今世界正处在大发展大变革大调整时期，世界多极化、经济全

球化深入发展,科学技术日新月异,各种思想文化交流、交融、交锋更加频繁,文化在综合国力竞争中的地位和作用更加凸显,维护国家文化安全任务更加艰巨。基层公共文化人才对于建设基层公共文化事业的发展具有非常重要的作用,党中央为国家文化事业的发展,为培养和激励基层公共文化人才出台了相关政策,西南各地区在党中央的指导下,针对本地区的特点,也出台了具体的关于发展本地区公共文化事业和建设基层公共文化队伍的政策。

中央关于建设基层公共文化人才队伍出台的政策有《关于加快构建现代公共文化服务体系的实施意见》《关于加快构建现代公共文化服务体系的意见》《国务院办公厅关于推进基层综合性文化服务中心建设的指导意见》等。

西南五省区市在中央的指导下,结合自身特点,为提升基层公共文化人才的服务能力,建设好基层公共文化人才队伍,也出台了一系列政策,如《重庆市人民政府关于印发重庆市推进城乡基本公共服务资源配置机制改革实施方案的通知》《重庆市人民政府办公厅关于印发推进基层综合性文化服务中心建设实施方案的通知》《云南省人民政府办公厅关于推进基层综合性文化服务中心建设的实施意见》《云南省文化厅关于2014年各州市文化工作绩效评价结果的通报》《中共贵州省委贵州省人民政府关于实施人才强省战略的决定》《关于进一步加强贵州省人才队伍建设的意见》《贵州省"十一五"人才开发专项规划》《西藏自治区人民政府关于进一步加强我区基层文化建设的决定》《西藏自治区人民政府关于进一步加强基层文化建设的决定》《西藏自治区人民政府办公厅关于加强我区基层文化设施管理和使用工作的意见》《西藏自治区"十二五"时期公共文化服务体系建设规划》

《关于加强西藏自治区博物馆、图书馆、群艺馆、县综合文化活动中心、乡镇文化站免费开放的意见》《西藏自治区关于贯彻〈边远贫困地区、边疆民族地区和革命老区人才支持计划文化工作者专项实施方案〉的意见》等。

政策体系不断趋于完善。西南五省区市多项关于基层公共文化人才建设的政策和规定的出台形成了比较完备的人才政策体系,为吸引、留住和激励优秀基层公共文化人才营造了良好的政策环境。

(二)西南地区基层公共文化人才激励方式

1. 以奖金为主的物质激励

在各种激励方式中,物质激励比较常见,也符合基层公共文化人才的需求。西南五省区市各自出台的相关政策中,有具体提出物质激励的文件,如西藏自治区在2004年出台的《西藏自治区人民政府关于进一步加强基层文化建设的决定》中提出:"允许和鼓励有特殊才能的文化人才,以其特长和管理才能,以及所拥有的文化品牌创作、科研成果作为无形资产,按一定比例持有文化企业的股份参与分配,外地文化产业人才在住房、家属安置等涉及自身切身利益方面享受优惠";自2009年开始,西藏自治区内每个县民间艺术团的补助经费从5万元提高到20万元,提高幅度达到300%,西藏民间艺术团的工资待遇得到显著改善。云南省为吸引和留住优秀基层公共文化人才,不断创新激励方式。2015年云南省财政投入文艺精品创作专项扶持资金3000万元,作为文学、音乐、美术、电影、戏剧等各方面优秀作品创作的补助和奖励。重庆市为打造精品文化、外向文化,在《梁平县文艺创作奖励办法》中提到,对于在国家文华奖、群星奖、中宣部"五个一工程"奖、中国戏剧节等国家最高级别赛事中获一、二、三等奖者,将分别给予5万元、3万元、2万元一次性奖励。

在分析西南五省区市的调研报告之后可以得出,物质激励方式比较符合各省基层公共文化人才的激励需求,各省也出台了相关政策保障了物质激励资金的到位。相对于岗位激励和精神激励,以奖金为主的激励方式及获得培训的机会和带薪休假等激励方式比较直接和实惠,而且这种激励覆盖面比较大,只要基层公共文化人才在自己的工作岗位做出卓越成绩就都能获得,而不像岗位激励获得晋升的机会的覆盖面那么小,它更能吸引和留住优秀基层公共文化人才。

2.以授予荣誉称号为主的精神激励

精神激励主要指的是荣誉激励,比如授予荣誉称号。西南五省区市都比较注重精神激励,在相关的文件中也提到。西藏自治区从2002年开始,每三年表彰一批全区文化先进县、文化工作先进集体和先进个人;在2011年出台的《西藏自治区人民政府办公厅关于加强我区基层文化设施管理和使用工作的意见》中提到,对在基层文化设施管理和使用工作中取得突出成绩的集体和个人,要及时予以表彰奖励;在2013年出台的《中共西藏自治区委员会贯彻落实〈中共中央关于深化文化体制改革推动社会主义文化大发展大繁荣若干重大问题的决定〉的实施意见》中提出,西藏自治区设立了自治区级文化荣誉称号,以激励基层文化工作者,并加强民间文化人才队伍建设,建立"民间文化人才库",每两年评选表彰一批优秀民间文化人物。通过对西藏基层公共文化单位采用的激励方式调研可知,西藏自治区在各种激励方式中授予荣誉称号的激励方式所占比重最大,在所有激励方式中占比

68%。《云南省人民政府办公厅关于推进基层综合性文化服务中心建设的实施意见》中明确提出,对基层综合性文化服务中心建设、管理和使用中群众满意度较差的地区要进行通报批评,对好的做法和经验要及时总结、推广、表彰。重庆市梁平区文艺创作奖励由区文艺创作评审委员会负责,每年对上年度的获奖作品进行一次评审。国家层面则设立了文华奖、群星奖、"五个一工程"奖等,以及中国戏剧节的相关奖项。

从调研数据来看,授予荣誉称号这一激励方式是基层公共文化单位普遍采取的激励方式,西南五省区市出台了比较多的关于精神激励尤其是荣誉激励的政策,依托这些政策,激励了基层公共文化人才,激发了他们在西南地区公共文化事业中的服务热情。虽然授予荣誉称号这一激励方式没有物质激励实在,但是它对于基层公共文化人才后期职业生涯中的升职、加薪有不可低估的作用,同时有些荣誉称号也附带着相应的奖金奖励。所以,以授予荣誉称号为主的精神激励方式比较符合西南地区基层公共文化人才的激励需求,激励效果明显。

3.以晋升为主的岗位激励

晋升对于基层公共文化人才的职业生涯具有很重要的影响,所以岗位激励对于基层公共文化人才有很强的激励效果。重庆市垫江县为促进本地区文化人才的成长,建立了相关的成长激励机制,对文化馆、图书馆等馆长职位实行竞争上岗;建立职称评定机制,推行专业技术职务"评聘分开",避免一评定终身情况的出现。在对西藏自治区基层公共文化人才的调查问卷中,关于"单位目前采用的激励方式有哪些?"这一问题,有16.9%的基层公共文化人才勾选岗位激励。云南省在对基层公共文化人才进行考核时,按考核结果分为优秀、良好和合格三个档次。

综合来看,西南地区基层公共文化人才中的岗位激励是基层公共文化人才需求的激励方式,岗位激励对基层公共文化人才职业生涯很重要,是基层公共文化人才最愿意得到的激励方式之一,但是以晋升为主的岗位激励方式覆盖面比较小,晋升岗位有限,大部分基层公共文化人才即使工作出色,也不一定能得到晋升,所以相对于奖金奖励、授予荣誉称号、带薪休假等激励方式而言其占比还是相对较低的。

(三)西南地区基层公共文化人才激励效果

1.基层公共文化人才总量和质量有所提高

完善基层公共文化人才激励机制,提高基层公共文化人才总量和质量是加强公共文化服务体系建设的重要保障。根据《中国文化文物统计年鉴2015》,2014年西南五省区市(重庆市、四川省、贵州省、云南省、西藏自治区)的群众文化机构数相较2012年,分别增长了0.19%、0.17%、1.50%、2.10%、141.25%;群众文化机构从业人员人数相较2012年,分别增长了5.50%、16.90%、12.90%、9.97%、489.05%,其中群众文化机构专业技术人才人数相较2012年,分别增长了10.54%、15.16%、21.68%、11.48%、282.77%。可以看出,2012年至2014年,西南五省区市群众文化机构数、群众文化机构从业人员人数及群众文化机构专业技术人才人数在总量上都有不同程度的增长,其中西藏自治区因其基数小增长幅度最高,重庆市增长幅度最低。综合来看,经过一系列激励政策、措施的实施,西南五省区市的基层公共文化人才总量和质量都有所提高。

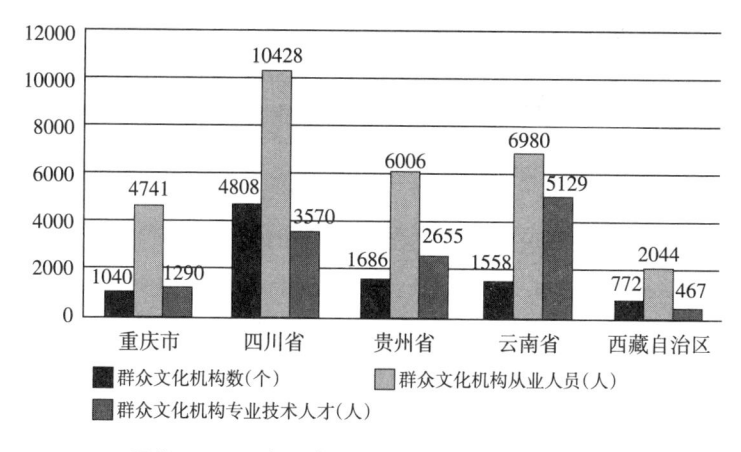

图分2-1　西南五省区市群众文化机构基本情况

数据来源：《中国文化文物统计年鉴2015》

2.基层公共文化人才工作绩效显著

随着我国社会经济的发展，人民群众的精神文化需求不断上升，必须加强公共文化服务体系建设，不断地创造出更多更好的文化产品，才能满足广大人民群众的精神文化需要。为实现这一目标，西南五省区市以政策为依托，以财政为保障，逐步完善了基层公共文化人才激励机制，促进了基层公共文化人才队伍综合素养及专业服务水平的不断提高。通过颁发奖金、授予荣誉称号等将物质激励与精神激励相结合，通过表彰及通报批评等将正激励与负激励相统一，以及将绩效评价纳入公共文化服务体系考核指标等多种方式，调动了基层公共文化人才工作的积极性，明确个人绩效目标，基层公共文化人才的工作绩效显著提高。

二、影响西南地区基层公共文化人才激励存在的问题与原因分析

(一)西南地区基层公共文化人才激励中的问题

激励是提升基层公共文化人才工作积极性,提高其工作满意度的重要手段,也是现代人力资源管理过程中的重要步骤。经过多年的发展,西南地区公共文化部门激励机制已经初步建立,但现行的这一系列激励机制对西南地区基层公共文化系统人才所起的激励效果并不令人满意。基层公共文化系统激励机制仍存在种种问题,导致在某些基层公共文化单位,人才流失现象越来越严重,而人才的流失进一步加重了基层公共文化人才队伍的结构性失调。留下来的基层公共文化人才自进入本单位的那一天起,就有了"一眼看得到头"的工作情绪,晋升过程中逐渐产生"能上不能下,能进不能出"的想法。激励失效导致真正的人才不能脱颖而出,基层公共文化服务部门呈现人浮于事冗员冗政现象,严重制约着基层公共文化服务效能的发挥。现就西南地区基层公共文化部门激励失效的具体问题,总结如下。

1.基层公共文化部门精神激励流于形式

基层公共文化部门是政府提供公共文化服务最直接的载体。正是由于处于基层,在思想指导、精神激励方面存在较大的漏洞,具体有如下表现。

第一,思想政治工作匮乏,精神激励失效。基层公共文化部门属于公共部门的一个重要组成部分,其职能是为了满足基层群众的文化需求,保障其享受应有的文化权利。在我国,基层公共文化部门始终坚持"为人民服务"的宗旨,通过思想政治教育,用先进的思想、崇高的理想、光荣的使命武装基层公共文化从业人员的头脑,这也是精神激励的重要组成部分。近些年来,由于社会思想的变化,基层公共文化部门的思维观念、价值取向也发生了很大的变化,在基层公共文化部门中的很多从业人员都受到了或多或少的影响。再加上基层公共文化部门在传统观念中属于"非要害性"部门,并不注重对自身的思想政治教育或者说思想政治教育仅仅是走形式,导致部分基层公共文化部门从业人员服务意识淡薄,精神激励失效。

第二,工作满意度、成就感、影响力不足,精神激励失效。由于基层公共文化部门在传统观念中属于"非要害性"部门,其工作成果在社会上并没有得到应有的评价,社会反响度不够广泛,导致基层公共文化人才对与单位的归属感不强,期望跳出文化系统,找到新的发展方向。虽然在相关绩效评估考核办法中已经明确规定对事业单位工作人员的考核内容是德、能、勤、绩、廉,重点考核工作实绩,但在实际工作过程中,基层文化部门工作实绩的突出度往往比不上其他行政事业部门,社会关注度不高,造成基层公共文化人才工作满意度、成就感、影响力不高、不大,导致精神激励失效。在本课题组收集的调查问卷中,"请选择贵单位目前采用的激励方式有哪些?(可多选)"这一题目中,贵州省基层公共文化人才选择"C.表彰、授予荣誉称号"的人数占比为35.1%,西藏自治区基层公共文化人才选择"C.表彰、授予荣誉称号"的人数占比为27.01%。可见,精神激励相对匮乏,在各种激励方式中的占比相对较低。

另外，在工作满意度方面，西藏自治区的39份调查问卷中选择"非常满意"的人数占样本容量的比例为12.8%，选择"满意"的为69.2%，选择"不确定"的为5.1%，选择"不满意"的为5.1%，选择"非常不满意"的为0，另外有7.8%的受调查人员并未做出选择。可见，在工作满意度方面，有82.0%的基层公共文化工作人员的工作满意度在"满意"和"非常满意"层面，但同样有18%的人仍然感觉不太满意。在重庆市的调查问卷上，选择"非常满意"的人数占比为9.09%，选择"满意"的人数占比为54.54%，选择"不确定"的人数占比为14.29%，选择"不满意"的人数占比20.78%，选择"非常不满意"的人数占比为1.30%。也就是说在重庆有36.37%的基层公共文化工作人员对激励方式感到不确定或者不满意。

总体上来说，现阶段存在的一个重要问题就是有一部分基层公共文化工作人员对文化工作不满意，精神激励尚需突破。

2.薪酬体系的预期激励效果不突出

第一，薪酬在行业间差距较大，激励效果不突出。随着西部大开发的进一步推进，新的社会要素、生产关系、产业和新的阶层不断涌现，非公有制的文化产业开始大量涌现。传统基层公共文化部门包括公共图书馆、公共文化馆、公共博物馆、文化站等单位，其薪酬遵循国家分级薪酬制度，虽然在多年来经过了多次的调整，获得了一定的增长，但与非公有制文化产业的薪酬状况相比较，基层公共文化部门的工资水平相对偏低。这突出表现为制度内平均主义现象严重，制度外津贴发放混乱，薪酬的激励功能微弱。

第二，薪酬在区域间差距较大，激励效果不突出。从总体上来说，西南地区的发达程度是远远低于中东部地区的，西南地区跟其他中东部省份在文化发展上存在不同程度的差距,薪酬上的差距更是显而易见的,虽然在工资体系上都遵循国家划定的事业单位工资标准执行,但是在各种津贴、补贴及其他经费收入上,与中东部地区的差距很大。而处于县级行政区域下的基层公共文化部门,更是在薪酬上远远低于同级别的其他省份,这还导致基层公共文化部门吸引人才的力度不够,薪酬激励失效。

3. 基层公共文化部门激励模式单一

众所周知,人的需要分为外在性需要和内在性需要。所以政府不仅要满足基层公共文化人才的内在性需要,还应满足其外在性需要。政府实施的物质激励包括工资、奖金、福利、保险等,精神激励却只停留在表扬等,对公共文化从业人员的工作满意度等精神方面的激励不足,岗位激励中的晋升面狭窄等,都忽视了基层员工的实际需求。可见,政府的激励手段刻板单一,缺乏激励的灵活性。久而久之,政府无法真正挖掘出公共文化从业人员的潜能,无法充分发挥其主观能动性,基层公共文化人才便会产生厌烦情绪,从而导致公共文化事业的发展受阻。

在激励方式选择方面,本课题组搜集到的调查问卷显示,在对基层公共文化人才激励方式的选择上,贵州省选择"激励方式单一"的占样本容量的比例为56.5%。西藏自治区选择"激励方式单一"的占样本容量的比例为56.4%,重庆市选择"激励方式单一"的占样本容量的比例为33.7%。可见,单一的激励模式已成为西南地区激励的主要问题,也是激励机制存在的重要问题之一。

4. 基层公共文化服务部门激励政策落实不到位

从上级文化部门制定的人才政策来看,相关制度、政策已经逐步完善，但是在具体的执行过程中，由于基层文化部门思维的僵化，导致政策出现了执行偏差，照搬式执行、替代式执行等政策执行方式时有出现。

以重庆市和云南省为例，公共文化上层部门制定了较为完善的政策。2015年10月颁布的《重庆市人民政府关于印发重庆市推进城乡基本公共服务资源配置机制改革实施方案的通知》中提及积极优化政府公共服务资源配置，鼓励人才资源合理流动，此通知对于实现基层公共文化人才的合理流动，对完善公共文化人才交流机制做出了制度上的要求。同一时期，《中共云南省委云南省人民政府关于创新体制机制加强人才工作的意见》在鼓励和支持人才创新创业方面，提出了一系列激励政策和措施，如对收益分成、技术入股、科技保险、奉献补偿等均提出了明确比例或金额，使其激励方式显得更为多样，激发了基层公共文化人员的工作积极性。但在实际的政策执行过程中，各地区均存在激励政策落实不到位的现象。激励过程中的论资排辈的现象比较突出，它大大打击了基层公共文化人才的工作积极性，以及工作的荣誉感和自豪感。人才流动并不涉及基层公共文化部门员工，因为必须达到一定级别才能够进行挂职、转职，这样人才无法真正流动起来，从而造成更多的基层公共文化人才谋求脱离文化体制，进入其他部门。另外，事业单位体制僵化，虽然西南地区某些省市对于公共文化部门进行人才创业，通过技术入股、科技保险等方式扩大了激励的范围，但实际落实到基层单位，由于其自身就是弱势部门，资金来源无法得到保障，因而更加不要说通过创业来保障激励了，对于西南地区基层共文化部门来说，这不仅仅是政策落实不到位的问题，我们应看到其更深的原因即上级政府的激励政策和西南地区基层公共文化部门的实际情况脱节,同时它也反映了在政策制定和政策执行中没有按照政策标准将激励机制落实到位,而是按照人为主观思想办事,导致激励机制不公平、不合理,不能发挥激励政策的激励作用。

(二)西南地区基层公共文化人才激励存在问题的原因分析

经调查研究发现,随着社会的不断发展与进步,西南地区公共部门的人力资源激励机制已经不能适应现在的社会发展趋势,人力资源激励机制正逐渐丧失其原有的激励作用,如果不及时处理此类问题,将会对基层工作人员的工作积极性产生严重的影响,进而妨碍公共文化事业的发展。因此,要想充分发挥激励机制的作用,就有必要先对西南地区基层公共文化人才激励机制存在问题的原因进行梳理和分析,从而有针对性地提出解决问题的方法。只有如此才能从根本上解决问题,建立起适应时代特点的激励机制。本文主要从以下几个方面对问题的成因进行了一系列的分析和阐述。

1. 主观因素

(1)"人治"思想理念陈旧

首先,由于受到传统人事管理体制和思想文化的影响,西南地区公共部门在人力资源管理中只是把员工作为一种服务工具,当成是一种人力成本,并没有真正树立"以人为本"的激励观念,人事管理依然是以事为中心。管理者在管理过程中把强制管理作为管理的方式,通过绩效评估来划分级别,并不注重人员素质的提高和人员潜能的开发,没能根据基层公共文化人才的需求进行合理化的激励,没有把人作为一种"资源"进行开发和利用,在激励方式上显得比较单一。不仅如此，公共部门在人力资源管理过程中由于管理思想的僵化，偏重物质激励，不太重视精神激励，没有体现人性化管理思想，没有满足人的真正需求，这与马斯洛的基本需求层次论相违背。

其次，西南地区公共部门人力资源管理的工作重心依旧是解决日常的琐碎事务，激励手段依然是按照原有的激励制度执行，没能着眼于人力资源战略性要求，没能针对基层公共文化人才的真正需求进行激励，加上公共部门工作人员中"不求有功，但求无过"的工作思想非常严重，使得激励机制不能发挥有效作用。由此可见，由于西南地区公共部门管理思想的固化，严重影响了基层公共文化工作人员的工作积极性与工作创造性。

(2)基层公共文化人才竞争思想扭曲

基层公共文化人才竞争思想扭曲现表为两种现象。

一是缺乏竞争理念。在西南地区有些公共文化部门的激励机制中欠缺竞争机制，论资排辈现象明显。由于竞争机制的丧失，使得基层公共文化工作人员一直有得过且过的思想，缺乏工作热情，影响工作效率。

二是基层公共文化人才虽然有竞争理念，但是竞争思想偏离正确轨道。竞争作为优胜劣汰的一种手段，是非常必要的。从某种意义上讲，竞争机制的制定有利于激发基层公共文化人才的工作热情，提高工作创造力，有利于基层公共事业的快速发展。但是，制度都有两面性，制定者和执行者需要把握好发展方向。竞争机制会激发基层公共文化人才的工作潜力，但有时候也会扭曲基层工作人员的思想，使他们在竞争中采取走后门或其他不公平的竞争手段，基层公共文化部门歪风邪气不断增长。

(3)基层公共文化人才素质不高

尽管西南地区基层公共文化人才的整体素质高于大众,但与发达地区的基层人才相比,西南地区基层公共文化人才的整体素质还有待提高。现在,西南地区公共部门对人才的选拔不仅看重学历,还看重人才具备的知识深度、知识运用技巧、管理技巧、政治思想等。因此,基层公共文化人才不仅要达到相应的学历要求,还要重视对其进行方方面面技能的培训。只有这样,人才在从事基层公共文化管理工作时,才能缩小其与现实要求存在的差距。

2.客观因素

(1)沟通渠道不畅通

毋庸置疑,沟通在任何时候、任何地点都具有不可替代的作用,那么沟通的渠道更是呈现沟通效果的一个重要途径。目前,西南地区公共部门大都强调部门与部门之间的沟通、上下级间的沟通,而且主要是通过文件、会议等方式进行工作上的沟通,缺乏面对面的情感、思想沟通。这样的沟通方式无法达到真正的沟通效果,以致工作中的问题无法得到及时准确地处理。时间一长,由于沟通渠道的不畅通,领导无法了解基层公共文化人才的需求,导致执行的激励制度不合理,基层公共文化工作人员的工作情绪因此受到影响,从而严重影响工作效率。

(2)激励制度不健全

激励制度不健全主要表现在物质激励不到位、精神激励失效等方面。

在物质激励方面。物质激励应该是对基层公共文化工作人员工作绩效的肯定,对他们而言物质激励具有强大的激励效果,如果物质激励不到位,很容易打击基层公共文化工作人员的工作积极性。传统的物质激励包括薪酬激励、岗位激励等,这种传统的物质激励缺乏灵活性与现实性,激励力度不大。在薪酬激励方面。基层公共文化人才的工资结构大都是固定的,薪酬稳定且差距小,这样的薪酬制度不能合理地反映劳动力的价值大小,从而使得基层公共文化人才感到自身价值不能得到充分体现,导致基层工作人员安于现状。

在精神激励方面。西南地区政府对基层公共文化人才的精神激励大多只停留在表扬、奖励和晋升等形式上,对基层公共文化人才的工作满意度等精神方面的激励远远不足。实际上,精神激励在激励机制中和物质激励占有同样重要的地位,有时甚至比物质激励还具有激励价值。随着时代的进步,政府愈来愈重视精神方面的激励,但是方法显然还欠妥。首先,精神激励没有客观的评价标准,人为主观思想的影响占很大比重,且以晋升、表彰为主,对基层公共文化人才的工作满意度和自我实现等精神激励不足。其次,内容上老生常谈,很多时候就是鼓励大家做人民的公仆,为党、为国家奉献等,这样的激励方式不仅没有真正激励基层公共文化人才,反而浪费了人力、财力、物力等资源。

(3)文化环境的影响

政治环境与经济环境影响着西南地区公共文化人才激励机制,文化环境对其也具有重要的影响力。良好的文化环境,有利于激励基层公共文化人才的工作热情,有利于激发基层公共文化人才的工作创造力;劣质的文化环境,不利于激励基层公共文化人才,不利于公共部门文化事业的建设。西南地区公共文化部门在激励文化建设方面还有一定不足之处,主要体现在:一是部门内部不和谐。因为激励的竞争性,使得组织内部人与人之间极不和谐,极易产生不良竞争行为,甚至产生心理压力问题。二是文化性质的活动较少,比如摄影、唱歌、收听收看报告、阅读、体育活动及趣味比赛等。长期的工作压力得不到释放,容易滋生心理问题。相反,适当的文化活动能够丰富基层公共文化人才的业余生活,释放其压力,提高其工作效率,增加凝聚力,促进单位和谐。

三、完善西南地区基层公共文化人才激励机制的措施与建议

自从西部大开发实施以来,西南各省始终坚持把人才作为经济社会发展的关键所在,因此西南地区一直在采取相关措施来完善和优化人才环境,人才队伍建设在不断地进步,为实现各省市科学发展、迈向小康提供了强有力的人才支持和智力保障。在此过程中,西南地区的基层公共文化人才无论是量还是质都有很大的提高。

公共文化人才一般是指为社会发展、群众娱乐提供公共文化产品和服务的文化创作人才、文化成果传播人才、文化事业服务人员及文化服务志愿者等。公共文化人才主要承担着群众娱乐、文化思想宣传与核心价值体系构建的社会职能。

尽管中央和地方政府不断加大对公共文化建设资金的投入,但从总体上来说,受经济文化等多种因素的制约,西南地区基层公共文化人才激励仍存在不少问题。建立健全人才激励机制,是贯彻落实科学

发展观,坚持以人为本,促进人才成长,激发人才活力和创造力的根本保证,因此要通过科学规划、完善激励机制等措施,加快推进公共文化人才队伍建设,为西南地区文化繁荣发展提供人才保障。针对目前西南地区基层公共文化人才激励机制的现状和问题,笔者有以下几点建议。

(一)加大对基层文化人才的开发力度,扶持新型公共文化人才

基层公共文化人才群体不仅因其所占公共文化人才数总量比例大,对政府效能的影响较大,而且更多地直接面向公众提供公共文化服务。因此,通过对基层公共文化人才激励形势的研究,探索建立适应新的经济、政治、文化环境的基层公共文化人才激励模式,能更有效地调动基层公共文化人才积极性,发挥好政府公共文化职能。

公共文化人才尤其是基层公共文化人才是引领文化发展的主要力量,其数量和质量标志着我国文化发展水平和发展潜力。但目前,西南地区出台的一系列激励公共文化人才的政策和组织的关于公共文化人才的评选、表彰活动都将大部分的基层文化人才排除在外。由于基层文化人才价值转化成果较慢,从政府到社会各层面,都没有认识到人才尤其是基层公共文化人才的重要价值,没有树立起正确的基层公共文化人才意识。而这不利于对他们的激励。面对数量庞大的基层公共文化人才,只针对少数人的激励并不能起到理想的激励效果,因此在今后的激励机制中,必须扩大激励对象的范围。一方面要改变一些领导干部仅围绕绩效进行经济建设,而忽略了基层公共文化

人才对社会全面发展作用的做法；另一方面要改变领导干部重点建设时间短、成果快的工程,而忽略基层公共文化人才工程建设的做法,这样才能激起广泛的文化人才的积极性。

在激烈的公共文化人才竞争形势下,必须加大对西南地区基层公共文化人才的开发力度,发掘更多的公共文化人才为西南地区的发展所用。同时随着文化全球化和高新技术的发展,文化的表现形式以及文化载体也越来越多元,必须通过采取加大对文化方面的资金投入、表彰奖励不同领域文化人才等举措,来培养一批专长于网络服务、数字出版、电脑动画、数字影音等领域的新型文化人才。全方位、多角度、能力全面的人才正是现在基层公共文化人才所欠缺的。构建良好的基层文化人才激励机制,把西南地区文化人才的激励工作提到战略高度,吸引并留住更多优秀的公共文化人才,对西南地区公共文化长期繁荣发展具有重要的意义。

(二)增强物质激励,强化精神激励

物质激励通常表现为工资、奖金及各种福利等形式,激励效果直接且较为有效。西南地区在基层公共文化人才队伍建设方面,面临着吸引人才和留住人才的两难局面,有竞争力的物质激励是解决这个难题的一个相当重要的因素。

西南地区的基层公共文化人才薪酬机制的保障因素多于激励因素,并未充分发挥薪酬的积极驱动及激发机能。欲使薪酬机制发挥实质性的激励作用,应实现公共文化人才薪酬与能力、绩效之间的匹配。目前,西南地区的基层公共文化人才激励机制在这方面还不够完善,在激励理念上,夸大了精神激励的作用,物质激励不足,这就导致了人才的经济需求得不到满足,而物质激励通常是改善这一问题的最为直接和有效的激励方式。此外,与激励机制密切相关的绩效考核机制也并不完善,这又反过来阻碍了激励机制发挥应有的作用。因为工资、奖金等激励形式与考核紧密相关,建立奖罚分明的考核制度可以为基层公共文化人才指明工作方向,激发他们实现目标的积极性和主动性。此外,在公共文化人才竞争加强的情况下,提高公共文化人才物质方面的待遇,将有利于政府留住人才,有利于满足基层公共文化人才的物质需求,提高公共文化人才的工作积极性。

在完善物质激励的基础上,也要注重精神的激励。精神奖励是一种内在的无形的激励方式,通常通过较高的评价、提供符合个体特定需求的晋升学习机会和平台等方式进行。它的特点是无形且其价值没有一个明确的估量标准。公共文化人才是为社会发展、群众娱乐提供公共文化产品和服务的,职业性质决定了其岗位价值更多地体现在文化层面、精神层面。适度的精神激励更能够满足公共文化人才的心理需求;同时,各种精神激励方式,能够使公共文化人才更多地得到社会的认可和关注,有利于公共文化人才更加融洽地融入社会生活,从而创造出更加贴近人民生活,让人们喜闻乐见的文化产品,提供更加满足人民群众需求的文化服务。

随着西南地区经济的发展,公共文化人才在物质水平提高的前提下,不可忽视其在精神层面的需求,物质激励和精神激励双管齐下才能使公共文化人才激励措施达到一个最佳的效果,实现良性循环,相反,重物质激励轻精神激励可能会导致公共文化人才在价值取向上的偏差。作为承载文化思想宣传与核心价值体系构建的历史重任的使者,激励措施对公共文化人才的利益观、价值观引导作用尤为重要,当然重精神轻物质同样会导致激励措施的疲乏甚至失效。因此,物质激励和精神激励二者偏废其中一方都有可能挫伤公共文化人才的积极性,从而导致严重的后果。

(三)合理构建薪酬体系

构建合理的薪资薪酬体系是西南地区公共文化人才管理规范化的重要组成部分,是引进人才、留住人才的基本砝码。但由于身处基层加之地域因素,薪资待遇差距比较明显,且存在不到位等问题,西南地区公共文化人才的薪酬体系的构建困难重重。

合理构建薪酬体系应当因地制宜,制定符合当地基层基本状况的公共文化人才薪资薪酬制度,可以采取较为灵活但明确的薪酬计算方法,比如,正式工作人员底薪加绩效;临时工作人员补贴制度;按年限或是按考核情况分级定薪制度等。灵活的薪资发放方式能够实现薪资体系规范化,也能够因时因地做出合理调整。总而言之,探索推进构建西南地区公共文化人才薪酬体系有其必要性,合理的薪酬体系能够有效推动西南地区公共文化人才队伍建设以及公共文化事业的长足发展。

(四)制定合理休假休息制度

保证公共文化人才有充足的休息时间,使基层公共文化人才有时间进行文化知识学习,提高自身的素质和工作能力,才能使基层公共文化人才有更为充沛的精力和体力继续从事文化活动,从而更好地为广大民众提供文化产品和文化服务。

文化产品和文化服务的产生主要是一个脑力劳动的过程,因而,应当充分根据基层公共文化人员的工作性质和特点制定合理的休息休假制度。艺术来源于生活,文化产品是劳动人民生活智慧的结晶,因此只有深入群众、了解群众、扎根群众才能为群众提供更符合他们需要的文化服务,传播社会正能量。因此制定合理的休息休假制度同时制定合理的岗位考勤制度,能够充分解放和发展公共文化人才的想象力和创造力,从而提高文化产品和文化服务的质量。

(五)完善考核及晋升制度

现阶段,西南地区基层公共文化人才的考核晋升制度基本上是缺失的,只存在聘任相关措施,并没有在岗位的纵向或横向流动形成一套完整的体系。公共文化建设是一项长期的任务,公共文化人才队伍的建设也是一项长期的工程。公共文化人才承担着群众娱乐、文化思想宣传与核心价值体系构建等重要功能,然而缺乏完善的晋升制度成了造成公共文化人才流失的重要原因之一,尤其是对于基层公共文化人才,他们的工作性质中包含了贴近基层群众的需求,因而没有明确的晋升制度,基层公共文化人才的个人发展是极为受限的。

此外,考核晋升制度建立的难点还在于对公共文化人才考核标准的量化。文化产品和文化服务都是一个相对模糊的评价对象,除了要在量上进行考评还应当在质上综合评价,在此基础上的考核制度才能实现实质公平。

人才激励机制的健全和完善不仅可以引导人才按照既定的发展目标去努力,还能够合理的优化人才队伍结构、提高个人素质,以及起到凝聚与保留人才的积极作用。基层公共文化人才的激励机制的建设要更多地结合当地人才的具体前情况,每个地区根据自身情况的不同、人才结构的不同制定更适合于自己的激励机制,从正确的认识激励机制,到科学的把握激励机制,最后灵活的运用激励机制,这是一个探索的过程,注意把握好激励的方式与尺度,还要不断地探索新的激励方式并不断更新和完善既定的激励机制,力争最大限度、最优尺度的保留和挖掘人才。

专题报告 1
西南地区基层公共文化人才培养战略与机制设计

西南地区基层公共文化人才培养是一项复杂的系统工程,这一系统工程应该包括战略框架的设计、战略实施系统的构建,以及战略实施机制的评价等具体内容。

一、西南地区基层公共文化人才培养和激励"4+1"战略整体构设

构建西南地区基层公共文化人才培养的战略体系既是人才发展的战略性任务,也是西部大开发中人才发展的战略性目标。本研究提出了西南地区基层公共文化人才培养的"4+1"战略整体构设,即4个

体系、1个制度建设。4个体系为供需调控体系、培养运行体系、培养服务体系和培养法规体系,1个制度指的是培养绩效评价制度。

(一)"4+1"战略的指导思想

"4+1"战略的构设要以新时代中国特色社会主义思想为指导,深入贯彻落实科学发展观和科学人才观,坚持党管人才的原则,以实施文化精品创作工程为主要抓手,围绕构建"现代公共文化服务体系、中国优秀传统文化传承体系、现代文化产业体系和对外文化交流体系"的任务要求,着重建设能够用好和管好基层公共文化人才队伍的工作机制,加快构建西南地区基层公共文化人才队伍的工作体系,形成西部大开发的人才优势,为实现"中国梦"提供坚强的基层公共文化人才保障。

(二)"4+1"战略的总任务

"4+1"战略的构设要紧紧围绕"西部大开发""人才强国""文化强国""文化自信"等战略部署的宏伟目标,以能力建设为中心,以创新为动力,以调整为手段,促使西南地区基层公共文化人才资本实现高效积累,为建设一支规模充足,素质精良,布局合理,高效益、高产出的西南地区基层公共文化人才队伍而努力。

(三)基本原则

1.促进发展原则

西南地区基层公共文化人才培养要把人才队伍发展作为根本出发点,围绕发展来确立目标任务。要根据西部大开发的总体目标,科学、系统、动态地培养基层公共文化人才,与发展需求相融合,创造最好的人才效益。

2.提高自主创新能力原则

要坚持把基层公共文化人才队伍的能力建设作为主题,把增强自主创新能力作为工作的战略基点,把调整基层公共文化人才队伍结构、转变增长方式的中心环节作为核心,根据各类基层公共文化人才的成长规律和特点,构建工作的制度和体系。

3.国际化原则

西南地区基层公共文化人才培养要以世界眼光、战略思维为切入点,加大培养的国际化程度,推动其国际化进程。根据行业与专业的特点,通过多种途径使西南地区基层公共文化人才在国际范围内得到培养和锻炼。加大开放力度,拓宽国际学术交流与合作领域,使西南地区基层公共文化人才培养与国际接轨,使西南地区基层公共文化人才融入世界人才大系统。

4.协调管理、整体联动原则

西南地区基层公共文化人才培养要创新工作机制和体系,通过重点工程的实施,打破各省、自治区、直辖市的行政、区域界线,贯通西部地区各种类别的基层公共文化人才工程,形成多渠道、分批次、系统高效的基层公共文化人才培养格局。国家相关部门和文化部牵头抓总,将各省、自治区、直辖市的各行业的基层公共文化人才培养工作形成体系,实现上下左右有效衔接,实现西部地区的整体联动。

5.高立意、高起点、高投入、高效益原则

要从西部大开发的高度重视西南地区基层公共文化人才培养工作,将其纳入各地区经济和社会管理的职责范围之内,从时代发展的高起点上创新培养机制和体系,实现有选择的重点跨越。

(四)西南地区基层公共文化人才培养的总体构架

在对西南地区基层公共文化人才培养工作机制的战略愿景、发展目标研究的基础上,在坚持"党管人才"的原则指导下,根据当前基层公共文化人才培养工作机制中存在的热点、难点问题,本项目提出西南地区基层公共文化人才培养工作机制的"4+1"战略:4个体系、1个制度。4个体系是指西南地区基层公共文化人才供需调控体系、培养运行体系、培养服务体系和培养法规体系;1个制度指的是西南地区基层公共文化人才培养绩效评价制度。其中,用人单位和基层公共文化人才是核心对象;供需调控体系、培养运行体系是使培养工作机制科学、合理运行的关键动力和中心环节。在充分发挥市场供需调控机制调节的基础上,各级政府通过综合协调基层公共文化人才培养服务体系,为用人单位和基层公共文化人才提供良好的市场环境及制度环境。而西南地区基层公共文化人才培养绩效评价制度直接作用于政府的调控、用人单位和基层公共文化人才,对其工作做出科学评价,并为具体的工作机制运行的能力和效果做出评价与推动。培养法规体系则是为整个机制的设计和运行提供法律保障。

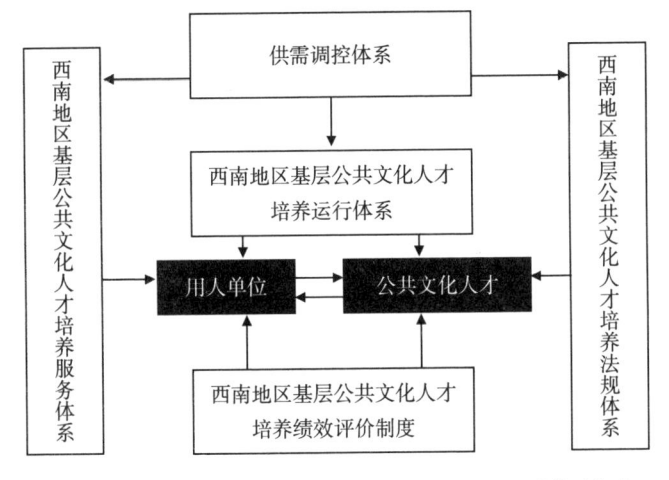

图专1-1　西南地区基层公共文化人才培养的"4+1"战略框架

二、"4+1"战略的体系

(一)供需调控体系的构建

加快西南地区基层公共文化人才的培养工作,建立人才资源供需的宏观调控体系是各级政府的重要职能,是政府提供公共服务的重要组成部分,也是政府加强宏观调控职能在人才资源开发领域的具体体现。

1.西南地区基层公共文化人才供需调控体系的目标

供需调控体系的目标既是宏观调控的出发点,又是宏观调控最后的归宿点,它是基层公共文化人才培养的区域性宏观调控的发展方向,对于整个西南地区基层公共文化人才培养的宏观调控过程有着重要的意义。

西南地区基层公共文化人才培养的宏观调控目标就是要通过培养工作的调节和控制来实现基层公共文化人才资源的总供给与总需求的动态平衡;保持基层公共文化人才培养工作与西南地区经济发展的需求相适应;实现西南地区基层公共文化人才培养与人才使用需求的一致,优化人才资源配置。

(1)基层公共文化人才总量的平衡。

保持西南地区基层公共文化人才资源总量供求的平衡,是实践西部大开发战略的重要任务之一,也是西南地区基层公共文化人才培养工作的目标之一。要通过供需调控体系实现西部各区域内的基层公共文化人才资源的需求数与供给数基本保持平衡,就必须通过政府部门和职能部门对供需平衡进行宏观调控,特别是通过各种有效的培养工作,保证供给的充足。

(2)基层公共文化人才结构的优化。

随着西部大开发战略的深入实施,西南地区的产业结构和区域经济结构已经发生了深刻的变化,西南地区基层公共文化人才培养必须适应这一形势的变化,重新调整和安排。西南地区基层公共文化人才结构优化,必须通过有目的的培养工作,将基层公共文化人才结构调整与各区域的经济社会结构调整相结合,逐步构建西南地区基层公共文化人才合理的结构。将基层公共文化人才结构优化与西部大开发战略相结合,实施西部人才开发计划,加强对西南地区基层公共文化人才的培养和培训。

(3)基层公共文化人才与经济社会的协调发展。

目前,我国西南地区基层公共文化人才增长速度与西部大开发战略的推进和西南地区区域经济发展很不协调,特别是专业化、高层次人才的缺口比较大,这从客观上要求西南地区必须立足于现实,着眼于未来,根据各地区经济社会发展的实际情况,运用先进手段,做好基层公共文化人才需求预测,制订合理的基层公共文化人才培养开发计划,促进基层公共文化人才的科学培养与成长,与各地区经济发展相协调。

(4)基层公共文化人才能力体系的培养。

西南地区基层公共文化人才培养要注重构建基层公共文化人力资源能力的建设,要充分认识基层公共文化人力资源能力培养对经济社会发展的基础性、战略性、决定性意义,把它放在西南地区社会经济发展的突出位置。构筑基层公共文化人才的终身教育体系,创建学习型社会;普及信息网络,优化学习提高手段、弘扬创新精神培养基层公共文化人才。因此,西南地区基层公共文化人才供需宏观调控必须重视基层公共文化人才资源的价值,为基层公共文化人才的培养创造出更好的教育环境、培养机会、培训渠道。

2.西南地区基层公共文化人才供需调控体系应坚持的原则

在基层公共文化人才培养中,西南地区的政府部门在制订和实施各种人才供需调控措施中,应坚持以下原则。

(1)准确掌握人才市场运行态势,体现以文化市场调节为基础的特征。

人才资源的配置和供求关系的相对协调都要通过人才市场来实现。西南地区基层公共文化人才培养要体现总量供给变化、人才结构变动情况等。所以,西南地区基层公共文化人才供需调控的目标、方向和手段也必须建立在市场机制的基础上,按照文化市场经济的内在要求,对西南地区基层公共文化人才培养的诸环节进行调节、监督、规范、支持和保护。

(2)综合运用各种基层公共文化人才供需调控手段。

基层公共文化人才供需调控手段主要有经济手段、法律手段、行政手段、计划手段等。多种调控手段综合运用的好处在于,几种手段搭配使用可以充分发挥各自的优势,同时通过其他手段弥补各自的不足。例如经济手段是诱导性的,法律手段则有较强的约束力。所以,应根据西南地区基层公共文化人才供需调控的主要目标、调控时机和力度,选择使用各种调控手段。

(3)供需调控要体现民族区域情况的特点。

西南地区基层公共文化人才供需调控的方式、手段、数量界限和指标体系的确立,不能完全照搬我国其他地区,特别是东部、南部等发达地区的模式,同时西南五省区市之间也存在着不同的特点,也不能强求整个西南地区实行相同的基层公共文化人才供需调控办法。

3.西南地区基层公共文化人才供需调控体系的构成

建立西南地区基层公共文化人才供需调控体系是一项复杂的系统工程,要对存在于体系中的每一个要素都产生影响,其体系构成如下。

(1)决策控制系统。

决策控制系统是整个基层公共文化人才供需调控体系的神经中枢、指挥中心。它负责明确西南地区基层公共文化人才资源培养规划和培养工作的方针政策等具体内容,并在其行政区域内贯彻和执行。所以这个决策控制系统发出的指令是进行基层公共文化人才供需调控工作的主要依据。

(2)政策调节系统。

政策调节系统是西南地区基层公共文化人才供需调控体系的实施机制。它的设计和实施旨在贯彻决策控制系统发出的各项调节政策,以落实各级政府基层公共文化人才供需调控的目的。所以,这个政策调节系统颁布实施的政策是西南地区基层公共文化人才供需调控工作的基本内容。

(3)信息反馈系统。

信息反馈系统是整个基层公共文化人才供需调控体系的沟通装置、传导器。它通过收集、分析、传导各种信息,供西南地区基层公共文化人才供需调控体系的各个部门做出决策,以沟通、联结整个调控体系,使其对培养工作的调控行为准确、适度、及时。所以,这个信息反馈系统收集、分析、传导的信息组和是供需调控工作的主要参考。

(4)监督保证系统。

监督保证系统是整个西南地区基层公共文化人才供需调控体系的保障设施。它通过维护体系内各有关子系统的相对独立性、调控行为的相对稳定性、纵向政策的相对连续性来保证供需调控工作的高质有效。所以,它的作用是保证调控工作的实施。

这四个系统相互配合有机地结合成整体,以共同实现西南地区基层公共文化人才培养的供需调控工作的目标,完成供需调控任务。

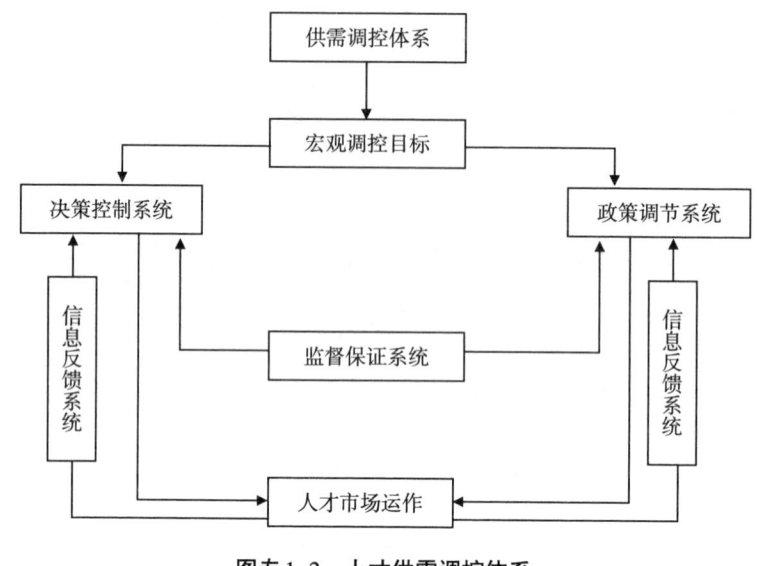

图专1-2 人才供需调控体系

(二)培养运行体系的构建

1. 西南地区基层公共文化人才培养运行体系的变革

以能为本、以用为本的人才培养理念的树立,带来了基层公共文化人才培养的革命。西南地区基层公共文化人才培养要实现以下转变。

(1)由重视学历向重视能力转变。

随着西部大开发的深入实施,需要大量既有知识、又有能力的复合型人才。因此西南地区基层公共文化人才的培养要"既注重学历、又注重能力",从仅注重学历教育向注重人才的自身能力开发、提高人才的自身素质的方向转变。

(2)由被动培养向主动培养转变。

西南地区基层公共文化人才的培养要注重自身人力资本的积累,要转变传统的被动型培养。不断激发基层公共文化人才自身的危机感,增强其学习主动性,以及自我更新知识的动力,由"要我学"转变为"我要学",真正实现西南地区基层公共文化人才培养由被动培养转变为主动培养。

(3)由黄金阶段开发向终生开发转变。

西南地区基层公共文化人才的培养要树立持续教育、终身教育的创新理念,改变传统的"一旦成名,终生享受,止步不前"的模式,实现培养由一次性教育到持续教育、终身教育的创新,并保证培养工作的连续性、全员性、适应性和超前性。

2.西南地区基层公共文化人才培养运行体系的构建

西南地区基层公共文化人才培养运行体系是较长时期内培养工作的操作体系,培养要依据区域经济社会的发展,以及基层公共文化人才培养对象与培养绩效评价的预期值,确定需要培养的内容,并据此制订相应的培养计划和项目,最后通过评估对基层公共文化人才培养效果的改进与提升提供反馈与指导。所以,它包括以下环节:培养需求的分析、培养目标的设置、培养计划的制订和培养效果的评估四个环节。

(1)培养需求的分析。

从政府的宏观调控角度,西南地区基层公共文化人才培养需要考虑西南地区的特点、西南地区文化及其保护和发展,以及西南地区政策和区域内发展战略等相关背景。这项分析是对有效培养的分析基础,考虑的核心是培养工作如何辅助西南地区来实现发展目标,如何在不同的领域内影响培养工作,特别是本地区发展对基层公共文化人才队伍建设的需求是什么,需要什么领域、行业和类型的基层公共文化人才等等。同时要分析与期望收益紧密相关的培养成本和机会成本。在培养需求的分析中,最核心的就是要明确本地区内所需的基层公共文化人才具体的职位,以及该职位的职责和完成工作任务所需要的知识和技能的类型。在这一分析中,要明确培养的类型是在职培养还是脱产培养,是学历教育还是知识技能培养等等。

(2)培养目标的设置。

培养目标是多样化的,西南地区基层公共文化人才的培养目标必须由对培养需求的正确分析所确定,并以明确、可衡量的术语界定。可以从以下四个方面来衡量培养目标的设置是否科学。第一,通过培养可以提升西南地区基层公共文化人才的数量增加的比例;第二,通过培养,西南地区基层公共文化人才的工作质量提高的程度;第三,通过培养,西南地区基层公共文化人才工作效率提高的程度;第四,培养的投入与产出的比例。

设置培养目标时要注意目标必须与本地区的发展战略一致,且为可操作及可度量的培养目标,并为培养计划提供明确的方向和可供遵循的架构,并为培养结果进行效果评估提供依据。

(3)培养计划的制订。

培养计划是整个培养过程的源头,培养计划的内容与实施必须得到培养对象及培养主体的认同和支持。因此,在制订西南地区基层公共文化人才培养计划时,要让来自本地区的基层公共文化人才需求方、基层公共文化人才培养对象及基层公共文化人才宏观调控的管理部门为培养计划的制订提供信息。基层公共文化人才培养主体根据这些信息,有针对性地制订包括培养项目、培养方式、培养内容、培养对象、培养时间周期,以及培养所需资料和设备等内容的具体计划。这一培养计划中还需要针对本民族区域内各层次、各类型培养对象选择相适应的培养项目,并分别建立相应的培养系统模型。

(4)培养效果的评估。

培养效果的评估是一个完整的培养工作的最后环节,它既是对培养工作实施成效的评价与总结,同时又是今后培养工作开展的重要前提,即为下一次培养需求提供重要信息。因此培养效果评估的根本目的不在于对本期培养工作的奖惩,而在于为今后的培养工作提供科学、全面、准确的决策信息。

西南地区基层公共文化人才培养效果的评估要从有效性和效益性两方面开展。培养的有效性是指培养工作对本地区的基层公共文化人才培养目标的实现程度,以及通过培养工作的开展,在基层公共文化人才数量上和质量上的提升程度。培养的效益性则是判断培养工作给本地区的经济社会发展、民族文化发展等各项事业所带来的经济效益和社会效益。其中,经济效益测算的依据是西南地区基层公共文化人才运用培养工作所掌握的知识和技能为社会所创造的物质产品的价值;社会效益测算的依据是西南地区基层公共文化人才运用培养工作所掌握的知识和技能为社会创造的精神产品的价值。

(三)培养服务体系的构建

人才培养服务体系的主体是政府相关职能部门,其服务的对象是用人单位和人才群体,要通过多种服务手段拓宽服务范围,形成西南地区基层公共文化人才的多领域、多功能的人才培养社会化服务体系,为西南地区基层公共文化人才和用人单位提供全方位服务。

1.投资兴建基层公共文化人才培养基础设施

基层公共文化人才培养基础设施建设是一个综合性的建设,其中包括了各类硬件建设和软件建设。就西南地区而言,各地区要针对本地区公共文化发展的战略目标,首先由政府出资加强基层公共文化人才培养载体建设。在载体建设中,一个重要的内容就是加强本地区现有高等院校、文化机构等主体的建设,加强基层公共文化人才培养工作的教学人才队伍的建设。

其次,要加强基层公共文化人才培养工作宏观统筹管理的政府职能部门的建设,特别是提升政府职能部门中直接从事基层公共文化人才培养工作的专职管理人员的专业素养和知识水平。

最后,要加强基层公共文化人才培养机制实施和工作开展的平台建设,例如西南地区基层公共文化人才宏观管理信息平台的建设、能够保证培养工作顺利开展的办公设备以及其他设备等的建设。

2.为西南地区基层公共文化人才培养提供信息服务

西南地区的政府可以通过在本区域内设立针对西南地区基层公共文化人才就业与需求的服务机构,一方面收集西南地区用人单位所需公共文化人才的职位空缺信息,以及具体的用人条件;另一方面在本区域内登记有求职意向的公共文化人才的详细信息,实现西南地区基层公共文化人才供需双方的信息交流,并通过收集到的信息,向各类培养机构提供社会和市场对基层公共文化人才的知识技能需求情况,帮助培养机构开展培养工作,实现用人需求与培养的对接,从而降低西南地区基层公共文化人才培养成本和风险。

(四)培养法规体系的构建

西南地区基层公共文化人才培养要以市场化和法制化为出发点,制定符合人才市场体制和人才市场机制的西南地区基层公共文化人才培养战略,形成准确把握市场经济本质要求和人力资本内在规律的西南地区基层公共文化人才培养法规体系。通过培养法规体系来保护西南地区基层公共文化人才培养工作中培养主体、用人单位和基层公共文化人才的合法权益,做到用法制保障西南地区基层公共文化人才培养工作的实施。

具体的法规政策体系要根据本区域的公共文化发展规划来设定,但培养的法规体系要以西南地区基层公共文化价值实现为导向,遵循基层公共文化人才成长规律和市场经济规律,规范好基层公共文化人才培养的工作机制,以及培养主体的竞争秩序,不断赋予基层公共文化人才培养工作制度以新内涵,为通过培养调节西南地区基层公共文化人才供需平衡提供法规政策支持。

三、"4+1"战略的培养绩效评价制度

(一)培养绩效评价制度的设计构想

1.培养绩效评价制度的设计思想与原则
(1)制度设计思想。
要坚持习近平新时代中国特色社会主义思想,深入贯彻落实科学

发展观和科学人才观,以《国家中长期人才发展规划纲要(2010—2020年)》精神为统领,结合西南地区基层公共文化人才发展的战略目标,各评价主体要善于整合现有西南地区基层公共文化人才培养目标评价的工作机制、方法体系与指标体系,规范西南地区基层公共文化人才培养目标评价的基本流程,建立科学的目标评价机制,营造良好的目标评价氛围,实现目标评价的科学化、系统化、规范化发展。

(2)培养绩效评价制度建设的基本原则。

培养绩效评价制度是各组成要素的有机统一体,为了保障制度建设的实效性与科学性,西南地区基层公共文化人才培养绩效评价制度建设的实践必须要在一定原则的指导下有序推进。

第一,动态性原则。西南地区基层公共文化人才培养绩效评价制度的动态性原则是指要能够适应西部地区经济社会发展的需要,能够将西部大开发战略与基层公共文化人才培养工作的具体目标相结合。在进行评价的实践中,要善于从西南地区基层公共文化人才队伍的实际出发,以西南地区基层公共文化人才培养目标为导向,及时对培养工作的基本信息进行调试、整合,善于根据工作实际的变化及时对人才培养目标进行调整。

第二,可操作性原则。西南地区基层公共文化人才培养绩效评价制度的建设要符合西南地区基层公共文化人才队伍的实际,这是评价得以顺利推行的必要前提;要确保评价制度的建设能够在现有的条件下得以顺利实施与推进,这是评价制度建设的现实基础;确保评价制度的建设能够在培养工作的实践中得以贯彻落实,促进西南地区基层公共文化人才培养高效率、高效益的组织与实施。

第三,发展性原则。发展性原则要求评价制度的建设要在对现阶段基层公共文化人才培养进行有效检验的同时,又为下一阶段培养制订切实可行的目标提供有力的参考。西南地区基层公共文化人才培养绩效评价制度要着力评价培养工作的具体效果,检验本阶段培养目标的实现程度,更要在科学分析与把握培养目标评价结果的基础上,对培养工作过程中的经验与教训进行总结与反思,提升下一阶段开展基层公共文化人才培养的科学性与实效性。

2.培养绩效评价制度的内涵

西南地区基层公共文化人才培养绩效评价制度是一个综合了评价主体、评价客体、评价指标、评价方法等人才工作目标评价活动的基本要素在内的相互联系、相互影响、相互作用而形成的有机统一的制度体系。

西南地区基层公共文化人才培养绩效评价制度是在进行基层公共文化人才培养工作目标评价工作的实际中,在遵循一定原则的前提下,在对目标评价机制内部各要素进行科学分析与定位的基础上,不断建立健全的基层公共文化人才培养工作目标评价体系。

在建设西南地区基层公共文化人才培养绩效评价制度时,必须要对其内部各要素进行科学分析与定位。

(1)评价主体。

评价主体主要是指负责对基层公共文化人才培养工作进行评价的人或组织机构,主要解决的是由谁、由哪些组织或机构来组织进行评价的问题。

在西南地区基层公共文化人才培养绩效评价制度的建设中,评价的作用与功能决定了评价的主体构成,具体而言包括以下几个方面。

一是国家机关部门,主要负责对西南地区基层公共文化人才培养的统筹规划与领导,处于评价的统领性地位和指导性层次。

二是西南地区的各省、自治区、直辖市的党委组织部和政府内部各管理部门,包括人才工作协调小组、人力资源与社会保障部门和各职能部门领导人员,主要负责对培养评价的战略决策和领导,对培养工作的评价与管理,使评价具有系统性、统一性与规范性等特点。

三是各种专业性的评价中介组织。此类主体是社会各类中介组织、研究机构,以及经申请批准而成立的专门性的评价组织,属于社会组织的范畴,是人才工作目标评价主体的重要组成部分。

四是西南地区基层公共文化人才培养的对象,即在西南地区范围内广泛存在于各行各业的各类基层公共文化人才。该评价主体对培养评价制度的建设主要通过人才工作的满意度、人才工作的评价等方面得以体现,是实现评价主体多元化发展的必要补充。

(2)评价客体。

评价客体是指人才培养工作评价针对的人或组织机构,主要解决的是对谁、对哪些组织或机构来进行人才培养评价的问题。人才培养评价客体与人才培养评价主体一起构成了人才培养绩效评价制度建设的两大核心。

在西南地区基层公共文化人才培养评价制度的建设中,从事具体人才培养工作的人员及各类组织构成了人才培养评价制度的客体,具体而言包括以下几个层次。

一是西南地区各级党委和人民政府中负责基层公共文化人才培养工作的各级领导。要将人才培养工作作为对其工作评价的重要内容落实下来,促进各级领导人积极推进基层公共文化人才培养工作的有序进行。

二是西南地区的各类组织、职能部门中负责人才培养工作的单位。一般是对组织目标的实现程度、人才培养工作的效率与效益等方面进行宏观层面的评价。

三是西南地区从事具体的基层公共文化人才培养工作的工作人员。主要对工作人员个体的工作效率、效益等进行微观层面的评价。

(3)评价指标。

人才培养评价制度中的核心内容是根据基层公共文化人才培养工作的职能和职责,设计科学的评价指标体系。评价指标的正确性与科学性,直接影响着人才评价结果的科学性、准确性,指导着人才培养工作的有序进行。因此,科学、合理地构建评价指标对科学开展人才培养评价具有十分重要的意义。

具体而言,西南地区基层公共文化人才培养评价指标应当结合西南地区基层公共文化人才培养的工作实际,从基层公共文化人才培养过程与效果两个角度出发来进行系统的构建:一是构建西南地区基层公共文化人才培养评价的宏观指标体系,要着重发挥这一评价指标的宏观指导作用;二是构建西南地区各省、自治区、直辖市基层公共文化人才培养评价的具体指标体系,要注重从西南地区的实际出发,结合其基层公共文化人才工作特点,对各评价指标权重进行比较与设置;三是构建各职能部门基层公共文化人才培养评价的专项评价指标体系,注重从基层公共文化人才培养的具体实际出发,尊重人才培养的基本规律,实现基层公共文化人才培养评价制度科学化、系统化、规范化发展。

(4)评价方法。

评价方法主要指的是用什么样的方法来进行评价的问题,评价方法的使用直接关系到基层公共文化人才培养工作目标评价结果的科学性与有效性,影响着基层公共文化人才培养工作者参与目标评价的积极性与主动性。但是,受到评价方法自身特点的影响,单一的评价方法无法满足基层公共文化人才培养工作目标评价实际发展的要求。因此,在进行基层公共文化人才培养工作目标评价实践时,要实现评价方法的多样化、综合化发展,不断提升人才培养工作目标评价的实效性、科学性。

在西南地区基层公共文化人才培养工作目标评价实际中,要实现以下几种方法的综合使用:一是要以多维评价方法为根本,实现对人才培养工作的全方位、多角度的评价,保障评价结果的客观公正;二是要以目标管理方法为主干,目标评价是目标管理的核心,因此,必须要在目标管理基本原则的指导下逐步推进评价的有效实施;三是要以KPI评价法为重要补充。KPI评价法是绩效评价的重要手段与方法,在评价过程中发挥着重要的作用,而目标评价作为绩效评价的重要内容,为了提高评价的科学性与有效性,必须要在实践过程中对KPI评价法加以合理的运用。

(5)评价程序。

评价程序主要是指基层公共文化人才培养工作目标评价的具体开展与实施的过程,是整个基层公共文化人才培养工作目标评价机制得以落到实处的关键所在。通过评价程序的科学化与规范化推行,保障人才培养工作目标评价活动能够得以贯彻落实,是人才培养工作目标评价得以实现的必由之路。

在进行西南地区基层公共文化人才培养工作目标评价的过程中,一方面,要从西南地区基层公共文化人才培养工作的具体实际出发,制订出符合西南地区基层公共文化人才发展的人才培养工作绩效评价目标,这是人才培养工作目标评价程序的起点。另一方面,西南地区基层公共文化人才培养工作目标评价要着眼于推进人才培养工作质量的持续提升,这是人才培养工作目标评价程序的最终落脚点与归宿。此外,要在实践过程中推进西南地区基层公共文化人才培养工作目标评价程序规范化、模式化的发展,并能够在统一模式的引导下,善于根据各区县、各行业、各部门的人才工作要点适时地进行调整,实现人才培养工作目标评价程序的动态化发展。

(6)评价结果。

评价结果是指评价主体在明确评价目标,建立科学、可行的评价指标、评价方法的基础上,经由评价程序的规范实施之后,对评价对象的人才培养工作进行的综合评价。评价结果是对人才培养工作者工作成绩的全面、综合的反映,是奖惩人才培养工作者的重要依据,评价结果的客观性与公正性直接影响着人才培养工作者参与评价的积极性与主动性。

在西南地区基层公共文化人才培养工作目标的评价实践过程中,一方面,要及时向评价对象公布评价结果,使对评价结果有异议者能够及时地申诉或认可评价结果;另一方面,要将评价的最终结果及时地反馈给目标评价主体,使目标评价主体能够及时地了解目标评价客体的工作状况。此外,还要积极地使用评价结果,发现目标评价结果中所反映的问题,为开展下一阶段的人才培养工作目标评价提供必要的指导与支撑。

3. 西南地区基层公共文化人才培养工作目标评价工作机制的运行机理

人才培养工作目标评价工作机制的建立作为一项复杂的系统工程，是机制内部各要素相互作用、相互影响、相互联系的结果，因此，在进行人才培养工作目标的评价实践中，为了保障各要素作用的充分发挥，必须要对其内部的运行机理加以分析与把握。

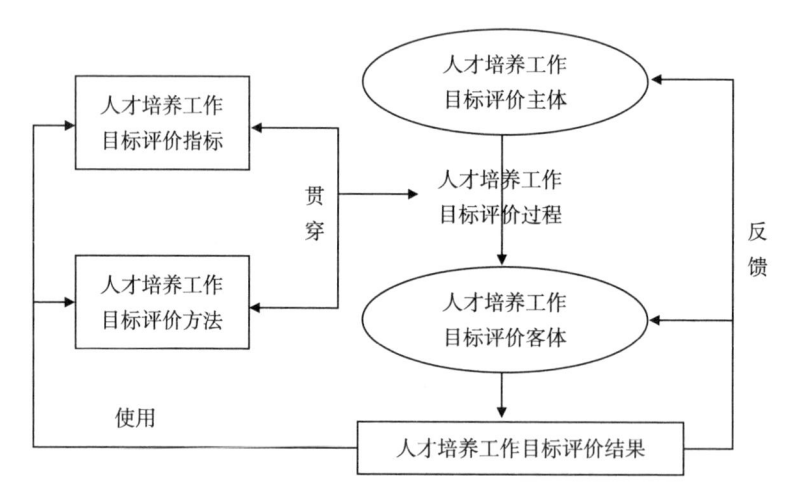

图专1-3　西南地区基层公共文化人才培养工作目标评价工作机制的运行机理

在进行西南地区基层公共文化人才培养工作目标评价工作机制的建设时，要构建一个以培养工作目标评价主体、培养工作目标评价客体为中心的"双核心"模型。在这一模型中，首先，评价主体通过培养工作目标评价过程实现对评价客体的评价，并最终以评价结果的形式反映出评价客体的实际工作情况，对培养工作者实现目标的程度进行检验。其次，培养工作目标评价指标与培养工作目标评价方法贯穿于培养工作目标评价过程始终，共同作用于培养工作目标评价主体与评价客体，决定着整个目标评价的效率与效益。最后，培养工作目标评价结果既反映了培养工作目标评价活动的效果，又反映了培养工作者的工作情况,对其有效使用将为下一阶段目标评价工作的有序开展与实施提供必要的理论基础与实践经验。

(二)培养评价指标体系设计

构建科学合理的西南地区基层公共文化人才培养工作目标评价指标体系能够使西南地区基层公共文化人才工作更具有科学性、客观性和准确性,是实现培养工作绩效评价科学性、客观性和准确性的关键所在。因此,科学、合理地构建西南地区基层公共文化人才培养工作绩效评价指标具有十分重要的意义。

构建西南地区基层公共文化人才培养工作目标评价指标体系的一个重要出发点就是把各级党委和政府职能部门中培养工作绩效所涉及的所有领域的复杂关系简单化,用简化的评价指标获取尽可能多的评价信息,为把握和了解人才工作绩效现状提供科学的评判依据。形成科学的人才培养工作绩效评价制度的核心工作就是根据人才工作部门的职能和岗位职责设计科学的绩效评价指标体系。同时,完善的评价指标体系还应对人才培养工作绩效所涉及的各个方面的变化趋势和变化程度做出反应,通过不同指标上的具体得分来发现阻碍和影响人才培养工作绩效持续提高的不利因素、存在的问题及原因,并为采取什么样的有效措施以提高人才培养工作绩效提供科学的数据分析。

1.构建评价指标体系应遵循的原则

(1)综合全面性原则。

所谓综合性,就是不能以某一个方面的指标代替人才培养工作目标评价指标的全部,要从人才培养工作的过程和结果多个方面综合地对人才培养工作绩效进行评价,评价指标要全面、合理、客观,要能涵盖和全面反映人才培养工作的实际情况。

(2)系统性原则。

人才培养工作目标评价指标体系实际上就是将各级党委和政府部门人才培养工作的绩效目标进行分解而形成的一个由一定数量的绩效评价指标所构成的集合。组成这个集合的各个评价指标既相互独立,又相互作用,构成一个有机联系的整体;组成这个集合的各个评价指标并不是胡乱地堆积在一起,而是有权重之分的,并且划分为不同的层次。

(3)可操作性原则。

人才培养工作目标评价指标是用来测量人才培养工作绩效的一个特点数值或特性。这就要求所建立的评价指标体系具有可行性、可操作性,包括评价指标所涉及的数据容易采集,计算公式科学合理,评价过程简单、利于掌握和操作。

(4)导向性原则。

人才培养工作目标评价的目的就是通过绩效评价获得有效的绩效信息,了解和把握人才培养工作的现状,发现问题,找出差距,改进和提高人才工作的效率和能力,促进经济社会全面协调和可持续发展。因此,评价指标的选择必须有利于实现人才培养工作目标评价的目的。

(5)独立性与差异性原则。

独立性原则指的是评价指标之间的界限应清楚明晰,不会发生含义上的重复,指标体系的各项指标都具有独立的信息,相互不能代替。差异性原则指的是评价指标之间的内容可以进行比较,能明确分辨各个指标的不同之处以及内涵上明显的差异。

2.设计评价指标的基本要求

人才培养工作目标评价指标是评价制度中的关键内容,在设计评价指标时应注意满足下面的基本要求。

(1)内涵明确清晰。

应对每一个绩效评价指标规定出明确的含义,评价指标的表达应明确清晰,用于定义评价指标的名词应准确,没有歧义,使评价主体能够轻松地理解它的含义,以避免对评价指标内容产生不同的理解,从而减少绩效评价误差的产生。

(2)具有独立性。

人才培养工作目标评价指标体系中的各个评价指标尽管相互作用、相互影响、相互联系而构成一个有机整体,但每个评价指标一定要有独立的内容,有独立的含义和界定。

(3)具有针对性。

西南地区基层公共文化人才培养工作目标评价指标体系一方面要针对西南地区的特殊情况,另一方面应针对被评价对象的人才培养工作绩效目标,并反映出相应的绩效标准。因此,应根据人才培养工作所要求的各项工作内容及相应的绩效目标和标准来设定每一个绩效评价指标。同时,根据绩效评价的目的、被评价对象的工作任务等因素确定不同评价指标的权重。

(4)评价指标与目标的一致性。

人才培养工作目标评价的目的就是为了帮助被评价对象实现人才工作系统运行的最终目标。因此,评价指标与人才培养工作系统目标内容要一致,要完整地反映被评价对象人才培养工作系统运行的目标。

(三)培养工作目标评价指标体系

要构建西南地区基层公共文化人才培养工作目标评价指标体系,就要从区域整体来思考,要赋予区域人才工作的特定要素、内容和特点。一方面,要设计指标体系,同时更要依据指标体系,制订规划或计划,明确今后努力的方向,特别是要注意抓住关键与薄弱环节,有步骤地加以改进。

1.西南地区基层公共文化人才培养工作目标评价指标体系整体构成

根据对西南地区基层公共文化人才培养工作的构成要素进行合理的解构,以及结合西南地区基层公共文化人才培养工作的实际情况,本研究将西南地区基层公共文化人才培养工作目标评价指标体系分为人才培养工作过程和人才培养工作效果两大领域。在此基础上,将人才培养工作过程领域分为政策环境类和服务指导类两类评价因素;将人才培养工作效果领域分为总量、结构、分布和发展四类评价因素。在评价因素的基础上,再划分出具体的评价指标,具体设计如表专1-1。

表专1-1 西南地区基层公共文化人才培养工作目标评价指标体系

评价领域	评价因素	评价指标	评价对象的级别*
西南地区基层公共文化人才培养工作过程	政策因素	人才培养法规工作	A/B
		人才培养政策工作	A/B
		人才培养机构工作	A
		人才培养环境工作	A/B

续表

评价领域	评价因素	评价指标	评价对象的级别*
西南地区基层公共文化人才培养工作过程	服务因素	人才培养领导工作	A/B
		人才培养调控工作	A
		人才培养统计工作	A/B
		人才培养规划工作	A
		人才培养评价工作	A/B
		人才培养服务工作	A/B
西南地区基层公共文化人才培养工作效果	总量因素	人才培养总量成果	A/B
		人才培养密度成果	A/B
	结构因素	学历结构培养成果	A/B
		职称结构培养成果	A/B
	分布因素	人才培养行业分布	A
		人才培养产业分布	A
	发展因素	人才培养效能	A
		人才增长速度	A/B
		人才培养投入水平	A/B

*A为公共文化政府职能部门，B为基层公共文化机构。

西南地区基层公共文化人才培养工作目标评价的三级评价指标按照三个层次设计，第一是根据西南地区基层公共文化人才经济社会发展的价值分为人才培养工作的过程和结果两个领域；第二是根据人才培养工作的目标贡献度，将人才培养工作过程分为政策因素、服务因素两个因素，将人才培养工作效果分为总量、结构、分布和发展四个因素；第三是根据人才培养工作的关键内容，将第二层的重点目标因素分为人才培养法规工作、人才培养政策工作等共19项重点指标。

2.西南地区基层公共文化人才培养工作目标评价各级指标的含义

西南地区基层公共文化人才培养工作目标评价指标体系的各级

指标应该具有明确的指向性,因此必须对指标的具体含义进行阐释。在评价指标体系中还有一个重要的内容就是各层级指标的权重设计。西南地区基层公共文化人才市经济社会发展是一个动态变化的过程,与之相对应,人才培养工作目标也就应该是一个具有重点任务、重点目标动态变化的体系。因此本研究认为,对于西南地区基层公共文化人才培养工作目标评价各级指标的权重设计需要根据人才培养工作的重点目标,动态确定其各层级权重,因此本指标体系并未对各层级指标赋予具体的权重指数。

表专1-2 基层公共文化机构中的公共文化人才培养工作目标评价指标体系含义及计算方法

评价领域及权重	评价因素及权重	评价指标及权重	指标内容	计算方法
西南地区基层公共文化人才培养工作过程($X\%$)	政策因素($X_1\%$)	人才培养法规工作($X_{11}\%$)	法律法规的贯彻与宣传是否得力	根据实际情况进行五级打分: 91~100分为A(优) 81~90分为B(良) 71~80分为C(中) 61~70分为D(及格) 60分以下为E(差)
		人才培养政策工作($X_{12}\%$)	人才培养政策的制定、落实和完善是否到位	
		人才培养机构工作($X_{13}\%$)	是否建设成系统、全面且高效的人才培养机构体系	
		人才培养环境工作($X_{14}\%$)	是否形成了良好的社会环境,营造了良好的人才培养氛围	

续表

评价领域及权重	评价因素及权重	评价指标及权重	指标内容	计算方法
西南地区基层公共文化人才培养工作过程（X%）	服务因素（X_2%）	人才培养领导工作（X_{21}%）	是否形成了和完善了基层公共文化人才培养的"党管人才"工作机制及"党管人才"组织管理体系	根据实际情况进行五级打分： 91~100分为A（优） 81~90分为B（良） 71~80分为C（中） 61~70分为D（及格） 60分以下为E（差）
		人才培养调控工作（X_{22}%）	是否建立了科学合理、有序发展的人才培养调控机制	
		人才培养统计工作（X_{23}%）	是否建立了有效的人才培养的统计、分析、查询和运行机制	
		人才培养规划工作（X_{24}%）	是否及时制订了符合自身经济社会文化发展规划的人才培养规划及相关项目和工程	
		人才培养评价工作（X_{25}%）	是否建立了人才培养评价机构，并积极开展人才培养的评价工作	
		人才培养服务工作（X_{26}%）	是否建立了人才培养服务体系和平台	
西南地区基层公共文化人才培养工作效果（Y%）	总量因素（Y_1%）	人才培养总量成果（Y_{11}%）	本地区就业人员中的基层公共文化人才占总量的比例	人才总量=就业人员中中级以上职称、大专以上学历的人员总数
		人才培养密度成果（Y_{12}%）	基层公共文化人才占本地区就业人员总量比重	人才密度=就业总人数/基层公共文化人才总量×100%
	结构因素（Y_2%）	学历结构培养成果（Y_{21}%）	基层公共文化人才研究生以上学历占人才总量比例	学历结构=研究生以上学历基层公共文化人才总量/人才总量×100%
		职称结构培养成果（Y_{22}%）	高级职称以上基层公共文化人才数占本地区人才总量比例	职称结构=高级以上职称基层公共文化人才总量/人才总量×100%

续表

评价领域及权重	评价因素及权重	评价指标及权重	指标内容	计算方法
西南地区基层公共文化人才培养工作效果($Y\%$)	分布因素（$Y_3\%$）	人才培养行业分布（$Y_{31}\%$）	某行业基层公共文化人才数占本地区人才总量比例	行业分布=某行业基层公共文化人才总数/人才总量×100%
		人才培养产业分布（$Y_{32}\%$）	某产业基层公共文化人才数占本地区人才总量比例	产业分布=某产业基层公共文化人才总数/人才总量×100%
	发展因素（$Y_4\%$）	人才培养效能（$Y_{41}\%$）	创造百万元GDP所需基层公共文化人才数量	人才效能（人/百万元）=基层公共文化人才总量（人）/区域GDP（百万元）
		人才增长速度（$Y_{42}\%$）	评价周期内,基层公共文化人才数量增长百分比	人才增长速度=(本次评价期人才总数−上次评价期末人才总数)/上次评价期人才总数×100%
		人才开发投入水平（$Y_{43}\%$）	公共财政等投入基层公共文化人才开发的经费占总量比例	人才开发投入水平=投入基层公共文化人才开发的经费/公共财政总支出×100%

注：各级权重之和为100%,如：$X\%+Y\%=100\%$；$X_1\%+X_2\%+Y_1\%+Y_2\%+Y_3\%+Y_4\%=100\%$。

表专1-3　政府部门中西南地区基层公共文化人才培养工作目标评价指标体系含义及计算方法表

评价领域及权重	评价因素及权重	评价指标及权重	指标内容	计算方法
西南地区基层公共文化人才培养工作过程（X%）	政策因素（X_1%）	人才培养法规工作（X_{11}%）	贯彻西南地区基层公共文化人才培养的法律法规的贯彻与宣传是否得力	根据实际情况进行五级打分：91~100分为A(优)81~90分为B(良)71~80分为C(中)61~70分为D（及格）60分以下为E(差)
		人才培养政策工作（X_{12}%）	西南地区基层公共文化人才培养政策的制定、落实和完善是否到位	
		人才培养环境工作（X_{13}%）	是否形成了良好的单位环境，营造良好的西南地区基层公共文化人才培养氛围	
	服务因素（X_2%）	人才培养领导工作（X_{21}%）	是否形成了和完善了西南地区基层公共文化人才培养的"党管人才"工作机制及"党管人才"组织管理体系	
		人才培养统计工作（X_{22}%）	是否建立了有效的本单位西南地区基层公共文化人才培养统计机制	
		人才培养规划工作（X_{23}%）	是否及时制订了本单位西南地区基层公共文化人才培养规划及相关项目和工程	
		人才培养服务工作（X_{24}%）	是否建立了本单位西南地区基层公共文化人才培养服务体系和平台	

续表

评价领域及权重	评价因素及权重	评价指标及权重	指标内容	计算方法
西南地区基层公共文化人才培养工作效果（$Y\%$）	总量因素（$Y_1\%$）	人才培养总量成果（$Y_{11}\%$）	本单位全体人员中的西南地区基层公共文化人才总量	人才总量=本单位全体人员中高级以上职称、研究生以上学历的人员总数
		人才培养密度成果（$Y_{12}\%$）	本单位西南地区基层公共文化人才占全体人员总量比重	人才密度=西南地区基层公共文化人才总量/单位总人数×100%
	结构因素（$Y_2\%$）	学历结构培养成果（$Y_{21}\%$）	本单位研究生以上学历人才数占人才总量比例	学历结构=研究生以上学历人才总量/单位总人数×100%
		职称结构培养成果（$Y_{22}\%$）	本单位高级职称以上人才数占人才总量比例	职称结构=高级以上职称人才总量/单位总人数×100%
	发展因素（$Y_3\%$）	人才培养增长速度（$Y_{31}\%$）	评价周期内，本单位基层公共文化人才数量增长百分比	人才增长速度=（本次评价期基层公共文化人才总数−上次评价期末总数）/上次评价期人才总数×100%
		人才培养投入水平（$Y_{32}\%$）	本单位投入基层公共文化人才培养的经费占总支出的比例	人才开发投入水平=投入基层公共文化人才培养的经费/本单位总支出×100%

注：各级权重之和为100%，如：$X\%+Y\%=100\%$；$X_1\%+X_2\%+Y_1\%+Y_2\%+Y_3\%=100\%$。

(四)基层公共文化人才培养评价方法体系设计

西南地区基层公共文化人才培养工作目标评价是新时期新形式新情况下,提高人才培养工作效率与效益的迫切要求,为此,在基层公共文化人才培养工作目标评价的实践操作过程中,要通过构建科学、系统的评价方法体系,综合使用各种评价,实现对人才培养工作业绩科学、系统、有效的评价,以推动人才培养工作目标评价的顺利展开。人才培养工作目标评价实施方法多种多样,各有利弊,在具体的实践过程中,要善于辨别各种评价方法,进行评价方法的优化整合。

1. 评价方法体系的整体设计

以西南地区基层公共文化人才培养工作目标评价的思想为指导,西南地区基层公共文化人才培养应紧密结合西南地区的具体实践,依据人才培养工作目标评价方法体系设计原则,在培养工作目标评价过程中构建多维价值评价方法体系。多维价值评价方法体系是指在人才培养工作目标评价过程中,由多种不同评价方法整合作用而构成的方法体系,它是由多元主体评价法、目标管理法、关键因素法有机组合而成的评价方法体系。

多元主体评价法是整个评价过程的框架,贯穿于人才培养工作目标评价过程的始终,其一方面限定人才培养工作目标评价的主客体,另一方面限定人才培养工作目标评价体系与外部的边界;目标管理法则是针对人才培养工作目标对工作过程的评价,属于阶段性评价方法,目标管理法的应用能够确保人才培养工作过程的科学性、方向性;而关键因素法是对评价指标的把握和评价,具体讲就是对人才培养工作的重点工作内容进行具体评价,以准确评价人才培养工作目标的落实效果。因此,多维价值评价方法体系实际是一个以多元主体评价法为核心,以目标管理法为重点,以关键因素法为工具,三位一体整合运作的人才工作目标评价方法体系。(见图专1-4)

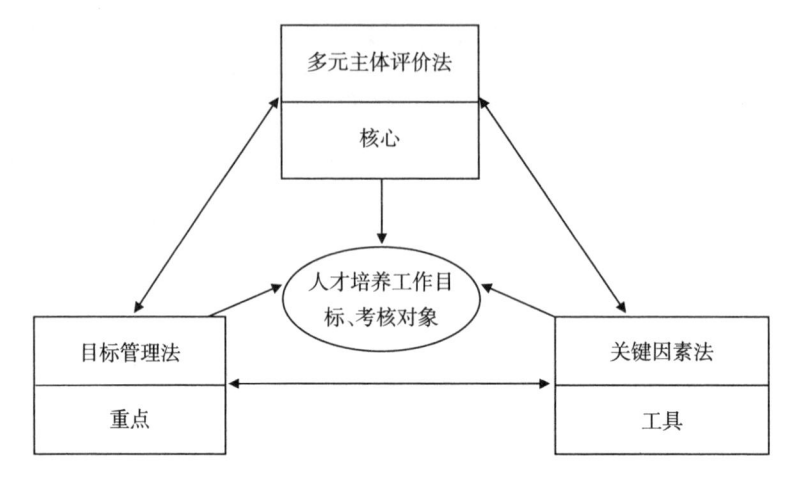

图专1-4　多维评价方法体系结构

2.评价方法体系的构成

(1)以多元主体评价法为核心,强化人才培养工作目标评价的价值。

人才培养工作目标评价中的多元主体评价法指包括党委组织部门、人事部门的人才培养工作目标评价小组、单位人才培养工作目标评价小组、第三方人才培养工作目标评价机构、公众以及人才培养工作的责任人等评价主体,他们基于自身利益关系从各自角度对在一定时间段内人才培养工作实现其预设目标的状况进行评价,并通过反馈程序将评价结果反馈给承担该人才工作的责任人,以达到改善该责任人工作行为,提高其工作效率与效益的目的。西南地区基层公共文化人才培养工作目标评价,以多元主体评价法为核心方法,能够强化人才工作目标评价的价值。一方面,多个主体从不同层面进行评价,评价结果取其平均值,每个层面的评价结果又给予不同的加权,最后得到的加权评价值,从统计学的角度看,其结果更接近于客观情况,从而能够确保评价的科学性和合理性,有利于评价结果的反馈与使用,从而推动人才工作目标评价价值的实现。另一方面,多元主体评价法实现多个评价主体对人才培养工作目标完成情况的评价,实现了人才培养工作目标评价的多元价值。人事部门、人才工作管理者自评,能够提高其人才管理水平;人才培养工作单位自评,能够提高其人才培养和人才集聚能力;人才培养工作责任人自评,能够使其发现人才工作过程中的不足等。

(2)以目标管理法为重点,科学评价人才培养工作目标的实现过程。

人才培养工作目标评价中的目标管理法是指在整个人才培养工作目标评价的过程中,以预设目标实现情况为依据,对人才工作落实效果进行评价的方法。人才培养工作目标评价过程中,以目标管理法为重点,有利于科学评价人才培养工作目标的实现过程。一方面,目标管理法把对评价对象的评价从工作态度转向工作业绩,强调工作结果,以具体结果为依据使评价更加客观、具体。另一方面,目标管理法对人才培养工作目标完成情况进行阶段性考查,能够把握人才培养工作开展的方向性和科学性。

(3)以关键因素法为工具,准确评价人才培养工作目标的落实效果。

人才培养目标评价过程中运用的关键因素法是指以人才培养工作目标评价的具体指标为依据对人才工作的重点工作内容做出具体评价的评价方法。在人才培养工作目标评价过程中,以关键因素法为工具,能够准确评价人才培养工作目标的落实效果。一方面,关键因素法的运用,是对人才培养工作目标评价指标体系的把握和评价,能够对人才工作做出具体、客观评价。另一方面,关键因素法是对人才培养工作过程中重点内容的具体评价,能够把握人才工作的主要方向,从而对人才培养工作目标的落实效果进行准确评价。

(五)西南地区基层公共文化人才培养工作目标评价的程序设计

人才培养工作目标评价的实施与进行是一个较为复杂的过程,在此过程中,人才培养目标评价资料的收集、人才培养工作目标的确定、人才培养目标评价指标体系与方法体系的制订与设计、人才培养目标评价对象的选择、对目标评价主体的培训以及目标评价结果的使用与反馈等各项内容构成了一个相互联系、相互影响的有机统一体,贯穿于人才培养工作目标评价的各个环节。每个环节在人才培养工作目标评价过程中都具有重要的意义,并且直接影响着西南地区基层公共文化人才培养工作的实效性、科学性、针对性。PDCA循环作为提高产

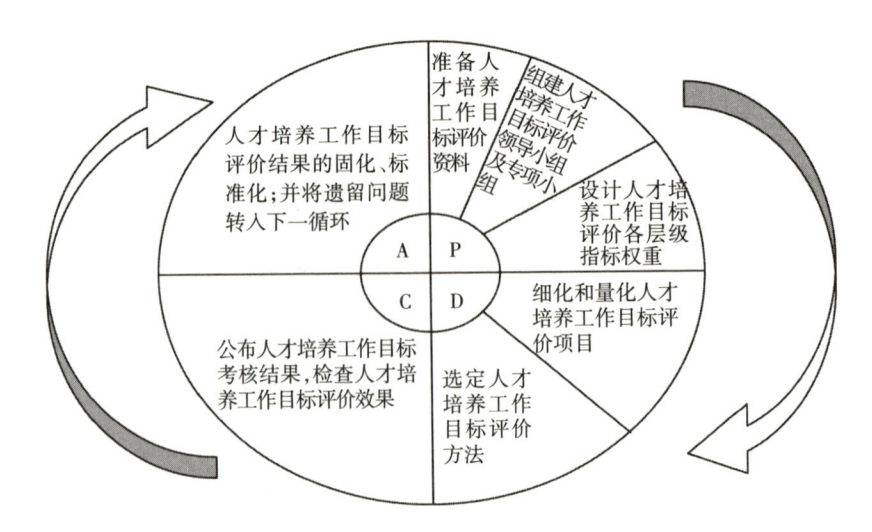

图专1-5 西南地区基层公共文化人才培养工作目标评价程序

品质量,改善企业经营管理的重要方法,对于提高人才培养工作的质量、效率与效益有着较强的借鉴意义。结合西南地区基层公共文化人才培养工作的具体实际,本课题在PDCA循环的基础上,将西南地区基层公共文化人才培养工作目标评价划分为四个阶段、七个基本环节,各阶段、各环节的工作重点不同,具体情况如图专1-5所示。其中,四个阶段分别是:计划阶段、执行阶段、检查阶段和处理阶段。

1.计划阶段

计划阶段是西南地区基层公共文化人才培养工作目标评价的起始阶段,对整个人才培养工作目标评价的有序运行具有重要的影响。这一阶段主要由以下三个基本环节构成,各环节之间相互递进、层层推进:一是从人才培养工作过程与人才培养工作效果两个角度准备人才培养工作目标评价资料,既包括西南地区颁布的各类关于人才培养工作目标评价的政策法规,又包括人才培养工作的具体实践中所形成的各类工作报告、工作简报、年报等文件资料,同时,上一阶段的评价结果也将为本阶段人才培养工作目标评价的实践提供必要的理论指导与实践支撑;二是人才培养工作目标评价领导小组组建,在地方党委的领导下,建立人才培养工作目标评价领导小组,并组建各专项评价小组;三是设计和确定人才培养工作目标评价各层级指标的权重,根据评价年度的经济社会发展重点任务,分析人才培养工作重点任务和核心目标,并由领导小组及专家共同研究设计各层级指标的权重。

2.执行阶段

执行阶段是西南地区基层公共文化人才培养工作目标评价过程的核心,是人才培养工作目标评价活动能否得以贯彻落实的根本所在。在这一阶段中,人才培养工作目标评价通过项目划分与选定方法两个基本环节来保障人才培养工作目标评价活动真正落到实处：一方面，西南地区基层公共文化人才培养中各评价主体要对人才培养工作目标评价项目进行量化和细化，在人才培养工作目标评价指标体系的指导下，评价指标细化为若干项目，各项目指定专人进行评价，责任到人，理清评价主体内部的责、权、利；另一方面，在对评价项目进行科学划分的基础上，各评价主体要根据所负责项目的实际情况，在人才培养工作目标评价的方法体系中选定合适的评价方法，保障目标评价活动的实效性与科学性。

3. 检查阶段

检查阶段是西南地区基层公共文化人才培养工作目标评价的第三阶段，这一阶段的主要任务是对人才培养工作目标评价的结果进行检验与公布，要做好以下几个方面的工作：一是要向西南地区基层公共文化人才培养中的各评价客体公布评价结果，对目标评价结果有异议的允许其在规定的时间内提出申诉；二是要向西南地区基层公共文化人才培养中评价主体公布目标评价结果，及时公布不同评价主体之间目标评价的工作结果，对目标评价过程中出现的问题、误差等进行及时的调试与调整；三是要向西南地区基层公共文化人才培养工作的主管部门上报工作目标评价结果，使其对本单位的目标实现情况、所管辖的人员培养人才的工作状况等有一个宏观的把握与认识；四是要在西南地区基层公共文化人才范围内，向社会公众公布人才培养工作目标评价结果，实现目标评价的公开化、阳光化发展。

4. 处理阶段

处理阶段是西南地区基层公共文化人才培养工作目标评价的终点，也是下一个人才培养工作目标评价工作的起点，起着承上启下的重要作用。在这一阶段中,主要进行以下两个方面的工作:一方面是西南地区基层公共文化人才培养中各目标评价主体在规定期限、规定范围内对评价结果进行公示且没有收到异议之后,要将评价结果固化下来,并通过统一的标准,使目标评价结果实现标准化使用,将评价结果作为从事人才培养工作的工作人员的激励、惩罚以及职位变动的重要依据;另一方面,要将在本次人才培养工作目标评价过程中出现的技术上、操作上的遗留问题转入下一循环,为下一阶段的人才培养工作目标评价的推行提供理论指导与实践支撑。对人才培养工作目标评价过程中所发现的问题要进行分析,并要求各单位在下一阶段的人才培养工作中进行修正。

专题报告2
基于绩效管理的西南地区基层公共文化人才激励机制设计

对人才的激励，一直以来都停留在物质、精神激励的层面，但是其效果不是很有效，或者只在短期有效。本研究试图从管理学的角度来思考，为实现基层公共文化机构、组织的发展目标，通过绩效管理的途径，采用科学的方法，对基层公共文化人才或群体的行为表现、工作态度、工作业绩及综合素质进行全面检测、考核、分析和评价，达到充分调动员工的积极性、主动性和创造性的激励效果。

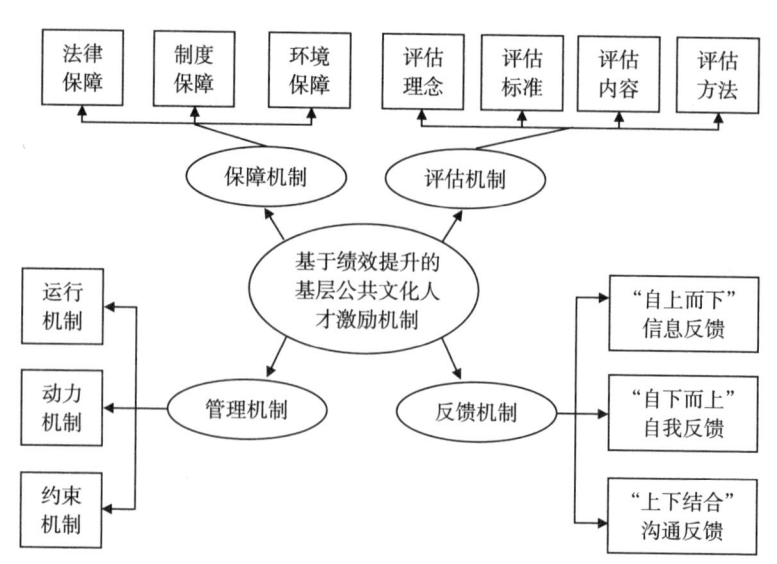

一、基于绩效提升的基层公共文化人才激励机制

(一)激励机制的整体构建

基层公共文化人才激励的目标是实现人才工作绩效的提升,而绩效提升的原理分析是其实现的基本前提,"为什么要进行绩效提升"是"如何进行绩效提升"的先决条件。知其然才能知其所以然,因此在进行基层公共文化人才的激励管理实践中,必须要从如何实现绩效提升的原理着手,理清当前基层公共文化人才绩效管理中的主要问题和原因,分析通过激励实现绩效提升的内在要素及其要求,进而构建激励机制。

图专 2-1 基于绩效提升的基层公共文化人才激励机制

基层公共文化人才绩效管理实践作为一项复杂的系统工程,其激励管理机制的构建需要相应的体系支撑。本研究认为基于绩效提升的基层公共文化人才激励机制是包括保障机制、管理机制、评估机制和反馈机制在内的有机统一体,各机制之间相互制约、相互作用、相互影响,有力地推进激励机制的有效运行和绩效水平的持续提升。

1. 保障机制

基层公共文化人才激励的管理作为一个复杂的活动过程,总是在一定的客观条件和社会环境中开展工作的,因此,绩效的提升除了激励管理者的有效管理和公共文化人才个人努力之外,还需要建立能使基层公共文化机构高效运行的一系列保障机制,即要着力构建基层公共文化人才激励机制的法律保障、制度保障和环境保障。

一是要健全基层公共文化人才激励的法律保障机制。良好的法律保障机制是发挥激励合力作用、实现公共文化服务战略目标的重要条件。激励机制的建立必须要在战略发展目标的指导下,结合发展特色,建立健全相应的法律法规,用法治精神和原则协调各种关系、管理各类事务,从而保障激励过程的有序、有效进行。

二是要不断完善基层公共文化人才激励的制度保障机制。实现基层公共文化人才激励制度化发展,是保证基层公共文化机构各项事务的规范化、程序化、科学化的组织与实施,促进公共服务的行为高效运行的必要前提。因此,要着力构建基层公共文化人才激励的沟通制度、学习制度、绩效管理奖惩制度等多项人力资源管理制度,通过制度保障各项管理活动有序推进,实现激励的有效发挥和人员绩效的有效提升。

三是要持续优化基层公共文化人才激励的环境保障机制。外部环境的变化对激励结果有着较大的影响，因此，在进行基层公共文化人才激励管理的实践中，一方面，要在公共文化机构内部建设以健康向上、充满活力、催人奋进为主题的绩效管理文化，以发展的战略目标为导向，结合公共文化服务工作的实际，开展相应的文化活动，通过内部管理环境的优化保证整个组织战略目标的实现；另一方面，要在组织范围内建立高效的绩效信息网络系统，实现与不同利益群体之间的有效沟通与交流，通过最新的信息反馈及时进行绩效计划的改进和绩效目标的重新规划，从而实现对基层公共文化人才的有效激励。

2.管理机制

管理机制的构建是激励的首要任务，管理机制是否科学直接关系到整个激励是否有效。基层公共文化人才激励要以人为本，特别是公共文化人才具有多领域、多层次等特点，因此必须强调对人才及其具体工作的管理要紧密与基层公共文化机构的工作绩效结合。因此，就需要以人为本，从社会对公共文化的需求、特点出发，通过绩效管理，有效推进激励活动的组织与实施。

一是要构建激励管理的运行机制，实现宏观运行机制与微观运行机制相结合。宏观运行机制的把握，就是要以战略发展目标为导向，积极推进激励计划、激励实施、激励效果（绩效）评估与反馈等四大环节的有效实施，保证各环节之间的有效联系与整体功能的发挥。对微观运行机制的把握，就是要"以人为本"，要在机构内部建立以公共文化人才的能力为前提的绩效管理平台，根据公共文化人才的实际工作能力进行人事安排。

二是要把握激励管理的动力机制，形成包括以机构、个人、环境为主导的多维度动力系统。要在公共文化服务目标实现的同时，考虑其内部人才的个体发展需要,通过满足其合理的利益需求推动机构的发展。同时,要为内部人才个体设定合理的绩效目标任务,以对其进行外在的责任激励,督促其在规定的时间内以最优的工作能力高效完成任务目标。此外,要在机构内以良好的绩效文化对管理者和人才个体进行思想教育,进而形成内在的精神驱动力和轻松活跃的工作环境以提高工作效率。

三是要建立激励管理的约束机制,保证激励效果的正向性和高效性。约束机制是保证基层公共文化人才激励结果有效的重要管理机制,在进行基层公共文化人才激励的实践过程中,要着重建立相应的制度约束、责任约束和心理约束等,实现对激励管理者的行为约束,从而实现人才激励后的个体绩效与组织绩效共同提升。

3.评估机制

基层公共文化人才激励效果的评估机制不是简单地对人才个体激励后的绩效结果进行的评估,其目的是实现价值导向的目标评价机制,其评估的对象是基层公共文化机构中人才个体履行职责所产生的结果及其影响。因此,在进行基层公共文化人才激励的过程中,要通过建立一个多维度、立体型、体系化的评估机制,实现评估理念、评估标准、评估内容与评估方法的有机统一,推进公共文化人才激励的行为效率与效益的有效提升。

一是树立正确的激励评估理念。在激励实践中,要树立"以人为本、以价值为导向、坚持效能意识"的激励评估理念,将价值评价的重点确定为公共文化机构中人才个体的实际工作结果,将事关公共文化服务的绩效摆在优先的位置,让能够创造更大价值的人才拥有更多的优先权,力求用最低的激励成本实现高效的绩效结果。

二是坚持科学的激励评估标准。在构建基层公共文化人才激励评估标准的实践中，要在客观性、价值性、整体性和可量化这四项原则的指导下，以公共文化人才个体绩效的实际情况，及其对机构绩效的影响力作为激励评估的出发点和落脚点，真正将激励评估作为一种有效的管理方法，全面把握评估的各个要素及其相互关系，把对激励结果的评估与对个体工作绩效评估结合起来，将评估活动与评估环境结合起来，坚定定性评估与定量评估相统一，有效提升激励评估的针对性和实效性。

三是设计合理的激励评估内容。激励评估内容要在公共文化服务目标的指导下，从各工作岗位实际出发，结合职位说明书，建立具有全面性、灵活性、针对性和科学性的基层公共文化人才激励评估内容。

四是运用正确的激励评估方法。激励评估方法的选择与运用在很大程度上决定着激励活动目标的价值实现，方法体系要坚持客观评估与主观评估相结合、定性评估与定量评估相统一、工具性评估与价值性评估相渗透的多维度评估体系，将基层公共文化人才个体绩效的评估与机构的激励效果评估联系起来。

4.反馈机制

及时有效的反馈是激励有效性的重要保证，在基层公共文化人才激励中，应该将评估结果及时反馈给人才个体并施以激励手段，实现绩效改进。因此，反馈机制是非常重要的，这一机制应该从公共文化机构管理者、人才个体及二者的关系出发，形成"两位一体"的激励反馈机制。

一是建立"自上而下"的信息反馈机制。文化机构管理者在激励的实施与效果评估环节中，应该对人才工作情况以及机构运行状况进行有效的信息收集、信息分析和信息反馈,搭建一个科学有效的信息技术平台和"自上而下"的系统信息反馈机制,以保证激励措施与环境信息的变化相适应。

二是建立"自下而上"的自我反馈机制。基层公共文化人才激励是以机构内人才及其实践活动为管理核心,通过建立"自下而上"的自我反馈机制,人才个体应自觉地将工作过程中遇到的问题和困难,通过一定的途径和方式反馈给管理者,这样能够在机构内部营造一种民主宽松的工作氛围,增强交流与协作,从而为激励营造内驱力。

三是建立"上下结合"的沟通反馈机制。激励反馈是通过管理者与人才个体之间的双向沟通来实现的。一方面,管理者要坚持客观公正的激励标准和激励原则,在进行持续沟通的基础上,通过有效的方式将激励效果反馈给人才个体,并让其通过评估结果改进工作方法、提高工作效能;另一方面,管理者要及时发现激励工作中阻碍绩效提升的各种因素,从而发挥个体绩效价值实现的最大化。

(二)基于工作体系再造的激励机制分析

作为一种管理实践活动,激励管理最终价值是通过激励理念和有效的策略来实现的。

1.工作分类基础上的激励工作体系

基层公共文化人才激励机制建立在工作分类基础上,应以激励管理的行为设计前提,以价值创造为激励理念构建一个系统化、规范化、综合性的激励机制。

本研究在借鉴企业管理相关原理的基础上,结合基层公共文化人才激励管理的特点,认为基层公共文化人才激励机制的有效运行,应该基于绩效管理模块和激励流程再造模块。一方面,在绩效管理模块的运行过程中,通过绩效管理者和业务主管领导对人才个体的双重管理,明确划分各主体之间的"责、权、利",同时要注重各主体之间实现有效衔接,形成绩效管理的功能互补,促使各管理主体在开展绩效管理工作的同时,不断激励人才个体为价值目标的实现而努力。

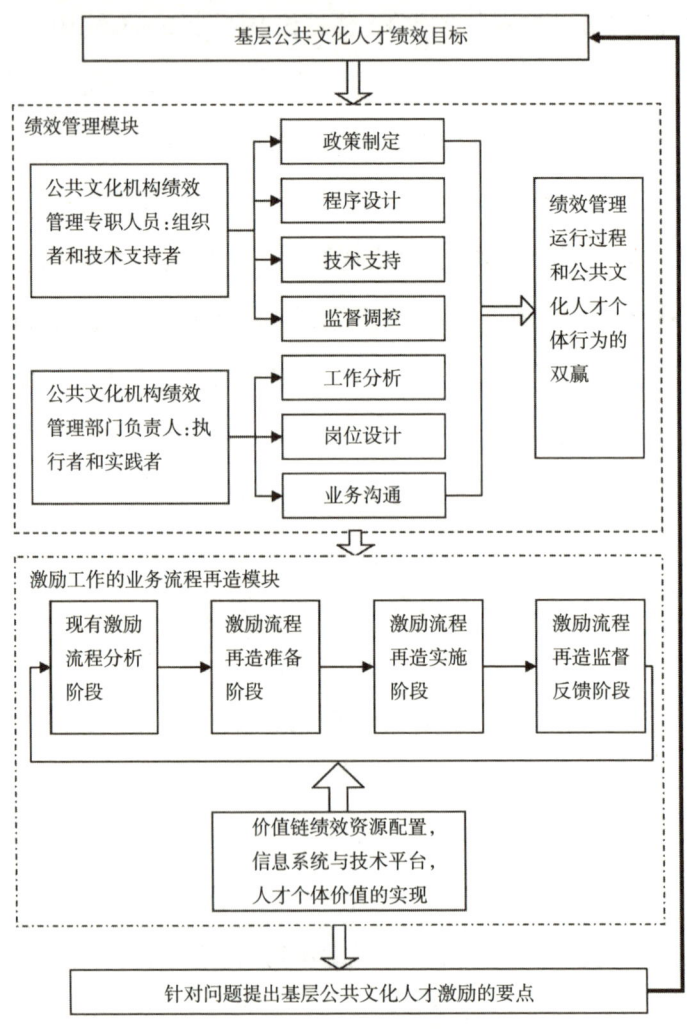

图专2-2 基层公共文化人才绩效管理与激励工作框架

另一方面，在激励流程再造模块的运行过程中，绩效管理主体以工作需求为导向，通过现有激励流程分析阶段、激励流程再造准备阶段、激励流程再造实施阶段和激励流程再造监督反馈阶段等几个基本过程，对激励工作的业务流程进行科学分析与宏观把握，对激励流程进行重组与优化，最终实现公共文化人才个体价值的创造和个体绩效的提升。具体工作体系设计如图专2-2所示。

2.提升有效性的激励工作体系设计分析

基层公共文化人才的有效激励，要以公共文化服务的激励流程再造为关键点，以提升激励效果为落脚点，可将绩效管理模块划分为计划、实施、评估、反馈等四个基本环节。简而言之，基层公共文化人才激励机制，就是通过绩效管理模块与激励工作业务流程再造模块两大模块之间的相互影响、相互作用，实现其功能的互补，使激励机制成为一个完整的、系统的、动态的、高效的工作体系，以确保人才及组织的价值创造得以实现，进而保证激励的结果与社会的公共文化需求满意度保持一致。

（1）基层公共文化人才绩效管理模块。

对公共文化人才实行绩效管理是实现构建激励流程再造的前提条件和动力基础，其以价值链的有效运转为前提，通过对绩效管理各环节的识别与量化、简化与合并实现辅助活动价值对绩效管理环节的辅助功能；通过对绩效管理关键资源的合理配置实现活动价值，保证公共文化服务机构的活动资源消耗与公共服务创造的能力平衡，从而实现公共文化服务活动的正常开展和高效运行。因此，激励流程再造的目的就在于为公共文化人才创造具有价值的公共服务提供一个价值生产链，通过绩效管理便能够为其激励流程再造提供价值驱动力。

第一,基层公共文化人才绩效管理模块要以公共文化的社会价值创造为理念。社会价值创造是进行基层公共文化人才绩效管理的核心内容与最终追求,社会价值创造理念是连接绩效管理者与文化机构业务主管负责人的"无形桥梁",要求绩效管理主体在绩效管理过程中坚持社会价值创造理念,把握可持续行政力和投入人力资本回报率等价值驱动因素,即坚持社会价值导向,以绩效管理提高公共文化服务的质量为主要目标。

第二,基层公共文化人才绩效管理模块应当以职能互补为重点。要认识到基层公共文化机构的绩效管理主体是由绩效管理者和机构业务负责人共同构成的有机统一体,这一有机统一体与传统的绩效管理模式相比更具有效性,但也因此增加了绩效管理的复杂性和变动性。一方面,对于绩效管理者来说,其工作职能重点在于绩效管理层面上的政策制定、程序设计、技术支持与监督调控;另一方面,机构业务负责人充当的是绩效管理的执行者和实践者,其工作职责在于根据绩效管理者提供的各种绩效信息,再结合本部门公共文化服务的工作实际,有效地对人才进行业务管理、业务沟通和激励奖惩等。

第三,基层公共文化人才绩效管理模块要实现价值管理与职能管理的有效衔接。两个管理主体之间责任、权利各不相同,但其进行绩效管理活动的出发点和最终落脚点是一致的,即通过绩效管理最大限度地促公共文化人才的社会价值创造活动,二者之间通过价值管理理念得以有效衔接与补充,价值创造理念既要求绩效管理者以价值导向进行宏观组织和协调,又要求业务主管负责人在直接的绩效管理过程中对每项工作和每个岗位进行科学、详尽的价值分析,从而使得看似两个独立的工作系统相互作用、相互支持、相互促进,在绩效管理的动态发展过程中实现功能互补,最终推进基层公共文化人才绩效管理模块的高效运作。

第四,基层公共文化人才绩效管理模块要实现循环管理。要实现绩效管理模块运行的持续性、完整性和动态性,推进绩效管理呈螺旋上升式发展。基层公共文化人才绩效管理应当是在绩效管理者和业务主管负责人的共同管理下进行管理实践活动,其构成的绩效管理内部工作体系最终是要形成"绩效目标1—绩效计划1—绩效实施1—绩效评估1—绩效反馈1—绩效改进1—绩效目标2—……"的螺旋式循环上升的管理模式,从而保证整个绩效管理运行过程的高效和公共文化服务成果与能力的持续提升。

(2)激励流程再造模块。

激励流程再造强调激励的工作是如何进行的,其精髓在于彻底打破传统的物质激励和精神激励的经验式管理,按照管理学的理念和机制,建立一个全新的激励工作流程及其相应的运行机制。在进行基层公共文化人才激励流程再造的实践中,要不断突出价值管理与价值创造的重要功能,始终遵循以绩效管理为动力、以完整性为核心、以动态性为前提的基本原则,结合构建基层公共文化人才管理的现实,构建一个行之有效的激励流程再造模块。

第一,公共文化机构的管理者要认识到对激励流程再造的要素要求,即要使其明确进行激励流程再造要做哪些基本工作。作为基层公共文化人才激励管理的主要组织者与实施者,管理者需从以下两个方面对激励流程再造的要素要求进行认识:一方面要坚持基于价值链的激励资源配置,保证激励流程再造各个环节具有可用的资源,这就要求将资源配置与公共文化服务的工作行为和激励流程的价值要求相结合;另一方面要在机构内部建设信息系统,搭建相关技术平台,保证激励流程再造模块的高效运行,要求高度重视信息系统与公共文化服务之间的关系,及时为激励流程再造提供高集成、高效率的信息技术平台支持。

第二,激励管理者要准确把握激励流程再造的详细运作流程。基层公共文化人才激励业务流程再造是由分析阶段、准备阶段、实施阶段和反馈阶段等四个环节构成的系统工程,通过"对现有激励流程的分析—激励流程再造准备—激励流程再造实施—激励流程再造反馈"的循环模式实现激励流程再造的目标。因此,公共文化机构在进行激励流程再造的实践中,一是要根据公共文化服务的绩效管理目标分级的具体要求,既要对现有的激励管理工作的运行状况做全面的分析,找出其存在的问题和出现问题的原因,并提出科学的解决对策以保证激励流程系统的畅通性,又要对激励流程的各个环节进行分析,精简多余的或无效的激励环节和措施。二是要根据激励管理工作,对各个岗位进行价值分析,将激励流程与基层公共文化人才绩效管理模式结合起来。三是激励管理者要对激励流程的过程进行监督和评估,对激励管理工作进行动态监督控制,以保证激励流程再造严格按照既定程序运行,同时为有效的激励技术、工具和手段提供真实、全面、动态的信息资源。

第三,对激励流程再造目标实现程度的全面评价,提升激励效果。激励流程再造的最终目的在于激发公共文化人才积极开展公共文化的价值创造活动,通过其在本职工作中不断提升工作水平,来促进公共文化服务质量的整体提升。因此,一是要加强激励管理者对激励工作各环节的自我评价,完善激励工作的内在运作机制,进一步为绩效改进提供有效的信息资源。二是确保整个激励管理过程中的人才得到有效的配置与使用,实现岗位价值与人才个体绩效相结合,最终实现激励管理的价值导向要求;三是要在坚持激励流程再造的过程中,以完善整体工作系统为终极目的,为人才个体的高效工作提供新的绩效改进方案和策略,不断激励和创新工作体系以提升工作绩效。

二、基层公共文化人才激励协调机制的构建

(一)基层公共文化人才激励协调机制的内涵

基层公共文化人才激励是一项复杂的系统工程,在实践中会涉及公共文化机构内的人才个体、人才个体之间和人才群体之间的利益。为了保障基层公共文化人才激励机制的有序运行,提升激励的效果,就要找到人才个体利益和群体利益之间的平衡点,因此,建立一个激励协调机制显得尤为必要。

基层公共文化人才激励管理的协调活动贯穿于整个管理系统内外,为了提升这一活动的实效性与针对性,有必要建立激励协调机制。激励协调机制是指公共文化机构为了实现基层公共文化人才绩效管理目标,而设计的人才工作行为规则及处理过程,表现为相关工作行为的守则,以及工作过程中的一系列协议和规范,并从决策层、运作层和信息层三个层面来实现协议、规范协调机制。

科学理解这一内涵要从以下两点进行考量：一是要明确基层公共文化人才激励协调机制的建设，是通过对激励各环节进行合理组织与调配，将内在力量凝聚成一个整体，以适应工作需要的过程；二是将基层公共文化人才激励协调机制看作是贯彻落实、督促检查的措施，通过协调统筹管理工作，实现激励管理信息的沟通与交流，实现机构目标和人才个体目标的双赢和效率最优化。

(二)基层公共文化人才激励协调机制的总体框架构建

1.基层公共文化人才激励协调机制的构成体系

根据前面的分析，本研究提出了构建基层公共文化人才激励协调机制的基本理论模型，该模型包括四个系统、一个模式、一个平台。四个系统分别是：基层公共文化人才激励决策层协调系统、基层公共文化人才激励运行层协调系统、基层公共文化人才激励信息沟通协调系统和基层公共文化人才激励组织协调系统；一个模式是基层公共文化

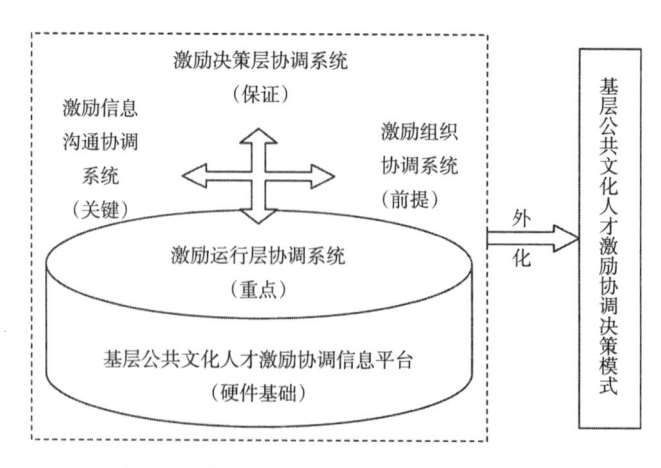

图专2-3 基层公共文化人才激励协调机制框架

人才激励协调决策模式；一个平台是基层公共文化人才激励协调信息平台。具体情况见图专2-3。

2.基层公共文化人才激励协调机制各组成部分的作用

在前述模型中，基层公共文化人才激励协调信息平台是硬件基础，它为四个系统、一个模式提供服务和运作支持。四个系统是基层公共文化人才激励协调机制的核心，一个模式负责协调机制内外的高层宏观定位和决策，四个系统在公共文化机构管理系统中通过协调机制采取一定的沟通策略，实现激励管理的职能职责、激励工作和激励环节的确定，最终保证了基层公共文化人才激励协调机制的正常运行。

总体来说，在这一机制中，组织协调系统是前提，决策层协调系统是保证，运行层协调系统是重点，灵活多样的信息沟通协调系统是关键，协调信息平台是物质基础，协调决策模式是形式。政府在进行激励协调机制构建的过程中，只有将以上内容进行有机组合，才能保证基层公共文化人才激励协调机制的顺利运行。

三、基层公共文化人才激励协调机制四个系统的构建

（一）基层公共文化人才激励决策层协调系统

基层公共文化人才激励决策层协调系统主要是通过适当的策略

协调机制进行人才激励工作的决策,其主要作用在于建立并完善各种基本协调机制,提供针对激励措施、政策措施的决策与协商机制,为激励工作运作的决策及利益协调服务。

基层公共文化人才激励决策层协调系统是机构业务部门负责人牵头,以实现人才激励的工作计划和人才激励的大问题决策协调为功能定位的高度统筹的工作系统。具体来说,基层公共文化人才激励决策层应着重于制定激励政策、制度的目标和原则,维护激励机制的稳定性,处理激励工作的重大方向性问题、整体的协调、重大管理冲突消解等。

(二)基层公共文化人才激励运行层协调系统

激励运行层协调系统是指在激励工作中通过规划、计划的实施和监督对激励管理进行协调的工作系统。

在进行基层公共文化人才绩效运行层协调系统构建时,激励管理过程中必须遵循群体规范、资源分配、风险共担、约定俗成等联动的运行规则。根据社会和机构发展的实际,要从以下几个方面着手进行基层公共文化人才激励运行层协调系统的建设。

一是要建立基层公共文化人才激励运行层协调系统运行的宏观准则。它确立协调机制内各职能部门激励管理运作的基本程序、规范、制度和内容等,建立协调机制内的激励管理工作沟通和冲突协调办法,对出现的各种矛盾和问题进行有效的调解和处理等。

二是要建立基层公共文化人才激励运行层协调系统运行的业务准则,明确协调机制内各职能部门的激励管理工作或策略应符合的标准规范和通行惯例等。

三是要建立基层公共文化人才激励运行层协调系统运行的工作准则,帮助协调机制内各职能部门,将重心放在加强部门之间在激励工作中的协调沟通,使公开和履行承诺成为共同的价值标准,在内部形成一致的激励管理目标和价值取向,特别是信息沟通与共享机制、信用承诺与提供服务等。

(三)基层公共文化人才激励信息沟通协调系统

基层公共文化人才激励信息沟通协调系统具有多渠道、多层次的特点,其构成要素包括激励管理的沟通理念、沟通政策、沟通内容、沟通渠道和沟通反馈等,其运作效率取决于信息沟通氛围、沟通制度、沟通策略与沟通技能的应用,以及基层公共文化人才激励协调信息平台的功能与建设。

基层公共文化人才激励信息沟通协调系统的构建要从系统内部的沟通理念、沟通政策、沟通内容、沟通渠道和沟通反馈等五项要素出发。

一是要加强沟通理念的建设。沟通理念首先是代表了基层公共文化人才激励协调机制决策层对沟通的认知,在各种沟通理念的指导下,各管理主体逐步推进基层公共文化人才激励管理的各项沟通活动有序进行。激励管理主体要不断加强沟通理念的建设,并善于将基层公共文化人才激励沟通理念通过各种沟通渠道传递给协调机制内各职能部门,促使其加深对沟通理念的接受和理解程度,使其成为整个机构的共识,保障沟通机制的有效运转。

二是要建立健全沟通政策。沟通政策是在沟通理念的指导下,为实现基层公共文化人才激励协调机制的沟通目标,提升激励管理的实效性而制订的一系列沟通行为准则。要确保基层公共文化人才激励管理的沟通政策能够实现机构内部激励管理协调系统的信息共享;同时,在制定沟通政策的细则时,要对相应的沟通内容、方式和渠道,以及反馈、双向沟通等方面做出具体的规定。

三是丰富激励信息沟通内容。在沟通政策的指导下,在激励管理的过程中,要始终将有关基层公共文化人才激励协调机制的运行状况等方面的信息作为沟通的主题,并在实践过程中不断加强沟通内容的针对性、双向性与动态性建设。

四是要选择有效的沟通渠道。沟通渠道是基层公共文化人才激励信息沟通协调系统运作的关键。任何一种沟通方式和途径都有它的特点、优势与不足;因此,在选择沟通方式和途径时,要综合考量建设基层公共文化人才激励协调机制的沟通目标、任务、对象等各项基本因素,选择有效的沟通渠道。

五是要加强沟通反馈的设计。沟通反馈的最终目标在于保证激励信息传递的流畅性、完整性和真实性,它应包括协调机制内外各种因素或需求变化的反馈。要在内部各职能部门之间构建合作协议,明确规定激励信息的收集、处理与传递的职责与责任机构,并保证决策机构能及时了解有关信息,及时调整目标,以及对变化做出迅速的反应。

(四)基层公共文化人才激励组织协调系统

要对基层公共文化人才管理部门与业务职能部门之间在激励管

理上承担工作角色的问题进行协调,就要建立激励组织协调系统,实现或推进激励管理的协调。因此,就需要以激励管理职能模块化、激励管理业务流程模块化和业务职能部门的激励功能模块化为前提条件,在此基础上建设网络化的基层公共文化人才激励组织协调系统。

一方面,要着力解决激励管理的模块分解问题,以及模块之间的协调问题,由相关职能部门分别承担不同功能模块或不同结构模块的处理。在这一过程中,激励管理核心层以激励管理的规划、决策为主要内容,而管理部门和职能部门则负责推进各模块的有效运行,并对决策层负责。

另一方面,通过规则的协调使整个激励管理系统多而不散、多而不乱。因此,就需要在协调机制的组织结构构建和运行过程中,通过组织衔接,使管理部门处于激励管理的战略层,职能职责处于战术层,具体业务处在执行层,它们分别由激励管理决策层、管理部门与各职能部门负责人实施。这三个层次从高到低,形成了基层公共文化人才激励管理系统的网络结构,稳固了整个系统的组织结构。

四、基层公共文化人才激励协调决策模式的构建

(一)基层公共文化人才激励协调决策模式的含义

基层公共文化人才激励协调决策模式是一种集中与分布相结合

的协调决策模式,即激励管理的决策权是分布式的,但决策活动的完成又是在合作中行使的。这是由于各职能部门还是相对独立的主体,导致其在行动上不会自动地趋向一致,当涉及需要协调的激励管理问题或矛盾时,需要进行联合决策。因此,基层公共文化人才激励协调决策模式是分散基础上的群体决策和分布式决策的协调模式,这一模式是在顾及职能部门利益诉求的前提下,利用协商及谈判机制来达成共识,最大限度地促进激励管理的有序推进。

(二)基层公共文化人才激励协调决策模式的运行程序

在构建基层公共文化人才激励协调决策模式的实践中,要通过以下五个阶段逐步推进。

第一,辨识问题,提出议题。通过在内部建立协调信息平台,搜集与问题有关的人才激励信息,对不够清晰的矛盾或冲突进行辨识,提出明确的议题。

第二,角色反思与定位。通过职能部门之间进行互动沟通与学习,协调各职能部门,反思在人才激励管理中的不足,改变自身的认知,进行角色的重新定位。

第三,形成备选方案。利用知识库,通过信息、知识等资源的共享,有效地互动、沟通与学习,选择合适的协调方式,形成解决议题的备选方案。

第四,达成共识。各职能部门在共同目标已设定的情况下,根据各自的认可区间,选择或接受相应的目标任务或资源转移。

第五,议题程序化或规则化。在此阶段,要对协调的议题求解结果的效果及协调过程的效率进行综合评价,并将议题的求解过程和评价记录下来,形成此类议题的程序化的协调过程,以备将来出现同类议题时作为参考方案,以此来不断补充和完善激励管理的运作准则,完善激励协调机制。

需要指出的是,该协调决策模式的工作过程是一个循环反馈的过程,在具体的模式建设中,根据议题解决的结果可以将协调过程回溯到前面三个过程的任意一个,以调整和改变当前运行中存在的问题,并能使产生的结果适应环境的动态变化。

五、基层公共文化人才激励协调信息平台的构建

基层公共文化人才激励协调信息平台是建立在管理信息系统(MIS)和相关信息技术基础上的多层次信息支持平台,它是基层公共文化人才激励协调机制良好运行的技术基础。

基层公共文化人才激励协调信息平台应当是由包括决策层信息、运作层信息、交流层信息,以及技术支持层所组成的综合性、立体化的协调信息平台,其最终目标在于保证人才激励管理信息协调功能的有效实现。

首先,所构建的基层公共文化人才激励协调信息平台,是协调机制内的信息平台。

其次,基层公共文化人才激励协调信息平台的建设要注意信息安

全问题,要采取信息获取、上传和管理的分级制度。

最后,基层公共文化人才激励协调信息平台要实现激励管理事务处理功能、信息资源管理功能。一方面,在建设基层公共文化人才激励协调信息平台的过程中,各职能部门需要建设自己的内部网络,并保证接口标准的兼容,既要实现部门内部信息交流,又要各职能部门之间的内部网络能相互对接,信息能够自由互传。另一方面,要将需要保密的关键信息加密储存,建立机关事务管理中必要的信息保密制度,从而在内部实现人才激励协调机制的沟通方式的规范化。

专题报告3
西南地区基层公共文化人才培养措施研究

随着国家的建设与发展,西南地区基层公共文化人才培养必须逐渐与国际接轨,由分散走向集中,由粗放走向集约。在人才培养中要着眼于做大培养规模、做精培养项目、做好培养质量,逐步走上培养的可持续发展之路。

为了避免提出的培养措施零散和不成体系,本专题报告力图运用人力资源管理的专业知识,从系统论和管理体系的角度,按照培养管理的要素和流程,提出具体的培养措施。

一、形成科学的培养管理体系

做好科学的培养需求分析是建立培养管理体系的核心基础。借助科学的调查工具,通过组织分析、任务分析、人员分析,明确社会对公共文化人才的需求,进而确定培养内容。

(一)建立完备的培养内容管理体系

努力探索构建体系科学、内容完整、理念先进的公共文化培养内容体系。重点做好培养内容的设置,要制定科学的建设方案,切实加强培养师队伍建设,重视培养内容和体系改革,注重使用先进的培养方法和手段,大力开发实用的培养教材、项目,在培养中注重理论与实践并重。

(二)建设灵活高效的培养质量检测体系

采取多种形式,实时检查培养效果并改进和提高。在培养结束后的特定时期内,对培养的有效性进行评估,并作为制订下次培养计划及培养持续改进的重要参考。建立切实有效的激励和评价机制,重点针对培养内容的实用性、培养手段的丰富性、培养效果的满意度进行调查,及时调整培养内容和项目设置,跟踪培养对象的培养效果,提高培养质量。

(三)建设齐备的内部管理体系

首先,进一步完善培养规章制度,及时调整修改不适应形势的规章,优化培养管理、培养师管理、基础建设管理等方面的制度;其次,着眼于培养基地或中心的建设,逐步形成以战略管理制度、人力资源(含师资和管理团队)管理制度、财务管理制度、基础建设管理制度等为主要内容的内部管理体系。

(四)明确培养对象类型

基层公共文化培养的对象主要有以下三种。

第一,基层公共文化机构的党政干部。基层公共文化机构的党政干部决定着基层公共文化机构的管理模式、人力资源使用效能、公共文化资源管理水平和行业整体形象、行业技术进步等重大发展事宜。该层面的人才应具备较高的职业素养、综合管理能力和专业能力,应侧重对其领导力、决策方法、战略规划的培养。

第二,基层公共文化机构的管理者。基层公共文化机构的管理者集组织能力、管理技术于一身,是基层公共文化机构良好运行的中坚力量,因此要在执行能力、创新能力等方面进行重点培养。

第三,公共文化专业技术人才。公共文化专业技术人才是公共文化产品的生产者和创造者,但是目前多数公共文化专业技术人才非常缺乏应对社会对现代公共文化需求的能力和水平。因此,对他们的培养重点应放在创新能力、现代科学技术应用等方面。

二、构建基层公共文化人才的终身教育体系

基层公共文化人才的终身教育体系要以完善的培养管理体系为基础，以切实有力地改善人才队伍质量为根本出发点，以整个基层公共文化人才的工作技能提高、知识结构完善、工作能力增强、团队精神强化为主要任务，以良好的内外部支持环境为保障。在整个终身教育体系中，良好的培养管理系统是构建基层公共文化人才终身教育体系的有效途径。

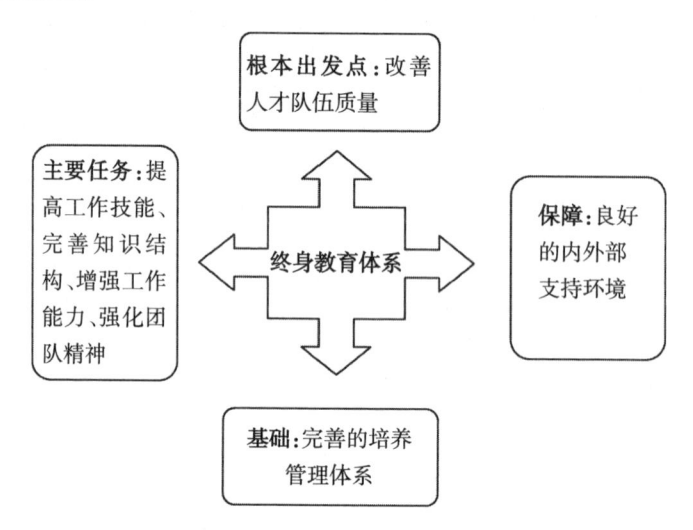

图专3-1 基层公共文化人才终身教育体系示意图

（一）基层公共文化人才培养的特征

1.拥有终身学习的理念和机制

基层公共文化机构内部应该大力倡导全员学习和终身学习的理

念,充分发挥培养主管部门、人事部门等多部门的作用,积极鼓励人才通过各种渠道学习提高。一方面积极帮助人才,尤其是青年人才设计个人职业生涯规划,明确奋斗目标,提高其学习的主动性和自觉性,并根据实际情况有针对性地设计不同内容、不同层次的培养方式;另一方面运用各种方式鼓励人才参加学习培养,使其不断学习,不断提高其想成为人才的内在需求。

2.构建多元回馈和开放的学习系统

培养的真谛在于通过人才和组织的创造性学习,使大家在组织中因工作而活出生命的意义。因此,构建基层公共文化机构的多元回馈和开放的学习系统,是实现公共文化人才队伍创新性学习的重要保障。多元的学习系统可以通过便捷的学习方式、丰富的培养内容、多样的培养方式,在不同层次、不同阶段满足全员学习的需求,并可以通过完善、畅通的回馈系统将实践中的不足、理论上的缺陷及时迅速地反映到培养部门。由此,多元回馈和开放的学习系统便可有效地使人才认清自身的不足和差距,找到学习的方法和路径。

3.拥有共享与互助的组织氛围,具有实现共同目标的学习动力

通过人才个人的自我超越、心智模式的改变、团队精神的强化来实现全员共享学习。在基层公共文化机构中,人才在个人主动学习的同时,也会与其他成员相互塑造、相互激发,保持组织整体创新能力。在培养过程中,人才个体将共同工作目标作为学习的动力,相互分享在培养中所学到的东西,并运用到实际工作中,推动人才所在机构的公共文化服务水平的提高。因此,拥有共享与互助的组织氛围与具有实现共同目标的学习动力是基层公共文化人才培养的重要目标。

(二)多元化在岗培养模式的建立

1.基于胜任力的在岗培养模式

基于胜任力的在岗培养模式坚持以"岗位任职能力"为本位,突出岗位技能特色的培养指导思想。坚持以"岗位任职能力"为本位,就是将整个培养活动的基点确定在如何使受训者具备从事某一专业岗位所需的全部能力上,所强调的不是依靠知识转化为专业技能,而是在专业技能的形成与提升中追求知识的丰富,其目的是培育以实践能力见长的人才,这是一种岗位任职培养。

基于胜任力培养的岗位培养需要针对职位性质的不同,对人才分级、分类、分层次进行胜任力的分析,以确定侧重不同的培养内容。对不同类别的人才需进行区别分析,做到"对症下药"。

2.基于带教帮扶的师徒结对培养模式

基于带教帮扶的师徒结对培养模式是一种互利双赢的培养模式,这种模式主要用于专业技术人员和技能层的培养。在一些技术性较强的公共文化部门,如曲艺文化团、歌舞文化团等,对于新进的专业人才,可以采取师徒结对的培养模式,这种模式能够实现空间、时间的统一,既节约了培养成本和时间,又可使人才将理论与实践相结合,短期内实现人才与岗位"零距离"的对接。

在师徒结对培养模式中要注意导师与徒弟的双向沟通。师徒结对这种方式,意味着两者之间通过不断的平等对话形成一种和谐共生的关系,其交流过程也应该是沟通互惠、教学相长、创造"自我"的过程。在这个过程中,徒弟向导师学习的目的是向优秀转化、演进,成为他"自己"。同时对导师来说,交往过程既是对徒弟思想、信念、方法、经验的传承过程,也是对自己理念更新、教学创造、经验积累的过程。

(三)基于理论提升的工学结合的培养模式

工学结合的培养模式是在岗培养模式的核心内容。一般而言,这种模式主要是基层公共文化机构委托大专院校、职业院校、培训机构等对人才进行集中的专业的岗位理论教学,形式往往是短期的,甚至是白天上班、晚上上课,或者是利用节假日、双休日进行进修学习。一般而言,多则一两个月,少则一两周。

1.基于理论提升的专业学位培养模式

专业学位教育有在职攻读和全日制学习两种方式。基于理论提升的专业学位培养模式,主要是指在职攻读。这种学习方式注重实践性,可进校不离岗,以"工作学习同时兼顾有机结合"为特征。这种培养可使人才不离开工作岗位,利用平时的部分工作时间,以及业余、节假日等时间,参加由专门机构组织开展的培养课程。一方面,人才没有影响正常的工作,避免了给整个基层公共文化机构工作的正常开展带来问题;另一方面,在岗培养的内容和目标可以跟当前的实践经验十分紧密地结合起来,目的明确,效果也更加明显。当人才由于人员配置或者时间安排的原因,无法离开工作岗位聚集在一起接受培养时,专业学位在职教育可以为人才提供技术能力和受教育程度不断提升的培养活动,是提高整个队伍业务素质的有效途径。

2.基于高校的教学基地模式

公共文化主管部门要加强对人才培养机构的业务指导,加强培养基础设施建设,不断提高培养质量,突出办学特色。在充分发挥教学基地培养公共文化人才的主渠道作用的同时,加强与高校的联合办学教育,可结合实际确定富有特色的实践教育基地。

联合创办高校教育培养基地,一方面可利用地区高校优质的师资力量、先进的教学设施、丰富的教学经验等条件,提供高质量的培养;另一方面也可更好地满足基层公共文化机构特殊培养需求,使培养更具针对性、系统性、科学性。这种基于高校的基地教育,可有效实现政府部门与地区高校的互利共赢。

3.高校短期集中培养

在工作任务、工作难度、工作环境、工作时间安排较轻松时可以对人才实施短期培养。短期集中培养的一种方式是,围绕基层公共文化机构某项工程或者某种文化项目的推广,聚焦对口培养,通过培养前考核、观看教学片、指导教师示范、模拟练习、现场点评、培养后考核等方式使人才在某方面的技能快速提高,从而很快地掌握基本技能,为更好地投入到实际工作打下良好的基础。

短期集中培养的另一种方式是,将工作业绩突出的人才送到大学里短期集中学习。这种学习方式可以让人才在相对轻松、优越的环境中,丰富生活、增加学习阅历、提升理论素养、提高工作技能。这种培养方式即可以看作是对人才的福利,也可以看作是对人才的激励,有一举多得的效果。

三、建设网络远程继续教育系统

依托现有网络平台资源,以信息化服务平台建设和网络培养体系建设为抓手,大力发展新技术、新媒介培养。

（一）努力建设培养信息化服务平台

一是做好官方网站的建设，适时进行改版升级，调整网站栏目设置，以便培养对象从网站获取培养资源，增加互动性，扩大网站影响力；二是做好多媒体课程和网络课程的软件开发，利用物联网等潜在新技术平台，通过自主建设、服务外包、资源共享等方式打造一批质量好、针对性强的网络教育资源，充实网络教学平台和继续教育基地；三是升级现有网站运营设施设备，更新主服务器，依托网络运营服务商，保障公共文化机构的内网及公网安全；四是开发新媒体课件，建设新媒体课堂，充分运用智能手机、平版电脑、有线数字电视等，开发随时随地可以使用的新媒体课件系统，为培养对象创造更宽松、更方便的学习渠道。

（二）充分发挥网络培养优势

大力发展以网络为主要媒介的培养途径，建设自主学习网络平台，特别是通过互联网网络课程培养、网络学历教育、基于云计算的个性化网上课堂、远程视频教学等手段，研发、推广新媒体网络学习终端，切实建好网络培养基地。

大力开展网络培养平台建设，做大网络培养规模。通过网络资源共享和远程教育，加大教育管理力度，将优势培养项目和精品课程以优秀网络教育资源提供给培养对象。注重培养产业链开发与网络培养紧密结合，在相应产业链中，大力开发以在线课堂、离线软件、模拟实景等为主要手段的网络培养项目，根据培养对象的需要，安排产业链中的部分或全部项目实施网络培养。同时，充分利用云计算和物联网等新技术平台，扩大网络培养的内容，提升网络培养服务。

（三）完善公共文化系统远程继续教育的应用方式

远程继续教育可以作为一种常态化的培养手段，通过构筑网络教育平台，可实现人才队伍的在线学习。根据大数据时代的特点，可以运用以下方式实现网络远程继续教育。

方式一：建设主题讲坛网站。可根据基层公共文化机构工作的实际需求，设立专业技术、领导管理技术、政务管理知识、专业问题研究等相关主题。系统内部的人才可以通过同步专题视频、多媒体课件、图片资料等学习所需知识技能，了解新领域。

方式二：建立学习交流、互助和协同机制。人才在学习过程中可以通过非实时在线方式进行交流，也可通过视频聊天、网络视频会议系统、协同教学系统进行在线交流。

方式三：建立虚拟图书馆。建立虚拟图书馆可以是网络大学自身的数字图书馆，也可以是网络上已有数字图书资源的集合，通过超级链接，将课件或视频中的相关的技术细节连接到虚拟图书馆，这样为人才提供一个参考资料查阅途径，同时也保证了网上授课的质量。

方式四：建立学习评价系统。网上学习评价系统，是对人才学习情况的一个监督和检查，通过定期的网络测试，来促使人才查漏补缺。

方式五：建立主题反馈系统。反馈系统要做好人才学习过程的记录、听课统计、疑难问题的收集，并且能对人才、培养师提出的问题进行自动归类，以便更好地针对问题提出反馈意见，进行系统的改进和优化。

四、大力建设内部培养师队伍

(一)建立内部培养师队伍的重要性

培养师队伍储备一般有内部培养师和外部培养师两种,外部培养师大多是以盈利为目的的,对整个组织的文化、制度和存在的问题了解不深,对人才的培养需求很难做到深入了解,对培养后的改进措施也无力辅导,这些因素都会导致培养效果达不到预期值。内部培养师应该是既熟悉所在部门的业务又在专业方面有所长,一般是公共文化系统内的优秀人才,同时也要求内部培养师需要良好的沟通能力、语言表达能力、课程开发设计能力,能结合案例进行课程讲解。与外部培养师相比,内部培养师具有以下优势:

第一,成本低,培养内容实用。系统内部培养师对内部实际情况比较熟悉,这样不仅可以节省人才参加培养的成本,而且可以节省从外部聘用培养师的成本,在业务知识和技能等培养内容方面更有针对性和适用性。一支成熟的内部培养师队伍是整个基层公共文化培养工作中强有力的基础。

第二,接受度高,培养效果显著。建立内部培养师制度可以促进不同地域、不同部门人才之间的学习和交流;有些时候,内部培养师通过给业务部门和人事管理部门提供培养,成为上下游战略联盟的纽带。有效的内部培养师队伍有利于加强系统内人才知识分享、帮助人才实现自我价值、实现人才内部有效沟通。

(二)内部培养师队伍的建设

内部培养师队伍建设流程可以分解为以下几个步骤。

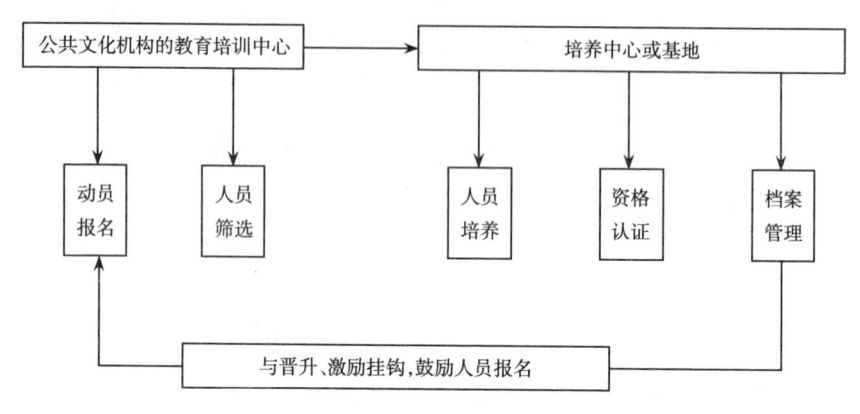

```
公共文化机构的教育培训中心          培养中心或基地
         ↓         ↓              ↓        ↓        ↓
       动员      人员           人员      资格      档案
       报名      筛选           培养      认证      管理
         ↑                                           │
         └──── 与晋升、激励挂钩,鼓励人员报名 ←────────┘
```

图专 3-2　内部培养师队伍建设流程示意图

第一,动员报名。动员报名是整个内部培养师队伍建设的首要环节,这个阶段的工作应由公共文化机构的教育培养部门发起,需征得高层领导的同意,赢得部门领导及员工们的支持。

内部培养师的选拔对象来自公共文化机构内各个文化领域、专业的骨干人才,报名方式可采取部门领导推荐和网上自主报名两种。公共文化机构的教育培养部门可以设置一个网上报名系统,内部人才可以在网上自由报名。同时公布选拔的资格要求,这些要求包括业务知识技能、EQ(包括沟通能力、表达能力等)等方面。

第二,人员筛选。这个环节是整个内部培养师队伍建设最重要的一环,直接关系到整个培养师队伍的质量。根据网上的报名情况和部门的推荐情况整理好所有报名者的资料。在对报名者的条件和资历进行对比后,对那些业务知识全面、技能熟练、情商较高的人要列为重点考察对象。通过第一轮筛选,教育培养部门有必要同相关的职能部门共同考核第一轮通过者,考核可以采取面谈、试讲的方法进行。对面谈、试讲表现突出的个人作为拟录取的对象。

第三,对培养师队伍进行培养技能方面的培养。对所有培养师队伍的组成人员进行培养,是建立内部培养师队伍的重要环节。这关系着建立的培养师队伍能否有效地发挥应有的作用,直接关系着人才开发和培养的效果。由于这些组成人员以前很少或基本没有接触过培养实作,因此对于培养的专业技巧方面掌握得很少;即使具备一些,也需要加以规范和强化。所以,培养的重点就是关于培养活动的策划组织技巧,具体包括培养师的职责和角色、培养师的基本技能、课堂组织技巧、培养效果的评估方法等。完成对这些组成人员培养后,再次进行测试,以确保组成人员被培养的效果,提高培养师队伍的整体素质。拥有知识跟传授知识有很大的差别,因此需要对培养师进行更专业的训练。

第四,资格认证。由教育培养部门对培养合格后的人员进行正式的资格认证,这一最后环节标志着培养师队伍最终建立起来。进行资格确认可以仿照培养动员的方法,即由人事部门或教育培养部门以开会颁发证书的方式进行公开确认和表扬,宣布培养师队伍的最终建立。

第五,档案管理。各单位人事部门将其培养师资格归档并录入个人人事资料,从而成为绩效考核、晋升、薪酬评定等方面的依据。

上述过程,不仅使选聘兼职培养师的工作做得扎实,而且使培养理念、各单位发展和个人发展结合起来,有利于整个基层公共文化机构的健康快速发展,取得一箭双雕的效果。

内部培养师对于当选的人才来说是一份兼职工作,需要良好的激励措施来保证人员的参与度。所以要求人事管理部门的高度重视，最好能公开提出内部培养师队伍建设方案和相关的奖励方案，在整个基层公共文化机构上上下下形成一种争当培养师的良好风气。一旦能够获得培养师的称号，人才就会有一种成就感。这样就更容易吸引高素质的人才加入内部培养师的队伍。

（三）形成内部培养师与外部培养师的有机互补

内部培养师缺陷也比较明显，如交流范围窄，选择范围小，且权威性不够，可能不会引起受训人才积极参与培训的兴趣。而外部培养师可以弥补内部培养师队伍的不足。通过两者的结合，形成有效的培养师师资建设。建设外部培养师信息库，并采取"项目制"和"周期制"的聘用模式，这种模式既节省了金钱，也节约了时间，提高了效率。

五、培养实施

培养实施是培养计划付诸实践的过程，具体包括的过程如图专3-3所示。

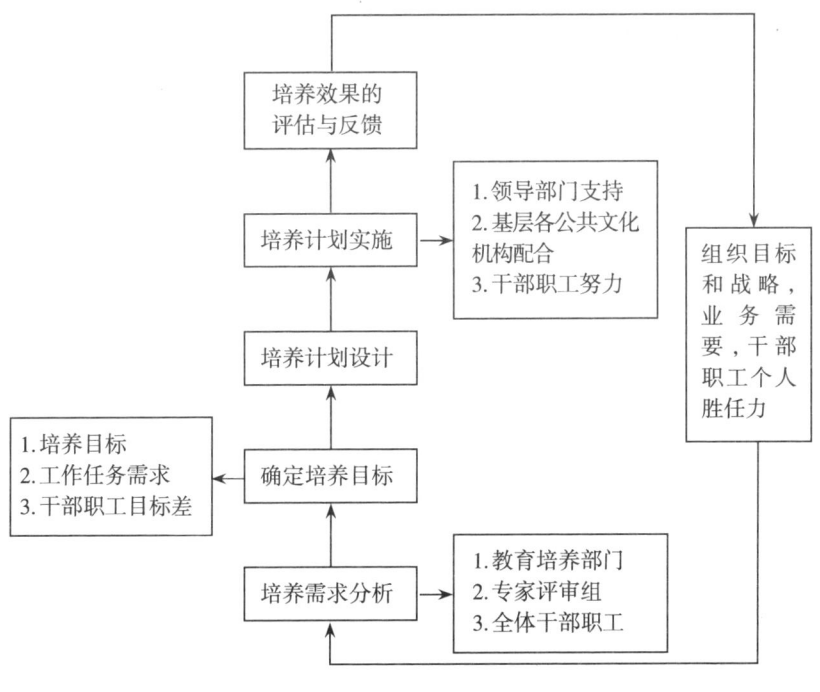

图专3-3　培养实施流程示意图

(一)培养需求分析

培养需求分析是培养活动的首要环节。培养需求分析是指在规划与设计之后、培养活动之前,由培养部门、主管人员、工作人员等采取各种方法与技术,对各种组织及其成员的知识、技能、能力等方面进行系统的鉴别与分析,以确定是否需要培养及培养什么的活动或过程。培养需求反映了组织对培养的期望。

培养需求分析是建立在对培养需求充分调研的基础之上。调研的主要对象是整个基层公共文化机构及全体人才,组织调研的主要是人事部门和培养部门,必要时可以聘请外部专家,与内部人员组成专家组进行需求调研。培养需求分析要在干部人事部门的牵头下,由基层公共文化机构的高层给出战略性指导，发动基层公共文化机构及全体人才进行部门、人才培养需求的调查和归类，参照外部专家的意见，最终分析、总结、归纳出基层公共文化机构的培养需求。

培养需求分析必须从三个方面入手：组织分析、任务分析和人员分析。从组织分析入手，以任务分析为核心，结合人员分析，得出培养的目标、培养的对象和培养的内容。任务分析主要界定理想状况下工作任务的要求，明确各个职位所包含的工作任务及执行标准和特定岗位工作人员所需要的技能要求，这是人才岗位培养的目标和重要的衡量标准。人员分析是从人才的实际状况出发，分析人才知识、技能、态度等方面的现有情况与理想状态之间的差距，以形成具体的培养目标和内容。

(二)确定培养目标

如果通过培养需求分析，认为被考察的培养项目是完全没必要的，则可以直接得出评估报告。反之，则进入下一步——确定该培养项目的目标，即确定"培养达到什么水平才能说明本次培养是成功的"，它是开展培养评估的前提，决定着评估项目和评估方法的选择。正常情况下，培养目标主要是界定培养要了解什么问题和解决什么问题，以显示培养的价值所在。评估培养目标的实现程度是衡量培养效果的重要指标。因此，对培养目标的设立要具体、明确并可衡量，这样才有可能获得可靠的评估数据。

（三）培养计划的设计

设计培养计划是培养实施的第二步，一份完整的培养计划一般包括：培养范围、培养内容、培养方式、培养时间，以及培养计划的调整方式和组织管理等内容。培养计划的制订要遵循一定的原则。首先，制订培养计划要以基层公共文化机构发展战略为依据，要有超前性。其次，以培养需求为依据，要具有有效性。再次，制订培养计划要有系统性。最后，制订培养计划要以可以掌握的资源为依据，要有可行性和经济性。

制订培养计划需要依次做好以下工作：

(1)确定编制人才培养计划的人员。人才培养计划的编制是一个系统工程，应该由固定人员来协调各部门的工作。

(2)切实了解情况。进行深入调查调研，切实了解和掌握整个系统的情况；通过人才培养需求调查，选择培养项目。

(3)制订培养总体目标。总体目标制订的主要依据是基层公共文化机构的总体战略目标，人事编制的总体计划和培养需求分析。

(4)确定目标项目的子目标。这些子目标包括实施过程、时间跨度、阶段、步骤、方法、措施要求、评估方法等等。

(5)分析培养资源。对培养的各个子项目或阶段性目标按轻重缓急分配培养资源，以确保各项目的目标都有相应的人力、物力和财力的支持。

(6)优化平衡各项指标。对培养事业的发展和师资来源进行平衡，对基层公共文化机构的正常运作与培养需求进行平衡，对受训人员职业生涯与企业发展进行平衡，对投资于培养事业的发展方向进行平衡。

(7)培养计划的沟通与确认。培养计划既涉及基层公共文化机构的未来收益,也涉及人才的自身发展,所以培养计划沟通的主体包括两方面的人员。一方面是对参与培养的管理人员的沟通,另一方面是对接受培养的人员的沟通。

(四)培养计划的实施

做好培养计划的实施,必须明确培养的责任主体。现代意义上的培养,不单单是培养部门的事,更事关组织的存亡和未来的核心竞争力,因此是整个基层公共文化机构的事,人人有责。在培养活动中最重要的三个参与主体是受训人才、人事主管部门、培养部门,当然也离不开行政主管部门的主要领导人的理解和支持。他们彼此间存在既合作又冲突的关系,正确处理好不同角色之间的关系,才能够起到事半功倍的效果。

在实施培养计划的同时应做好相关制度的保障。一般来说,基本培养制度主要有:培养上岗制度、培养责任制度、培养经费单列制度、培养奖励制度、培养档案管理制度、培养考评制度等。

在实施培养计划的同时也要制定好相关的培养政策,必须根据基层公共文化机构的性质、实力和培养目的,做到培养的长期规划和短期规划相结合,做到内、外训兼用,脱产与在职等共同使用等。

在培养计划实施中应重点注意六个方面的内容,即领导的支持、培养课程的确立、培养教师的选择、受训者的管理、培养场所的设置和培养的后勤保障工作。

(五)培养效果的评估与反馈

对培养效果进行评估可以了解培养的状况,找出偏差,及时反馈,及时纠正。评估贯穿于整个培养决策、实施过程。评估过程是一个全面筹划的系统过程,有效的培养评估应该包括以下几个环节:界定评估目的、明确评估标准、制定评估方案、收集分析评估信息、实施培养评估、撰写评估报告、调整培养项目。

培养效果的反馈有两个途径:一是将评估结果向上反映给培养部门、人事部门,以便对培养过程中出现的偏差及时进行纠正;二是将人才培养的成绩、评价结果通过书面材料、会议或网络等方式反馈给他们,让人才了解自己的参与是否发挥了作用,同时还可以帮助他们进一步了解培养目标和基层公共文化机构所期望的绩效水平。快速有效的反馈机制可以使人事部门和培养部门了解基层公共文化机构整体运行情况和一些重要的细节,从而提高培养效果。

在对培养进行评估后,要特别注意培养结果的转化,让人才把在培养中学到的知识、技能、行为等应用到实际工作中去,结果的转化要贯穿整个培养过程之中。

六、保障措施

(一)完善培养机制良好运行的制度建设

1. 完善人才培养管理制度体系

根据基层公共文化机构的发展需要和全系统人才队伍的素质状况,西南五省区市应制定本省区市的基层公共文化机构人才教育培养规划,明确基层公共文化机构人才教育培养的总体目标、主要任务、培养对象等。各区县基层机构要按照相关规划的要求,相继制定本地区的人才教育培养规划。同时,为把相关规划落实到位,省市和区县还应配套制定一系列的制度和办法,比如经费制度、培养管理制度、考核制度、奖惩制度等。

```
                  人才培养管理制度体系
                         │
    ┌──────┬──────┬──────┼──────┬──────┐
 经费制度 培养管理制度 考核制度 奖惩制度 监督制度
```

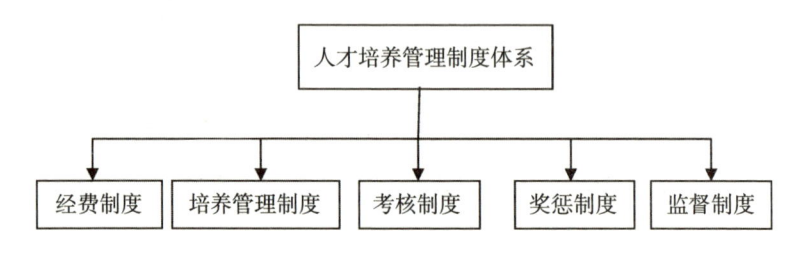

图专3-4 人才培养管理制度体系

另外,省市级的培养制度必须与区县的基层机构培养制度有机结合起来,形成全面涵盖的基层公共文化机构教育培养制度体系,按照"统一筹划、统一布置、分级负责、方便培养、保证质量"的原则,在基层公共文化机构的培养机构,逐步建立起省市、区县两级培养制度体系,承担不同层次的培养任务。

2.规范培养基础管理体系

规范的培养基础管理体系,需要规范性的规章制度作支撑,具体的管理文件作基础,技术性的实施条例作参照。第一,制定基层公共文化机构培养机构管理及工作制度,明确相应的培养管理机构及其工作人员的工作职责;第二,制定基层公共文化机构培养项目实施条例,对培养活动的实施及开展过程进行规范;第三,制定基层公共文化机构培养基础设施管理条例,对培养活动开展所需的培养基础设施进行管理,如远程教育网络平台、培养场地、教学设备等。

图专3-5 培养基础管理体系

(二)优化培养机制运行的环境

1.改善人力资源管理环境

一方面,完善培养机构,提升培养部门工作人员的素质。同时,健全培养制度、晋升制度、奖惩制度、薪酬制度等以提升培养组织人员的工作积极性及工作绩效,从而实现从省市到区县管理有机构,工作有人做,人才教育培养有组织保证。

另一方面,营造有利于师资发展的和谐环境。其一,在缺少专职教师的情况下,充分发挥省市级领导和业务骨干的作用,请他们为培训班授课。其二,建立开放的师资管理体制,实行聘任制或合同制,聘请各类专家和专业人才作为教育培养的师资,形成专兼职相结合、相对稳定的师资队伍。

2.提升组织文化建设

第一,根据培养规划,结合人才的意愿,有计划地对基层公共文化人才进行关于业务知识、专业技能、思想政治等方面的培养,使其逐渐意识到学习的重要性;第二,鼓励创新,为人才提供学习交流的平台,营造良好的学习氛围,建设学习型组织。

3.加强培养硬件设施建设

基层公共文化机构人才教育培养系统的有效运行,需要加强教育培养中心或基地的基础设施建设,健全教育培养基地管理机构和实施机构,加强基地的硬件设施建设,为培养项目提供物质基础。第一,加强教学基础设施建设,包括场地、教学设备等;第二,加强网络远程教育平台建设,建设以省级为中心,区县基层公共文化机构为支撑的两级网络体系。

专题报告 4
西南地区基层公共文化人才激励措施研究

物质激励和精神激励是传统的人才激励方式,但是面对现代化发展和环境的变化,原有的激励措施存在一定的不足,采取新的基于人才资源管理理论的激励措施,是非常有必要的。

一、完善党管人才的组织保障措施

为了确保激励机制的有效运行,西南地区公共文化部门应坚持党管人才,发挥党委(党组)领导核心作用,形成党委统一领导,组织部门牵头抓总,有关部门各司其职、密切配合,社会力量发挥重要作用的人才工作新格局。基层公共文化机构要配备专职人才工作人员和文化产品成果转化工作人员。健全机构内人才工作制度,加强人才队伍建设。建立各级党政领导班子和领导干部人才工作目标责任制,将人才工作列为落实党建工作责任制情况述职的重要内容。构建党委联系重点人才工作,健全党政领导干部直接联系人才制度,注重思想引领和政治吸纳,做好团结凝聚工作。完善人才奖励、人才荣誉制度,在全社会进一步形成识才、爱才、用才、敬才的良好氛围。

二、基层公共文化人才激励机制运行的保障措施

基层公共文化人才激励机制运行的保障措施主要是从转变激励主体的传统激励管理思想的角度来阐述的。如果要确保激励机制运行顺利,那么第一要点就是要转变人的思想观念。

(一)转变激励主体传统的激励管理思想

传统的激励管理是一种人事行政管理,它是把基层工作人员视为一种成本或生产、技术要素,只会消耗公共部门的资本、资源;同时,把人事管理工作看作是行政工作,属日常人事行政事务。随着时代的发展变化,传统的管理办法已经无法适应时代变化的需求,这就要求必须加快传统的人事行政管理理念向现代化人力资源管理理念的转变。总之,人事行政管理对于激励是被动的管理,公共文化部门必须变被动为主动,树立以人为本的现代人力资源激励管理理念。

1.变被动为主动的激励管理

西南地区公共文化部门要把基层工作人员视为"第一资源",并视为最宝贵的资源,不断开发、利用。要认识激励的重要性,积极主动地对表现突出的基层人才进行物质上、精神上的激励,满足不同人才的不同需求,结合公共文化事业发展目标与基层人才职业发展目标,激励人才的工作热情,激发人才的工作创造性,使被动的激励变为主动的激励。

2.结合人才需求,制定激励标准

公共文化部门应积极加强与基层公共文化人才的交流,结合人才对物质的需求、精神的需求、基本环境设施的需求和个人发展空间的需求,制定出客观的激励标准,划分不同等级的奖励措施,对符合标准的人才进行针对性的奖励,让贡献突出的获得最高等级的奖励,贡献较少的也能获得较低等级的奖励。

3.了解员工的情绪,体现"以人为本"的现代化管理思想

情绪是员工心理特征的表现,乐观的情绪,可提高员工的工作效率;消极的情绪,将阻碍公共文化事业的发展。所以,西南地区各个公共文化部门的领导者应关心基层公共文化人才的思想,帮助排解基层公共文化人才的消极情绪,对其进行人文关怀和人性化管理。

(二)畅通激励的沟通渠道

随着公共文化服务建设的发展,"自上而下"的交流方式日渐暴露出缺陷,即缺乏准确性和科学性,这就要求不仅要建立"自下而上"的交流方式,还必须建立"自上而下"与"自下而上"相结合的激励交流方式,打通激励的沟通渠道。

1.建立"自下而上"的激励交流方式

传统的"自上而下"的激励沟通方式,包括各种表彰会议,工作汇报等,这些都属于上级要求的会议,缺乏人性激励。因此,需要建立"自下而上"的激励交流方式。"自下而上"的沟通是在群体或组织中从低水平流向高水平的沟通。基层公共文化人才利用它向上级(管理层)提供信息反馈,汇报工作进度,并告知当前存在的问题。

2.建立"自上而下"与"自下而上"相结合的激励交流方式

通过运用以人为本的现代人力资源管理手段,建立"自上而下"与"自下而上"相结合的激励交流方式。在"自上而下"的激励交流方式中,合理运用"自下而上"的激励交流方式,有利于促进激励交流的双向沟通,有利于拓宽激励的沟通渠道,实现人性化的激励沟通。

三、完善基层公共文化人才薪酬体系,激发人才的工作积极性

西南地区公共文化管理部门必须构建科学合理的绩效考核系统。在考核过程中,积极调动群众参与其中,监督整个过程,使考核过程公开透明,并将绩效考核结果与薪酬发放相结合实现其激励效果。

(一)按岗定酬,突出岗位价值

从原来侧重工龄的以技能为核心的薪酬体系转向侧重岗位条件、侧重技术程度、劳动数量和劳动质量的岗位薪酬体系转移,依据公共文化人才具有的技能高低和其岗位的劳动强度、责任大小等因素,合理地测算出管理、技术、文化产品生产、文化产品服务四大系列不同岗位的薪酬系数,真正形成"以事定岗、以岗定薪、岗变薪变"的岗位结构薪酬机制。通过岗位职位评价,合理拉开关键岗位与普通岗位的工资差距,突出岗位价值。

根据基层公共文化服务工作岗位的工作性质和内容,对组织贡献的大小和方式,所需的职业资格,以及对沟通能力的要求等等各项因素,采用可衡量的变量量化得出其数量值,再根据基层公共文化机构的实际侧重面,给每个影响因素的数量值赋予一个权数,从而计算出岗位的价值。

(二)按绩定酬,实行业绩工资制

薪酬设计的要点在于对内具有公平性,对外具有竞争力。在薪酬设计要点中,要关注内部公平性,除了要通过职位评价来确定合理的岗位薪酬外,还要按绩效付酬。绩效工资是对公共文化人才完成业务指标而进行的奖励,即根据各类人才的工作业绩和贡献大小实施奖励薪酬分配。应把他们的利益分配与其最终工作成果、工作绩效联系起来,并与组织公共服务的效益密切挂钩,加大业绩薪酬的份额。

按绩定酬的关键在于建立并实行奖惩分明的薪酬体系。首先,要设计一个能有效区分绩优与绩劣的绩效评估体系;其次,要有明确的绩效导向,即以绩效评估体系中的核心元素为重要衡量指标。

(三)建立与薪酬激励相结合的精神激励手段

基层公共文化人才的薪酬可分为外在报酬和内在报酬。外在报酬指人才获得的金钱、津贴和晋升机会。内在报酬指基于工作本身的报酬,即个体对工作本身或心理环境上的满足感,如工作胜任感、成就感、受重视感、个人价值实现等。薪酬激励能提高基层公共文化人才的工作热情,但却无法达到长久的激励,因为人对薪酬的期望是属于增长型的"保健因素"。因此,需要积极探索薪酬激励与精神、情感相结合的激励方式。实现"物质、精神、心理"的三位一体激励模式。

四、打通基层公共文化人才职业发展瓶颈,激发人才的创造力

职称发展瓶颈是指人才职称上升的机会或空间受到了限制。而晋升意味着更高层次的薪酬、地位和荣誉,实现职务和职称的晋升,是基层公共文化人才的普遍需求。

(一)实施职务、职称"双阶梯"晋升方法

实施职务与职称并重的"双阶梯"晋升方法,实行"公开选拔,竞争上岗"的晋升原则,在职务晋升的同时,确保职称有所提升,打破职称发展瓶颈。在此之上,对于优秀的基层人才可破格提拔,破除逐级晋升的原则限制,以激励更多人才积极用心做事。

(二)改革职称晋升制度

在基层公共文化机构中,由于职称评审的制度性限制,只有少数人才能够得到职务晋升的机会,对于多数人才而言职务晋升就显得特别困难,特别是目前职称与职务挂钩的现实困境,造成了对基层公共文化人才的激励不足。因此,需要探索下放高级职称评审权,探索实行基层公共文化人才职称直聘办法。清除不合理限制,如对职称外语、计算机应用能力考试不作统一要求,不将发表论文等作为对基层公共文化人才晋升的限制条件。

(三)实现"h"型职业生涯路径向"H"型职业生涯路径的转变

"h"型职业生涯路径设立有两条职业发展通道,分别是管理通道和专业技术通道。但两条通道是不平等的,"h"中较长的一侧代表管理职业通道,短的一侧代表专业技术通道。"H"型职业生涯路径是双阶梯职业生涯路径,同样设置了管理通道和专业技术通道,但这两条

通道是等长的且可以相互转换。当遇到事业瓶颈期时，基层人才可以通过提高自身各方面的能力，走"H"型的路径，转变自己的发展路径。

五、合理规划基层公共文化人才的发展，实施目标管理激励人才

西南地区基层公共文化部门需结合当前文化工作的发展趋势、基层公共文化人才的真正需求等多方面因素，思考并策划需要建立什么样的基层公共文化人才队伍，明确基层公共文化人才的发展方向。

（一）要建立人才的发展目标

公共文化管理部门在设定目标时不仅要结合不同人才的发展需求，而且要尽可能使组织目标与人才自身目标相结合，也就是将人才发展规划纳入公共文化部门发展的总体规划中，使人才的发展与公共文化事业发展相一致，既实现了人才的持续开发与利用，又实现了组织目标。通过这样的目标设置，不仅实现了激励人才发展自身的目的，还促进了组织目标的实现。

通过将基层公共文化人才自身的发展与公共文化事业的发展相结合，基层公共文化人才不仅对自身的发展有了明确的方向，对自身在部门中的位置有了明确的定位，还对公共文化事业的发展有了更深

刻的认识，而且侧面反映出了公共文化部门的领导对基层公共文化人才的重视。

(二)要建立科学的工作量化机制

为避免目标工作分配的不公平性，公共文化部门应在分析人才的数量、结构、性格及今后发展需要的基础上，制定出具体的、合适的目标、政策和措施，使具体的工作目标能够量化到每个人的头上。

六、组织保障措施

为了确保激励机制的有效运行，西南地区公共文化部门需完善党管人才的工作格局、优化激励机制运行的环境、加强资金保障。

(一)完善党管人才的工作格局

发挥党委(党组)的领导核心作用，完善党委统一领导，组织部门牵头，有关部门各司其职、密切配合，社会力量发挥重要作用的人才工作新格局。基层公共文化机构要配备专职人才工作人员和文化产品成果转化工作人员。健全机构内人才工作制度，加强人才工作者队伍建设。建立各级党政领导班子和领导干部人才工作目标责任制，将人才工作列为落实党建工作责任制情况述职的重要内容。构建党委联系重点人才工作,健全党政领导干部直接联系人才制度,注重思想引领和政治吸纳,做好团结凝聚工作。完善人才奖励、人才荣誉制度,在全社会进一步形成识才、爱才、用才、敬才的良好氛围。

(二)优化激励机制运行的环境

1.提高领导的重视程度

人才激励工作的建设和有序、高效运作,需要省市区级的公共文化机构领导的帮助与下属单位及其分部门的支持。一方面,主管领导应意识到人才激励工作的重要性,将公共文化人才激励工作摆上重要日程;另一方面,各基层公共文化机构应贯彻执行上级部门的人才激励工作的要求,同时还要响应上级部门的号召,因地制宜地开展本部门的人才激励工作。

2.创造激励与培养相结合的组织氛围

一方面,建立以职位薪酬、能力薪酬、绩效薪酬为价值导向的公平、有效的动态薪酬机制,激励人才不断学习,激发人才参与培养的动机;另一方面,采用训练、学习、会议等形式,持续向人才灌输学习型组织的组织目标,在日常工作中潜移默化地影响人才,使人才个人的价值观逐渐与组织的价值观相一致。

(三)加强资金保障

1.落实年度激励经费

充足稳定的经费来源和高效的资金利用率是保证激励工作有序

开展的前提。首先,建立稳定的激励经费投入机制,确保财政性经费的主渠道畅通,同时建立多渠道、多形式的筹款机制。一方面,要按照编制和上年度培养绩效、财力等分配激励经费,建立弹性的经费划拨机制;另一方面,积极推进经费多元化投入,采取"财政拨一点、单位补一点、个人出一点"的办法,多渠道筹集人才激励经费,逐步建立以财政投入为引导,以用人单位投入为主体,个人负担为辅助的经费投入机制。

其次,要高效利用有限的激励经费,就要对激励经费的划拨和使用建立相关的监督机制。增强拨款的透明度,定期向社会公开,接受人大、政协、财政部门、媒体和民众的监督。

2.强化激励资金预算机制

将激励经费列入单位财政预算,在加大财政支持引导力度的基础上,将激励资金预算以基层公共文化机构预算为基础,并采取"零基预算"机制。第一,采取综合预算方法编制基层机构预算,要求基层机构将所有收支统一纳入预算中反映;第二,规范预算编制方法,改进政府预算收支科目体系,将支出分为基本支出和培养项目支出两大类,细化预算,建立规范、科学的预算分配模式,提高资源配置效率;第三,根据年度预算执行结果进行总结,评估预算执行状况,总结预算执行的经验,为未来的激励项目安排提供重要的参考依据。

3.实施激励投入收益分析机制

"成本—效益"分析方法表明,如果一个支出项目的收益大于成本,那么该支出项目就是可行的。

人力资本理论认为,人力资本必须不断进行追加投资,通过再激励和知识更新,才能得到维护和保值。基层公共文化人才激励,就通过接受激励来获得人力资本增值的投资过程。人力资本增值,既有利于政府和社会,也有利于人才个人,政府和社会应共享激励收益。根据"谁受益,谁付费"原则确定的激励成本分担模型,公共文化人才个人、政府和社会应该共担激励成本。但是在实践中政府和社会承担了在职激励的大部分成本,且政府收益无法货币化,激励的社会效益也是模糊不定,难以量化;只有人才个人通过激励获得收益是显而易见。他们既获得了与工作相关的激励,也掌握了一些基本技能,得到了个人知识、能力的增长等益处,为工资的提高和职位的晋升提供了可能。因此,公共文化人才的激励成本也应由个人、政府和社会按比例分担,不应该由纳税人和公共文化机构承担所有的激励费用。

在激励投入收益分析机制中,首先要明确评估主体,主管部门应与评估部门分离;其次要规范评估对象,比较分析激励前后的差异;最后要优化评估方法,强化评价方法的科学性和适用性。无论是人才、政府还是社会,激励的成效最终要以投资回报率的形式表现出来,因为它是一个综合性指标,可以全面反映投资效益。要强化对激励及绩效提升计划的投资回报率的运用,切实地从"为活动而激励"转变到"基于收益指标而培养"上来,使投入的激励成本获得显性收益。

附录1
调查问卷

  为了更好地结合"十三五"规划及公共文化服务体系的建设要求，进一步促进西南地区公共文化人才队伍建设的有效开展，我们承担了文化部2015-2016年度"国家公共文化服务体系制度设计研究课题"，课题名称为《西南地区基层公共文化人才培养和激励机制研究》，课题承担单位为"国家公共文化研究基地（西南大学）"。

  本次调查问卷覆盖了贵州省、四川省、重庆市、西藏自治区、云南省，抽取西南五省区市基层公共文化部门工作人员为调查对象，对西南地区基层公共文化部门的人才培养、人才激励的相关情况进行抽样调查，为本课题的调研报告、分析报告、专题报告、总报告提供翔实的数据支持。

西南地区基层公共文化人才培养和激励机制调查问卷

您好：

为了更好地结合"十三五"规划及公共文化服务体系的建设要求，进一步促进西南地区公共文化人才队伍建设的有效开展，我们承担了文化部2015—2016年度"国家公共文化服务体系制度设计研究课题"，课题名称为《西南地区基层公共文化人才培养和激励机制研究》，课题承担单位为"国家公共文化研究基地（西南大学）"。

本问卷不记名，请客观、公正、如实地填写。调查结果和相关信息仅用于设计、制订西南地区基层公共文化人才培养和激励机制的研究报告，该课题的调查结果将呈报文化部供决策参考。您的信息、意见和建议对课题组很重要，将得到充分尊重和严格保密。请您收到问卷后尽快填妥并交至发放问卷的人员，以便及时整理统计。

感谢您的支持，祝您工作愉快！

课题组

2016年5月

一、个人信息

（说明：请在横线处填写文字，在项目编号处打"√"选择）

性别：_____ 学历：_____ 单位：_____；

所在单位部门：_____；

岗位类别：A.公共文化服务部门领导干部　B.公共文化服务部门管理人员　C.文化领域人才

文化领域人才职称：A.高级　B.中级　C.初级　D.无

文化领域人才称号或兼职（如：优秀演员、文化团体协会会员）：
_____。

二、培训情况调查

（说明：请在横线处填写文字，在项目编号处打"√"选择）

1. 近五年，您所在单位平均每年安排您参加几次培训？

A.4次以上　　　　　B.3～4次　　　　　C.1～2次

D.平均不到1次　　　E.从来没安排培训

2. 目前，您所在单位组织的培训数量是否足够？

A.非常不够　　　　　B.不够　　　　　　C.还可以

D.足够　　　　　　　E.太多了

3. 近五年，您参加了哪些方面的培训？（多选）

A.文化业务知识　　　B.文化政策法规　　C.文化服务

D.文化创作　　　　　E.艺术和文化素养　F.文化管理

G.文化宣传　　　　　H.职业道德　　　　I.文化活动

J.岗位技能　　　　　K.人际沟通　　　　L.礼仪知识

M.计算机知识

其他：_____

4.近五年,您参加的各类培训的培训方式主要是以下哪几种?(多选)

A.文化领域培训讲师中长期培训

B.外聘讲师主题培训　　　　　　C.外派公开课

D.专家咨询式培训　　　　　　　E.网络学习

F.外派参观考察

其他:_____

5.您认为哪几种培训方式比较适合基层公共文化人才?(多选)

A.文化领域培训讲师中长期培训

B.外聘讲师主题培训　　　　　　C.外派公开课

D.专家咨询式培训　　　　　　　E.网络学习

F.外派参观考察

其他:_____

6.您认为所接受的培训课程对您的哪些方面有所提高?(多选)

A.文化管理和宣传能力　　　　　B.文化创作能力

C.岗位技能　　　　　　　　　　D.艺术修养和文化素养

E.文化业务知识　　　　　　　　F.文化活动的组织能力

G.人际沟通　　　　　　　　　　H.计算机水平

其他:_____

7.您认为本单位现有的培训存在哪些不足?(多选)

A.无整体培训规划　　　　　　　B.培训次数太少

C.培训与文化部门的发展关联度不高

D.课程内容与干部职工需求匹配度差

E.培训时间安排不合理　　　　　F.不了解

其他:_____

8.您认为下列哪些方面的培训对您胜任当前的工作或对您个人的发展最为重要?(多选)

A.文化业务知识　　B.文化政策法规　　C.文化宣传

D.文化创作　　　　E.计算机知识

F.艺术修养和文化素养　　　　　　G.文化管理

H.职业道德　　　　I.岗位技能　　　J.人际沟通

其他:_____

9.您认为应根据什么来为基层公共文化人才规划培训课程?

A.根据岗位胜任力需要规划课程体系

B.根据业务需要规划课程

C.根据领导指定能力提升需求规划课程

D.根据人才能力提升需求规划课程

E.根据课程受欢迎度

其他:_____

10.您认为目前基层公共文化人才培训课程体现本土文化特色的程度如何?

A.非常不够　　B.不够　　C.还可以　　D.足够

11.您认为基层公共文化人才培养应如何体现本土文化特色?

A.增强培养内容的本土特色

B.加强培养的资金投入

C.鼓励民间师徒培养

D.强化学校专业培养

三、岗位素质要求

	下述各项均从低到高分为5个等级(从"一般"到"极强"),请在对应的等级处划"√",代表胜任该工作的最低资格条件和程度。请您仔细考虑后,结合您所在岗位应具备的素质和能力,选择不同的程度,以便为今后设计培训内容提供决策参考。	
1	适应性:能根据不同的环境和条件及时调整自己的心态和工作方法,与时俱进,使自身文化素质与知识经济相适应。	一般 较强 强 很强 极强
2	思想道德素质:有良好的政治素质、职业道德素质和操守,对组织高度忠诚,有高度使命感,热爱公共文化服务工作。	一般 较强 强 很强 极强
3	学习能力:善于学习和汲取新的文化知识,能总结经验教训,注重自我能力的提升。	一般 较强 强 很强 极强
4	业务能力:掌握公共文化服务工作所具备的专业知识和技能,能及时有效地解决、协调工作中遇到的问题。	一般 较强 强 很强 极强
5	组织能力:有效运用各种资源组织文化活动,能有条不紊地达成目标。	一般 较强 强 很强 极强
6	协调能力:在公共文化服务工作中随和大度,能坚持立场,有效化解冲突,与上司、下属、同事和群众保持友好关系。	一般 较强 强 很强 极强
7	沟通能力:在提供公共文化服务过程中,能准确地把握和理解对方的意图,做出恰当反映,使对方接纳自己的意见和建议,善于与群众建立良好的人际关系。	一般 较强 强 很强 极强
8	创新能力:在公共文化服务工作中不断提出新设想、新方案;提供新的文化产品和服务;改进工作方式和方法,开拓新局面。	一般 较强 强 很强 极强
9	信息素质:具备一定的信息敏感性,能清楚认识到何时需要信息,并能确定、搜集、评价、利用信息掌握公共文化领域最新动态。	一般 较强 强 很强 极强
10	理论素养:熟悉当前公共文化领域的形势任务和政策,有较高的理论水平。	一般 较强 强 很强 极强
11	计算机技能:掌握与岗位相关的计算机和网络技能,能有效利用计算机技术进行文化创作、管理和宣传等工作。	一般 较强 强 很强 极强
12	服务理念:亲近民众,善于倾听民众意见;热情周到,能主动了解民众需求,提供相关的公共文化服务,全心全意为群众提供服务,最大限度满足人民的公共文化需求。	一般 较强 强 很强 极强

四、激励机制

(说明:请在横线处填写文字,在项目编号处打"√"选择)

1.请选择贵单位目前采用的激励方式有哪些?(可多选)

A.奖金　　　B.晋升职称、职务　　C.表彰、授予荣誉称号

D.教育培训　E.带薪休假

其他,请描述:_____

2.对贵单位目前采用的激励方式从以下几方面评价,您的满意度是?

	非常满意	满意	不确定	不满意	非常不满意
①操作方便性	A	B	C	D	E
②同事间公平性	A	B	C	D	E
③激励效果/强度	A	B	C	D	E
④能留住重要人才	A	B	C	D	E
⑤综合评价	A	B	C	D	E
其他重要方面,请描述:					

3.您认为以下哪个是对基层公共文化人才激励的核心因素和方式?

A.优厚的工资、奖金和福利　　B.职位晋升的机会

C.培训学习的机会　　　　　　D.获得荣誉表彰

E.工作丰富化　　　　　　　　F.目标激励

其他,请简单描述:_____

4.贵单位目前采用的激励方式有无效果?(有无可行性,只选其一)

(1)有效果,原因:

A.激励方式多元灵活　　　　　B.激励能满足我的需求

C.激励有具体的政策支持　　　D.激励是公开公平的

其他,请描述:_____

（2）无效果或效果很小，原因：

A.激励方式单一僵化　　　　　B.激励不能满足我的需求

C.激励没有政策支持,力度不够　D.激励内容空洞

E.激励不公平公正

其他,请描述：_____

5.贵单位目前在人才激励工作中最急待解决的问题是：（多选）

A.激发大家对公共文化工作的积极性

B.激发文化人才创作的积极性

C.防止人才流失　D.建立公平、公正、公开的激励机制和政策

E.激励方式单一、僵化　　　　F.激励渠道少

其他,请描述：_____

6.您认为当前您所在单位的激励方式对提升公共文化服务水平是否会有帮助？

A.不会　　　B.可能会　　　C.会　　　D.不清楚

其他,请描述：_____

7.您认为当前贵单位的激励工作应解决什么问题？

A.提高本单位整体工作效率　　B.实现长期激励

C.提升激励力度　　　　　　　D.加强激励强度

其他,请描述：_____

8.您认为贵单位目前实施有效激励的主要障碍有哪些？（多选）

A.领导不了解　B.上级主管部门不支持　C.部门管理层没有兴趣

D.激励方案难设计,如激励评估体系中指标等的确定问题

E.技术方面有障碍,如接受培训的资金、设备等方面的问题

其他,请描述：_____

附录2
西南地区基层公共文化人才培养和激励机制调查问卷统计报告

此次西南地区基层公共文化人才培养和激励机制调查问卷共发放350份,有效问卷245份,回收率达到70%。本次问卷调查以基层公共文化人才为对象,调查单位主要包括图书馆、文化馆、文化站以及农家书屋等。

共收到有效调查问卷245份,其中,公共文化服务部门领导干部13份,占比5.30%;公共文化服务部门管理人员84份,占比34.29%;文化领域人才148份,占比60.41%。

填写问卷的基层公共文化人才中,男性基层公共文化人才119名,占比48.57%;女性基层公共文化人才126名,占比51.43%,男女比例基本持平,女性相对偏高。

填写问卷的基层公共文化人才中,具有硕士研究生学历6人,占比2.45%;具有大学本科学历113人,占比46.12%;具有大专学历68人,占比27.75%;具有中专学历19人,占比7.76%;具有高中学历17

人，占比6.94%；具有初中学历14人，占比5.71%；具有小学学历8人，占比3.27%。

填写问卷的基层公共文化人才中，高级职称有6人，占比2.45%；中级职称有44人，占比17.96%；初级职称有90人，占比36.73%；无职称有105人，占比42.86%。

一、总体统计状况

此次问卷调查分别对西南地区五个省份进行抽样调研，总共发放问卷350份，回收有效问卷245份，其中西藏自治区70份，云南省82份，贵州省23份，四川省34份，重庆市36份。按单位部门分成文化体育站、图书馆、文化馆、文化站、农家书屋等单位进行抽样，按岗位类别将人员分成了公共文化服务部门领导干部、公共文化服务部门管理人员、文化领域人才三类进行抽样。针对取得的抽样调查结果，从学历、职称、性别三方面又进行了统计。

（一）调查地区抽样状况

参加此次基层公共文化人才培养和激励机制问卷调查的西南五省区市中，共回收有效问卷245份。各地区回收问卷份数占总回收问卷份数的比例，西藏自治区及云南省相对较高，占比分别为28.57%和

33.47%；四川省和重庆市占比相近，在14%左右；贵州省占比在五省区市中排名最后，占比9.39%。

表1.1 抽样问卷地区发放状况

地区	回收份数（单位：份）	比重（%）
西藏自治区	70	28.57
云南省	82	33.47
贵州省	23	9.39
四川省	34	13.88
重庆市	36	14.69
合计	245	100

（二）调查人员抽样状况

此次问卷调查，主要侧重于公共文化服务部门领导干部、公共文化服务部门管理人员、文化领域人才三类主要岗位，占比分别为5.30%、34.29%、60.41%，问卷调查结果在一定程度上反映出西南地区基层公共文化人才的构成状况。

表1.2 被调查人员抽样状况

岗位类别	样本数（单位：人）	比重（%）
公共文化服务部门领导干部	13	5.30
公共文化服务部门管理人员	84	34.29
文化领域人才	148	60.41
合计	245	100

(三)按学历性质分类统计

在回收的调查问卷中,具有本科学历的最多,占比为46.12%,是此次调查人员学历状况的主体。而具有硕士研究生学历、大专学历、中专学历、高中学历、初中学历及小学学历的基层公共文化人才所占比例较少,分别为2.45%、27.75%、7.76%、6.94%、5.71%、3.27%,所以,仍需大力培养基层公共文化人才,提高基层公共文化人才的学历水平。

表1.3 被调查人员学历结构状况

学历	数量(单位:人)	比重(%)
博士研究生学历	0	0.00
硕士研究生学历	6	2.45
本科学历	113	46.12
大专学历	68	27.75
中专学历	19	7.76
高中学历	17	6.94
初中学历	14	5.71
小学学历	8	3.27
合计	245	100

(四)按职称分类统计

在回收的调查问卷中,被调查人员中无职称人员最多,占比为42.86%,接近被调查人数的一半;其次是具有初级职称的基层公共文化人才,占比为36.73%;具有高级职称的基层公共文化人才占比最低,所占比重仅为2.45%,远远低于无职称基层公共文化人才的占比。

表1.4 被调查人员的职称结构状况

职称类别	数量(单位:人)	比重(%)
高级	6	2.45
中级	44	17.96
初级	90	36.73
无	105	42.86
合计	245	100

二、培训情况统计

1.近五年单位平均每年安排个人参加培训的情况统计

在回收的调查问卷中,回答平均每年安排"3~4次"的占抽样人员的大部分,为37.55%;其次是"1~2次",占28.16%;再次是"4次以上",占16.74%;"平均不到1次",占10.20%;"从来没安排培训"的,仅占7.35%。

表2.1 所在单位平均每年安排个人参加培训次数情况统计

选项	数量(单位:人)	比重(%)
4次以上	41	16.74
3~4次	92	37.55
1~2次	69	28.16
平均不到1次	25	10.20
从来没安排培训	18	7.35
合计	245	100

2.个人对单位安排培训数量的评价

在回收的调查问卷中,对单位安排培训数量的评价,认为"还可以"的占47.35%,认为"不够"的占33.06%,认为"足够"的占11.02%,认为"非常不够"的占8.16%,认为"太多了"的仅占0.41%。结果表明,超过1/3的基层公共文化人才对单位安排培训的数量不认可,对于培训数量和实际需求不符的情况,所在单位需要针对偏多、偏少的情况做出合理规划,进行适当调整。

表2.2 个人对单位安排培训数量的评价情况统计

选项	数量(单位:人)	比重(%)
非常不够	20	8.16
不够	81	33.06
还可以	116	47.35
足够	27	11.02
太多了	1	0.41
合计	245	100

3.近五年个人参加的培训内容统计

在对曾经参加培训内容的调查问卷中,多数人的回答集中在"文化业务知识""文化管理""文化政策法规""文化服务"四项,分别占抽样总体的56.73%、35.10%、34.29%、30.20%。

从近五年的个人参加的培训内容可以看出,培训内容主要侧重的是提升基层公共文化人才自身知识技能和专业素质上。在礼仪知识、文化创作、艺术和文化修养等方面则略显不足,分析其原因有可能是基层公共文化服务行业的特点决定了其学习培训的内容。

表2.3 近五年个人参加的培训内容情况统计

选项	数量	比重(%)	选项	数量	比重(%)	选项	数量	比重(%)
文化业务知识	139	56.73	文化宣传	58	23.67	计算机知识	19	7.76
文化政策法规	84	34.29	职业道德	44	17.96	其他	0	0
文化服务	74	30.20	文化活动	46	18.78			
文化创作	44	17.96	岗位技能	46	18.78			
艺术和文化修养	28	11.43	人际沟通	45	18.37			
文化管理	86	35.10	礼仪知识	16	6.53			

4.近五年个人参加的培训方式统计

在参加的各种培训方式调查问卷中,选择"外派参观考察"所占比重最多,达到47.76%;其次是选择"文化领域培训讲师中长期培训"及"外聘讲师主题培训"的,分别占抽样总体的41.63%、41.22%;选择"外派公开课"及"网络学习"的,占比分别为35.92%、33.88%;选择"专家咨询式培训"的,占比较低,仅占17.55%。

从以上数据可以看出,基层公共文化人才的培训方式主要以外派参观考察以及课堂授课为主。另外,我们也注意到"网络学习"作为新兴教育培训方式的应用并不十分广泛,培训方式的多样化还需进一步改善。

表2.4 近五年个人参加的培训方式情况统计

选项	数量	比重(%)	选项	数量	比重(%)
文化领域培训讲师中长期培训	102	41.63	网络学习	83	33.88
外聘讲师主题培训	101	41.22	外派参观考察	117	47.76
外派公开课	88	35.92	其他	0	0
专家咨询式培训	43	17.55			

5.个人认为比较适合基层公共文化人才培训方式的统计

在回收的调查问卷中,个人认为比较适合基层公共文化人才培训方式依次为"外派参观考察""外聘讲师主题培训""文化领域培训讲师中长期培训",分别占比57.55%、45.31%及43.67%。这与近五年个人参加培训方式的顺序序列大致相同,可以看出,近五年来举办的培训方式设计较为合理,深受广大基层公共文化人才的接受与支持。

表2.5 个人认为比较适合基层公共文化人才培训方式的统计

选项	数量	比重(%)
文化领域培训讲师中长期培训	107	43.67
外聘讲师主题培训	111	45.31
外派公开课	87	35.51
专家咨询式培训	61	24.90
网络学习	72	29.39
外派参观考察	141	57.55
其他	0	0

6.个人认为所接受的培训课程对个人提高方面的统计

在培训对个人提高方面的问卷中,回答主要集中在"文化业务知识""文化管理和宣传能力"及"岗位技能"三项,分别占抽样总体的48.57%、47.76%及42.45%,其次是"文化活动的组织能力""文化创作能力"分别占35.51%、34.29%,"计算机水平"较少,仅占9.39%。

表2.6 个人认为所接受的培训课程对个人提高方面的统计

选项	数量	比重(%)	选项	数量	比重(%)
文化管理和宣传能力	117	47.76	文化活动的组织能力	87	35.51
文化创作能力	84	34.29	人际沟通	63	25.71

续表

选项	数量	比重(%)	选项	数量	比重(%)
岗位技能	104	42.45	计算机水平	23	9.39
艺术修养和文化素养	68	27.76	其他	0	0
文化业务知识	119	48.57			

7.个人认为本单位现有培训存在哪些不足的统计

在对本单位现有培训存在哪些不足的统计中,认为"培训次数太少"的最多,占抽样总体一半多,为51.43%,其次是"无整体培训规划",占37.55%,再次是"培训与文化部门的发展关联度不高""课程内容与干部职工需求匹配度差",分别占35.10%、31.84%。数据表明:现有培训数量远不能满足培训需求,且现有培训存在范围小,课程内容、时间安排不合理等问题。

表2.7 个人认为现有培训存在不足的分析

选项	数量	比重(%)	选项	数量	比重(%)
无整体培训规划	92	37.55	培训时间安排不合理	70	28.57
培训次数太少	126	51.43	不了解	22	8.98
培训与文化部门的发展关联度不高	86	35.10	其他	0	0
课程内容与干部职工需求匹配度差	78	31.84			

8.个人认为对胜任当前工作或对个人发展最为重要培训内容的统计

对胜任当前工作或对个人发展最为重要方面的统计中,大多数选择集中在"文化业务知识""文化政策法规""岗位技能"三项,占比分别为67.35%、44.08%、42.86%,其次为"文化宣传""文化创作""文化管理"三项,占比分别为33.47%、31.84%、30.20%。在对曾经参加培训内容的调查问卷中,多数人的回答集中在"文化业务知识""文化管理""文化政策法规""文化服务"四项,可以看出,目前基层公共文化人才培训针对性还需进一步提高。

表2.8 个人认为本单位所提供的培训对胜任当前工作或对个人发展最为重要方面的统计

选项	数量	比重(%)	选项	数量	比重(%)
文化业务知识	165	67.35	文化管理	74	30.20
文化政策法规	108	44.08	职业道德	72	29.39
文化宣传	82	33.47	岗位技能	105	42.86
文化创作	78	31.84	人际沟通	63	25.71
计算机知识	29	11.84	其他	0	0
艺术修养和文化素养	67	27.35			

9.个人对基层公共文化人才规划培训课程的依据的选择

在对规划培训课程依据的问卷中,大多数基层公共文化人才选择"根据业务需要规划课程",占抽样总体的41.24%;其次是"根据岗位胜任力需要规划课程体系",占比24.08%;再次是"根据人才能力提升需求规划课程""根据领导指定能力提升需求规划课程",占比分别为17.14%、16.73%;而选择"根据课程受欢迎度"的最少,仅占0.82%。

表2.9 个人对基层公共文化人才规划培训课程的依据的选择情况

选项	数量	比重(%)
根据岗位胜任力需要规划课程体系	59	24.08
根据业务需要规划课程	101	41.24
根据领导指定能力提升需求规划课程	41	16.73

续表

选项	数量	比重(%)
根据人才能力提升需求规划课程	42	17.14
根据课程受欢迎度	2	0.82
其他	0	0

10.个人对当前基层公共文化人才培训课程体现本土文化特色的程度的评价

在回收的问卷中,对当前基层公共文化人才培训课程体现本土文化特色的程度的评价中,多数人选择"不够",占抽样总体的45.71%,其次是选择"还可以",占41.22%;认为"足够"的最少,仅占4.49%,低于10%。可以看出,大多数基层公共文化人才认为当前培训课程体现本土文化特色的程度不够,将本土文化特色融入基层公共文化人才培训课程的工作任重道远。

表2.10 个人对当前基层公共文化人才培训课程体现本土文化特色的程度的评价

选项	数量	比重(%)
非常不够	21	8.57
不够	112	45.71
还可以	101	41.22
足够	11	4.49

11.个人对基层公共文化人才培养应如何体现本土文化特色的选择

在个人对基层公共文化人才培养应如何体现本土文化特色的选择中,多数人选择"增强培养内容的本土特色",占抽样总体的

36.33%。设置什么内容才能体现本土文化特色,如何形成一套独特的基层公共文化人才培养机制,是当前基层公共文化人才培养的重点考虑的问题。

表2.11　个人对基层公共文化人才培养应如何体现本土文化特色的选择

选项	数量	比重(%)
增强培养内容的本土特色	89	36.33
加强培养的资金投入	75	30.61
鼓励民间师徒培养	49	20.00
强化学校专业培养	32	13.06

三、岗位素质要求统计

在基层公共文化人才岗位素质的自我评价中,除"适应性""创新能力"两项为"一般"占比最高,"学习能力""沟通能力"两项为"强"占比最高,其余各项均为"较强"占比最高。根据量表的计算结果可以看出,基层公共文化人才岗位对各方面的素质要求相对不高,处于"强"及以下的水平,同时基层公共文化人才岗位的素质评价主要侧重于学习能力、沟通能力和服务理念三项素质,对其他方面的素质评价不高。

表3.1 基层公共文化人才岗位素质评价

选项	一般		较强		强		很强		极强	
	数量	比重	数量	比重	数量	比重	数量	比重	数量	比重
适应性	96	39.18%	58	23.67%	57	23.27%	26	10.61%	8	3.27%
思想道德素质	53	21.63%	83	33.88%	65	26.53%	34	13.88%	10	4.08%
学习能力	49	20.00%	69	28.16%	88	35.92%	28	11.43%	11	4.49%
业务能力	42	17.14%	88	35.92%	80	32.65%	27	11.02%	8	3.27%
组织能力	44	17.96%	89	36.33%	80	32.65%	19	7.76%	13	5.31%
协调能力	43	17.55%	82	33.47%	80	32.65%	29	11.84%	11	4.49%
沟通能力	50	20.41%	73	29.80%	82	33.47%	27	11.02%	13	5.31%
创新能力	83	33.88%	80	32.65%	54	22.04%	16	6.53%	12	4.90%
信息素质	68	27.76%	86	35.10%	57	23.27%	22	8.98%	12	4.90%
理论素养	75	30.61%	78	31.84%	57	23.27%	22	8.98%	13	5.31%
计算机技能	73	29.80%	85	34.69%	59	24.08%	17	6.94%	11	4.49%
服务理念	51	20.82%	79	32.24%	73	29.80%	23	9.39%	19	7.76%

四、激励机制情况统计

1. 所在单位目前采用的激励方式的统计

基层公共文化人才所在单位激励方式大部分选择集中在"表彰、授予荣誉称号",占比61.22%,超过一半的人;其次是"奖金",占比43.27%;再次是"晋升职称、职务",占比34.29%;选择"教育培训"占比28.98%;选择"带薪休假"的人最少,为22.86%。不同年龄、职位、学历的基层公共文化人才个人需求不同,需有针对性的设计合理的激励方式,达到激励效果。

表4.1 所在单位目前采用的激励方式的统计情况

选项	数量	比重(%)
奖金	106	43.27
晋升职称、职务	84	34.29
表彰、授予荣誉称号	150	61.22
教育培训	71	28.98
带薪休假	56	22.86
其他	0	0

2. 个人对单位目前所采用的激励方式满意度的评价

大多数基层公共文化人才对所在单位目前所采用的激励方式在"操作方便性""同事间公平性""激励效果/强度""能留住重要人才""综合评价"都持"满意"态度,分别为66.53%、67.76%、54.29%、51.02%、74.69%,均超过一半的人。但仍存在部分基层公共文化人才在"激励效果/强度""能留住重要人才"方面持"不确定"的态度,分别为27.76%、23.27%。激励方式需多样化才能满足个人需求。

表4.2　个人对单位目前所采用的激励方式满意度的评价情况

选项	非常满意		满意		不确定		不满意		非常不满意	
	数量	比重	数量	比重	数量	比重	数量	比重	数量	比重
操作方便性	26	10.61%	163	66.53%	32	13.06%	14	5.71%	10	4.08%
同事间公平性	23	9.39%	166	67.76%	30	12.24%	16	6.53%	10	4.08%
激励效果/强度	13	5.31%	133	54.29%	68	27.76%	22	8.98%	9	3.67%
能留住重要人才	17	6.94%	125	51.02%	57	23.27%	31	12.65%	15	6.12%
综合评价	12	4.90%	183	74.69%	21	8.57%	17	6.94%	12	4.90%

3.个人认为基层公共文化人才激励的核心因素和方式的统计

在回收的问卷中,认为激励的核心因素和方式是"培训学习的机会"最多,占比41.22%;其次是"优厚的工资、奖金和福利",占比37.55%;再次是"获得荣誉表彰",占比13.88%;最后还有"职位晋升的机会"占比12.65%;"目标激励"占比4.49%;"工作丰富化"占比最低,仅有3.67%。

表4.3　个人认为基层公共文化人才激励的核心因素和方式的统计

选项	数量	比重(%)
优厚的工资、奖金和福利	92	37.55
职位晋升的机会	31	12.65%
培训学习的机会	101	41.22%
获得荣誉表彰	34	13.88%
工作丰富化	9	3.67%

续表

选项	数量	比重(%)
目标激励	11	4.49
其他	0	0
合计	245	100

4.所在单位目前采用的激励方式有无效果的统计

认为所在单位目前采用激励方式有效果的,选择原因是"激励有具体的政策支持"的最多,占比19.59%,选择原因是"激励是公开公平的"的最少,仅占比11.84%;认为所在单位目前采用的激励方式无效果的,选择原因是"激励方式单一僵化"的最多,占比22.45%;选择原因是"激励不能满足我的需求"的最少,占比4.08%。

表4.4 所在单位目前采用的激励方式有效果的原因的统计情况

选项	数量	比重(%)
激励方式多元灵活	31	12.65
激励能满足我的需求	32	12.06
激励有具体的政策支持	48	19.59
激励是公开公平的	29	11.84
其他	0	0

表4.5 所在单位目前采用的激励方式没有效果或效果很小的原因的统计情况

选项	数量	比重(%)
激励方式单一僵化	55	22.45
激励方式不能满足我的需求	10	4.08

续表

选项	数量	比重(%)
激励没有政策支持,力度不够	40	16.33
激励内容空洞	11	4.49
激励不公平公正	7	8.86
其他	0	0

5.所在单位目前在人才激励工作中最急待解决的问题

大多数基层公共文化人才认为其所在单位目前在人才激励工作中最急待解决问题是"建立公平、公正、公开的激励机制和政策",占比53.88%,超过一半;接下来是"防止人才流失"和"激发文化人才创作的积极性"两项,占比分别为49.39%、48.57%;然后是"激发大家对公共文化工作的积极性"占比38.37%;"激励方式单一、僵化"占比33.47%;"激励渠道少"占比最低,仅占26.53%。建立完善的激励机制是基层公共文化人才队伍建设的重要保障。

表4.6 目前所在单位人才激励工作中最急待解决问题的统计

选项	数量	比重(%)
激发大家对公共文化工作的积极性	94	38.37
激发文化人才创作的积极性	119	48.57
防止人才流失	121	49.39
建立公平、公正、公开的激励机制和政策	132	53.88
激励方式单一、僵化	82	33.47
激励渠道少	65	26.53
其他	0	0

6.个人认为当前单位的激励方式对提升公共文化服务水平是否会有帮助的统计

在"您认为当前单位的激励方式对提升公共文化服务水平是否会有帮助"这个问题中,回答主要集中在"会"和"可能会"两项,占比分别为50.61%、36.73%;回答"不会"的基层公共文化人才最少,仅占3.27%。随着激励机制的不断完善,充分调动基层公共文化人才工作的积极性,能在一定程度上促进公共文化服务水平的进一步提高。

表4.7 个人认为当前单位的激励方式对提升公共文化服务水平是否会有帮助的统计

选项	数量	比重(%)
不会	8	3.27
可能会	90	36.73
会	124	50.61
不清楚	23	9.39
其他	0	0
合计	245	100

7.个人认为当前单位激励工作应解决问题的统计

在当前单位激励工作应解决问题的统计中,大多数人的回答集中在"提高本单位整体工作效率"和"实现长期激励"两项,占比分别为35.59%、39.51%;其次是"提升激励力度"和"加强激励强度"两项,占比分别为12.25%、12.65%。不断完善激励机制,解决当前激励工作存在的问题,是加强基层公共文化人才队伍建设的必然要求。

表4.8 个人认为当前单位激励工作应解决问题的统计

选项	数量	比重(%)
提高本单位整体工作效率	97	39.59
实现长期激励	87	35.51
提升激励力度	30	12.25
加强激励强度	31	12.65
其他	0	0.00
合计	245	100

8.个人认为目前单位实施有效激励的主要障碍的统计

大多数基层公共文化人才认为目前单位有效激励的主要障碍集中在"技术方面有障碍,如接受培训的资金、设备等方面的问题"和"激励方案难设计,如激励评估体系中指标等的确定问题"两项,占比分别为68.16%、54.29%,均超过半数;其次是"领导不了解",占比30.61%;然后是"上级主管部门不支持"和"部门管理层没有兴趣",占比分别为27.35%、25.31%。

表4.9 个人认为目前单位实施有效激励的主要障碍的统计

选项	数量	比重(%)
领导不了解	75	30.61
上级主管部门不支持	67	27.35
部门管理层没有兴趣	62	25.31
激励方案难设计,如激励评估体系中指标等的确定问题	133	54.29
技术方面有障碍,如接受培训的资金、设备等方面的问题	167	68.16
其他	0	0

参考文献

一、图书类

[1]中华人民共和国文化部.中国文化文物统计年鉴2011[M].北京:国家图书馆出版社,2011.

[2]中华人民共和国文化部.中国文化文物统计年鉴2012[M].北京:国家图书馆出版社,2012.

[3]中华人民共和国文化部.中国文化文物统计年鉴2013[M].北京:国家图书馆出版社,2013.

[4]中华人民共和国文化部.中国文化文物统计年鉴2014[M].北京:国家图书馆出版社,2014.

[5]中华人民共和国文化部.中国文化文物统计年鉴2015[M].北京:国家图书馆出版社,2015.

[6]中华人民共和国国家统计局.中国统计年鉴2014[M].北京:中国统计出版社,2014.

[7]中华人民共和国国家统计局.中国统计年鉴2015[M].北京:中国统计出版社,2015.

[8]国家统计局社会科技和文化产业统计司,中宣部文化体制改革和发展办公室.中国文化及相关产业统计年鉴2014[M].北京:中国统计出版社,2014.

[9]国家统计局社会科技和文化产业统计司,中宣部文化体制改

革和发展办公室.中国文化及相关产业统计年鉴2015[M].北京:中国统计出版社,2015.

[10]四川省统计局,国家统计局四川调查总队.四川统计年鉴2014[M].北京:中国统计出版社,2014.

[11]四川省统计局,国家统计局四川调查总队.四川统计年鉴2015[M].北京:中国统计出版社,2015.

[12]重庆市统计局,国家统计局重庆调查总队.重庆统计年鉴2013[M].北京:中国统计出版社,2013.

[13]重庆市统计局,国家统计局重庆调查总队.重庆统计年鉴2014[M].北京:中国统计出版社,2014.

[14]重庆市统计局,国家统计局重庆调查总队.重庆统计年鉴2015[M].北京:中国统计出版社,2015.

[15]中国人事科学研究院,王斌,吴江,诸彦含.西部少数民族高层次人才培养调查研究[M].北京:党建读物出版社,2017.

二、期刊类

[16]王文令.西藏文化政策现状与对策建议[J].西藏民族大学学报(哲学社会科学版),2016(3):15.

[17]才让东知.拉萨市公共文化服务人才保障建设研究[J].人才资源开发,2015(18):17.

[18]赵以保,赵美玲.论四川文化强省建设背景下的文化人才[J].四川文化产业职业学院学报,2009(1):15-17.

三、报纸

[19]中共云南省委关于加强文艺工作的实施意见[N].云南日报,2015-12-29(005).

[20]云南基层文化服务再上层楼[N].中国文化报,2016-4-19(001).

[21]贵州紧扣产业发展打造创业首选地[N].贵州日报,2015-09-07(003).

[22]箫笛潜入夜 谣舞最走心——我省公共文化建设惠泽民生[N].贵州日报,2015-12-25(014).

四、学位论文

[23]何真.重庆公共文化服务体系建设研究[D].重庆:重庆师范大学,2014.

五、网络资料

[24]西藏自治区人民政府门户网站.2016年西藏自治区公共文化服务体系建设综述[EB/OL].(2017-02-07)[2019-03-13].http://www.xizang.gov.cn/xwzx/qnyw/201702/t20170207_119783.html.

[25]云南省文化厅门户网站.云南省文化厅2014年文化发展情况统计报告[EB/OL].(2015-06-22)[2019-03-13].http://www.whyn.gov.cn/publicity/view/44/3292.

[26]云南省人民政府门户网站.云南省加大公共文化服务体系建设[EB/OL].(2016-01-13)[2019-03-13].http://www.yn.gov.cn/yn_zwlanmu/yn_tjdt/201601/t20160113_23439.html.

[27]云南省文化和旅游厅门户网站.云南"三区"人才支持计划专项培训在昆开班[EB/OL].(2016-01-04)[2019-03-13]. http://www.whyn.gov.cn/list/view/43/3830.

[28]云南省文化和旅游厅门户网站.云南镇沅县扎实开展"三区"人才服务工作[EB/OL].(2015-12-14)[2019-03-13].http://www.whyn.gov.cn/list/view/4/3730.

[29]云南省文化厅门户网站.云南省2015年文化发展情况分析[EB/OL].(2016-07-19)[2019-03-13].http://www.whyn.gov.cn/publicity/view/44/4425.

[30]贵州省文化厅门户网站.贵州省文化厅2014年工作总结及2015年工作打算[EB/OL].(2015-09-21)[2019-03-13].http://www.gzwht.gov.cn/xxgk/xxgkml/ghjh/ndgzzj/201609/t20160909_1274816.html.

[31]多彩贵州网.贵州省甲秀文化人才("四个一批人才")工程[EB/OL].(2014-01-22)[2019-03-13].http://wsgz.gog.cn/system/2014/01/22/013125843.shtml.

[32]多彩贵州网.首期贵州文艺人才培训交流中心培训班开班[EB/OL].(2014-08-11)[2019-03-13].http://gzrb.gog.cn/system/2014/08/11/013725336.shtml.

[33]贵州省人民政府门户网站.贵州省2016年全省和省本级预算执行情况与2017年全省和省本级预算草案的报告[EB/OL].(2017-01-16)[2019-03-13].http://www.guizhou.gov.cn/ztzl/gzsczzjxxgkzl_1794/gzssbjczysjsgjf/201702/t20170210_697131.html.

[34]四川省人民政府门户网站.四川省2016年上半年财政预算执行情况分析[EB/OL].(2016-08-15)[2019-03-13].http://www.sc.gov.cn/10462/10464/10797/2016/8/15/10392032.shtml.

[35]重庆市文化和旅游发展委员会门户网站.2014年重庆文化发展统计[EB/OL].(2014-08-11)[2019-3-13].https://www.cqwhw.gov.cn/content-2551-8212-1.html.

[36]重庆市财政局门户网站.2016年1—6月重庆市财政预算执行情况[EB/OL].(2016-7-19)[2019-3-13].http://czj.cq.gov.cn/html/xxgk/czsj/yszx/content-2026.shtml.